本书由湖南省哲学社会科学基金青年项目"民法典时代构建中国立法法理学的契机、路径与规范研究"（20YBQ019）资助出版。

立法法理学的
前沿探析及方法论构建

温惊雷 ○ 著

GOUJIAN

西南财经大学出版社
Southwestern University of Finance & Economics Press
中国·成都

图书在版编目(CIP)数据

立法法理学的前沿探析及方法论构建/温惊雷著.—成都:西南财经大学出版社,
2023.11
ISBN 978-7-5504-5936-6

Ⅰ.①立…　Ⅱ.①温…　Ⅲ.①立法—法理学—研究　Ⅳ.①D901

中国国家版本馆 CIP 数据核字(2023)第 172014 号

立法法理学的前沿探析及方法论构建
LIFA FALIXUE DE QIANYAN TANXI JI FANGFALUN GOUJIAN

温惊雷　著

责任编辑:植　苗
责任校对:廖　韧
封面设计:何东琳设计工作室
责任印制:朱曼丽

出版发行	西南财经大学出版社(四川省成都市光华村街 55 号)
网　　址	http://cbs.swufe.edu.cn
电子邮件	bookcj@swufe.edu.cn
邮政编码	610074
电　　话	028-87353785
照　　排	四川胜翔数码印务设计有限公司
印　　刷	四川煤田地质制图印务有限责任公司
成品尺寸	170mm×240mm
印　　张	14.5
字　　数	374 千字
版　　次	2023 年 11 月第 1 版
印　　次	2023 年 11 月第 1 次印刷
书　　号	ISBN 978-7-5504-5936-6
定　　价	78.00 元

前言 民法典时代构建中国立法法理学的重要意义

一、前民法典时代中国立法学研究的法理缺憾

法治是法律史上的一个经典概念，也是当代中国重新焕发的一个法律理想。关于法治，亚里士多德的经典论断是："法治应包含两重意义：已成立的法律获得普遍的服从，而大家所服从的法律又应该本身是制定得良好的法律①。"然则，良法何来？

笔者以中国知网学术期刊库作为基础数据库，以2003—2023年作为时间限定，以社会科学Ⅰ辑中的法学门类作为文献检索范围，以北大核心、南大核心（CSSCI）作为检索文献来源类别，以"立法学"作为主题限定，以知网文献计量可视化工具进行图谱分析，可以发现2003—2023年立法学研究重要文献发表趋势如图1所示。

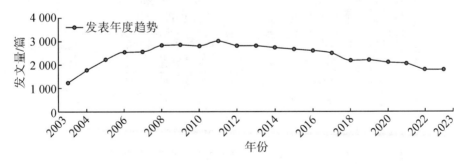

图1 2003—2023年立法学研究重要文献发表趋势

---

① 亚里士多德.政治学［M］.吴寿彭，译.北京：商务印书馆，1983：199.

如图 1 所示，2003—2023 年立法学研究重要文献发表总体上呈"上升—平稳—逐步下降"的趋势，文献年发表总数由 2003 年的 1 222 篇/年到高峰期 2011 年的 3 023 篇/年再回落到 2022 年的 1 792 篇/年。从发表年份来看，大致可以以明确提出编纂《中华人民共和国民法典》目标①的年份（2014 年）作为二十余年来立法学重要文献发表趋势的分水岭。基于此，笔者以 2004—2014 年作为时间节点，在此期间立法学重要发表文献的主要主题和次级主题如图 2 和图 3 所示。

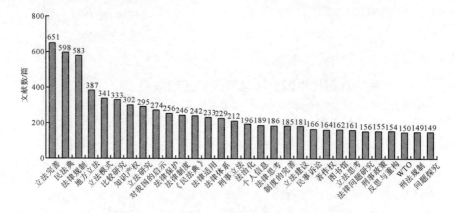

图 2   2004—2014 年立法学重要发表文献的主要主题分布

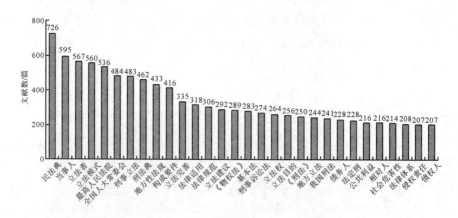

图 3   2004—2014 年立法学重要发表文献的次要主题分布

---

①   2014 年 10 月 23 日，党的第十八届四中全会明确提出了"加强市场法律制度建设，编纂民法典"的目标。

如图 2 所示，2004—2014 年立法学重要发表文献的主要主题集中分布在立法完善、民法典、地方立法、立法模式、比较研究、知识产权、法律制度、法律体系等方面。这也在一定程度上体现出我国这十余年来立法学研究的主要任务——为中国特色社会主义法律体系的建立提供知识支撑。自 2011 年中国特色社会主义法律体系宣告形成之后，立法学研究的主要任务深化到民法典制定、知识产权发展、地方立法制度建设等中国特色社会主义法治体系建设的重要内容之中。

如图 3 所示，与 2004—2014 年立法学重要发表文献的主要主题相匹配，次要主题体现了立法学研究的具体维度，突出的重点为民法典、立法者、立法模式、立法机关、地方性法规、立法权等重要维度。这也在一定程度上反映出 2004—2014 年立法学研究仍然是围绕立法权及其制度构建而展开的。

从上述文献图谱分析可以看到，前民法典时代我国立法学研究更集中于技术层面而忽视了基础理论方面的研究①，相关研究成果更多的是针对具体的立法制度、立法结构、立法程序、立法技术展开，很少有学者能够从立法（legislation）而非法律创制（law-making）的视角来审视整个立法理论②。虽然这样的研究状态是基于我国立法学研究的学术规律展开的，极为契合我国社会主义法律体系成型阶段需要立法研究提供大量智识支持的现实需求，但也必须认识到，如此做法实质上是将立法视为仅具有工具

---

① 以周旺生教授为代表的中国立法学研究者在《中华人民共和国民法典》颁布之前的立法学研究成果，主要是以立法制度和立法技术为重要研究内容。参见：吴大英，任允正. 立法制度比较研究［M］. 北京：法律出版社，1981；周旺生，张建华. 立法技术手册［M］. 北京：中国法制出版社，2000；曹海晶. 中外立法制度比较［M］. 北京：商务印书馆，2004；李培传. 论立法［M］. 北京：中国法制出版社，2013。国外学者对中国立法的研究亦然，如安·赛德曼等所著的《立法学：理论与实践》一书，在其前言就直言不讳地指出"这是一本针对中国法律起草人员的技术培训教程"。当然，必须指出的是，围绕民法典典化展开的一系列研究争议，在此期间就《中华人民共和国民法典》立法所产生的分歧与共识，极大地加快了我国立法理论研究的学术进程，也是在此期间不少立法者开始意识到立法基础理论研究的缺乏，并进一步关注或加入立法法理学的学术领域。相关内容参见王利明（2014）、张鸣起（2020）、杨立新和李怡雯（2019）、叶竹盛（2012）的研究。

② 朱志昊. 实践商谈与理性参与：立法科学化问题研究新视角［M］. 北京：法律出版社，2014：8-18.

意义的"法律自助售货机",只需要按照一定的流程要求和技术规范将业已确立的政治意见和道德准则输入,就能自动向另一边输出成品的法律规范。长此以往,其所导致的后果便是立法数量与立法质量之间的难以兼顾①。

究其原因,实则是因为传统的立法学研究倾向于法制主义(legalism)的研究视角,认为法律由某类权威存在所给定②。因此,立法是前法律的(pre-legal)政治理论问题,应由政治家而非法学家研究③。在这种法制主义框架下,法学理论更多体现出一种司法主义倾向,着重关注司法裁判问题,而忽视(至少没有严肃对待)立法基础理论。

立法的问题从司法论角度分析,不得不说这种做法大大降低了立法学的研究品质。司法论的思考方式,其本质是一种法教义学,是根据法律的思考。它是以现行法的存在为前提的逻辑演绎,因此不能质疑法律,更不能指责法律④。以司法论方式研究立法问题,实质上是将立法化约为法律创制,立法学研究的主要对象也成了实际上的法律制定者(lawmaker)。就法律制定者而言,他们的工作不过是将业已成型的政治意见和舆论共识以法律的形式表现出来,至于制定的法律是否优良、法律规范应如何推导,都不在他们的考虑范围之内。因此,法律制定者的性质更像是立法工作者,仅在程序上参与法律的制定⑤。

然而,立法者(legislator)绝非法律制定者。对立法者而言,其不仅要在政治正义的意义上思考法的正当性、合理性,还要思考法律的来源和品格⑥。古往今来的优秀立法者,莫不将价值关怀深藏于心,"很难想象一

---

① 宋方青. 立法质量的判断标准 [J]. 法制与社会发展,2013(5):43-44.

② LUC J W. Legisprudence:a new theoretical approach to legislation [M]. North America:Hart Publishing,2002:25-26.

③ 同②:1.

④ 陈兴良. 立法论的思考与司法论的思考:刑法方法论之一 [J]. 人民检察,2009(21):6-9.

⑤ 赵雪纲. 立法者的身份与立法学的品质 [J]. 新疆财经大学学报,2014(2):45-51.

⑥ 许章润. 论立法者 [J]. 苏州大学学报(法学版),2014(3):1-20.

种立法理论不以某种社会和个人福利的理论为基础"①。孟德斯鸠就曾明确强调，其撰写《论法的精神》一书的全部宗旨就在于"证明这句话：适中宽和的精神应当是立法者的精神；政治的'善'就好像道德的'善'一样，是经常处于两个极端之间的"②。贝卡利亚亦感叹："如果人生苦乐可用数学计量方式计算的话，那么良好的立法就是引导人们获得最大幸福和最小痛苦的艺术"③。边沁更是在其近代立法学奠基之作《道德与立法原理导论》中，试图通过连篇累牍的细节阐释来精确计量人生的苦乐，最终的目的则在于论证"最大幸福原理"是评判个人行为和社会立法的唯一可接受的终极标准④。由此可见，对于立法者而言，如何制定优良的法律规范才是最重要的立法问题。

立法总是面向未来、面向社会的，它为人们从事正当活动提供了法律依据⑤。一部良善的法律，既能立足于具体主体的实际，又能为主体指出较高的理想追求目标，从而使"理想"不断转换为"现实"，还能在新的"现实"的基础上，提出更高的追求目标，以促进人与社会不断得以提升、发展⑥。高质量的立法是实现良法善治的前提条件，也是社会主义法治中国建设的坚实根基⑦。如果我们想充分发挥立法在我国法治建设中的重要作用，就必须严谨而深刻地对待立法问题，重新反思立法基础理论，提升当下的立法学品质，构建一套科学的立法理论。

立法的科学与否，不仅关切着法治理念、秩序构建及法治秩序的有机整合，还能避免司法、执法、守法等立法后续环节处于极其尴尬的境地。

---

① 此处为英国历史学家蒙塔古所言，载于：边沁.政府片论［M］.沈叔平，译.北京：商务印书馆，1997：24.

② 孟德斯鸠.论法的精神：下册［M］.张雁深，译.北京：商务印书馆，1963：286.

③ CESARE BECCARIA. On crimes and punishments and other writings［M］. Cambridge：Cambridge University Press，1995：103.

④ 参见 Hart 关于《道德与立法原理导论》一书的导言，载于：边沁.道德与立法原理导论［M］.时殷弘，译.北京：商务印书馆，2012：5-23.

⑤ 张继成.从案件事实之"是"到当事人之"应当"：法律推理机制及其正当理由的逻辑研究［J］.法学研究，2003（1）：64-82.

⑥ 孙伟平.事实与价值［M］.北京：中国社会科学出版社，2000：132.

⑦ 汪全胜.科学立法的判断标准和体制机制［J］.江汉学术，2015（8）：5-9.

一部不科学的法律，若不实行则不合法，而实行起来则或显失公平或有违正义或不利于法治秩序的构建①。要想建构一套科学的立法理论，提升立法学品质，关键就在于从立法者的视角来重新审视立法基础理论。这个观点在我国其实早有学者提出②，而西方则更是有学者试图建立一门新兴的"立法法理学"。

二、西方立法法理学的兴起与关键性缺陷

"立法法理学"（legispruduence）一词最初是由美国法学教授 Julius Cohen 在 1950 年所发表的《迈向现实主义的立法法理学》（*Towards Realism in Legisprudence*）一文中提出，然而其似乎并没有建立一种新立法理论的企图。Julius Cohen 教授提出"legisprudence"这个新词汇的目的主要是强调"法学理论应该同时关注立法和司法，立法领域同样也需要科学的研究方法，以增强立法的合理性和正当性"，可是这种努力在美国这个普通法国家似乎反响平平，根源就在于普通法国家中制定法居于从属地位，司法至上主义的美国法学界根本不屑于立法理论。针对这个现象，Jeremy Waldron 教授还专门写过一本书来呼吁学者们尊重立法的"尊严"，强调立法是"一种有尊严的治理模式和值得尊重的法律渊源"。

真正将"legisprudence"由一个概念发展为一门学科，并积极推进和深入研究的是以 Wintgens 为代表的欧陆学者，也只有尊重制定法的大陆法系国家才具有发展立法法理学的理论空间。Wintgens 是比利时布鲁塞尔天主教大学法学教授，亦是国际立法学知名刊物 *Legisprudence* 杂志的主编。在他的主持下，近些年来多个立法法理学论文集得以陆续出版。2012 年，Wintgens 教授更是出版了立法法理学的第一本专著《立法法理学：立法中的实践理性》（*Legisprudence：Practical Reason in Legislation*），对立法法理

---

① 于兆波. 立法决策论 [M]. 北京：北京大学出版社，2006.
② 如有学者强调，中国的法理学要从"法律人的法理学"迈向"立法者的法理学"，这里的立法者并非是指法律制定者（lawmaker），而是古典意义上创建政体的立国者或立法者（legislator）。参见：强世功. 立法者的法理学 [M]. 北京：北京三联书店，2007.

学的概念、背景、理论基础等做了较为系统的分析。

当然，立法法理学的兴起也暴露了其关键性缺陷——立法方法论的研究亟待加强。观遍当前与立法法理学相关的专著、论文集可以发现，聚集于立法法理学名下的学者研究范围十分广泛，几乎是从各门学科、各个领域、各个角度进行立法理论研究，但并没有发展出一种独属于立法法理学的方法论。各位学者基于相同的理论目标走到一起，在对立法研究进行理论性反思上有重大进展，可在立法方法论上却存在关键性缺憾——一门没有可辨识的、独特方法论的学科很难获得主流理论的认可和尊重。

三、民法典时代建构中国立法法理学的契机及价值

对立法学发展过程中的法理缺憾，中国学者也早有洞见。强世功教授（2007）在其代表作《立法者的法理学》中提出"中国法理学要从'法律人的法理学'迈向'立法者的法理学'"。立法者的法理学不仅要从国家治理的角度来思考法律，更要从形成良好政治秩序或生活方式的角度来思考法律。因此，立法者绝非法律制定者（lawmaker），而是古典意义上创建政体的立国者或立法者（legislator）。然而，强世功教授只是提出了构建中国立法法理学的设想，并未能进一步建构起中国立法法理学的理论体系。

近年来，厦门大学宋方青教授所带领的团队对推广和研究立法法理学在中国立法中的实践运用做出了重大贡献，其以"立法法理学丛书"为主题陆续出版了如《实践商谈与理性参与：立法科学化问题研究的新视角》(2014)、《立法参与的理念建构》(2015)、《立法与和谐社会：以人为本的理论基础及其制度化研究》(2015)、《我国地方立法权配置的理论与实践研究》(2018) 等系列图书。

同时，还有许多学者以论文或译文的形式来推介立法法理学的相关理论或实践运用，探索在中国建构立法法理学的可能性，如《作为一种新的立法理论的立法法理学》(2008)、《面向立法的法理学：缘起、理论空间和研究问题》(2012)、《立法法理学探析》(2013)、《立法法理学的独特性及其主要研究对象》(2014)、《立宪主义与法制主义：立法法理学的探索》

（2016）、《立法法理学中的现实主义趋向》（2017）、《从司法宪制主义到立法者的法理学：一个对传统宪法审查理论的反思》（2019）等。这里尤其需要关注的是西安交通大学王保民教授（2019）主编的《立法法理学：立法学前沿理论》，该书撷采翻译了立法法理学领域的6篇经典文献，具体涵盖阐释了立法法理学的学科定位、研究目标、研究对象，对扩大立法法理学在中国的影响有重要作用，对构建中国立法法理学有重要参考价值。

可是，问题在于，当前中国学者对立法法理学的研究仍处于推广和借鉴阶段，立法法理学本身存在的关键性缺陷——方法论缺失依然存在，这就导致虽然立法法理学以其独特魅力受到学者们更多的关注，至今却依然成果不多，难以在立法实践中发挥出真正重要的影响。关键性方法论缺失也导致现今立法法理学难以称为一门成熟的理论学说。

可喜的是，立法法理学的关键性缺陷随着《中华人民共和国民法典》的诞生迎刃而解，《中华人民共和国民法典》的顺利颁布为中国立法法理学的建构带来了良好契机。作为新中国法治建设里程碑的《中华人民共和国民法典》，其立法过程是科学立法、民主立法、依法立法的生动实践，是对我国立法经验的系统梳理，对推进我国国家治理现代化具有重要意义。《中华人民共和国民法典》立法体系的科学性、严谨性和完备性，是法理在法典化立法进程中的集中体现。我们只要牢牢把握住《中华人民共和国民法典》这个宝库，抽离凝结其中所蕴含的立法理念，就能够构建起具有中国特色、实践特色、时代特色的立法法理学，为服务、推进、完善国家治理体系和治理能力的现代化、科学化、体系化增添新的动力。

从学术价值上看，本书旨在探索中国立法法理学的方法论进路，学术价值主要体现在四个方面：其一，立法法理学作为当前世界立法学研究的前沿性学术理论，目前国内研究还处于推广介绍的初级阶段，本书是对立法法理学在中国发展的一次总结和深化，也是中国学者与世界立法理论前沿进行交流对话的一次有益尝试；其二，针对当前立法法理学的发展状况，指出立法法理学研究的关键性缺陷——方法论缺失，并以此为线索探寻立法法理学的发展趋势；其三，深入挖掘《中华人民共和国民法典》的法理价值，当前学者们多从部门法角度探讨《中华人民共和国民法典》立法的重大价值，对《中华人民共和国民法典》在立法学尤其是立法基础理论方向的重要影响阐释并不充分，本书希望在这方面能够做出努力；其四，本书尝试从立法理由、立法定义、立法分类、立法论证、立法评估等视角建构立法方法论的基本内容，并尝试将相关理论运用于立法实践，为建立中国特色、实践特色、时代特色的科学立法体系做些有益探索。

从应用价值上看，本书的应用价值主要体现于将立法法理学的原理、技术和方法等具体规范化运用于国家治理、地方治理和基层治理之中。国家治理体系和治理能力现代化是全面深化改革的总目标，而法律制度的完善及其实施构成国家治理体系和治理能力的核心内容与重要依托。国家治理体系和治理能力建设是一个系统工程，中国特色社会主义法律体系的不断完善及其在社会生活中的实施是其主体框架。也就是说，立法应当在国家治理体系和治理能力建设中发挥出更大的力量。而要想立法能够在服务、推进、完善国家治理体系和治理能力的现代化、科学化、体系化中做出更大的贡献，就必须建立起具有中国特色、实践特色、时代特色的科学立法体系，尤其是建构起中国的立法法理学。

限于写作时间和作者水平，本书难免有所疏漏，还请专家读者批评指正。思绪万千，欲语千言，及至落笔，终归一句：谨以此书献给即将年满35 岁的自己！

温惊雷

2023 年 6 月

目录

第一章 立法法理学概述

"立法法理学"（legispruduence）一词最初由美国法学教授 Julius Cohen 在 1950 年所发表的《迈向现实主义的立法法理学》（*Towards Realism in Legisprudence*）一文中提出，然而其似乎并没有建立一种新立法理论的想法。Julius Cohen 教授提出 "legisprudence" 这个新词汇的目的主要是强调"法学理论应该同时关注立法和司法，立法领域同样也需要科学的研究方法，以增强立法的合理性和正当性"，可是这种努力在美国这个普通法国家似乎反响平平，根源就在于普通法国家中制定法居于从属地位，司法至上主义的美国法学界根本不屑于立法理论。针对这个现象，Jeremy Waldron 教授于 1999 年还专门写过一本书来呼吁学者们尊重立法的"尊严"，强调立法是"一种有尊严的治理模式和值得尊重的法律渊源"。

真正将 "legispruduence" 由一个概念发展为一门学科，并积极推进和深入研究的是以 Wintgens 为代表的欧陆学者，也只有尊重制定法的大陆法系国家才具有发展立法法理学的理论空间。Wintgens 是比利时布鲁塞尔天主教大学法学教授，亦是国际立法学知名刊物 *Legispruduence* 杂志的主编。在他的主持下，近年来多个立法法理学论文集得以陆续出版。2012 年，Wintgens 教授出版了立法法理学的第一本专著《立法法理学：立法中的实践理性》（*Legisprudence：Practical Reason in Legislation*），对立法法理学的概念、背景、理论基础做了较为系统的分析。

"立法法理学"（legisprudence）这个术语是由立法（legislative）和法理学（jurisprudence）复合而来。这个术语的提出仅从词形上就体现了当代一些立法学者的理论期望——从法理学的视角研究立法问题，即用法理学研究的原则、方法、理论去研究立法现象。当然，也有部分学者提出了补充性观点——从立法的视角来研究法理学问题，即从以司法为中心的法理学研究——"如何适用法律"转向以立法为中心的法理学研究——"如何制定法律"（Wintgens，2005）。

也就是说，立法法理学的研究至少蕴含了两层含义：一是从法理学的角度来研究立法问题，即立法的法理化；二是从立法的视角来研究法理学问题，即法理学的立法视角。这里所共同体现的一种精神是：必须认真对待立法问题。

本章主要是对立法法理学的缘起、学术发展脉络、学科基本定位、主要理论形态等内容进行概述，以帮助读者初步了解立法法理学的学术轮廓。

第一节　传统立法学的政治学进路及其局限

在传统立法学理论的视野之中，立法通常被认为是一个政治决策问题①，因而立法应当是政治学研究的现象，立法学也相应被归属为政治学的分支。然而，政治学本身被不少学者视为意见冲突、利益权衡和妥协共存的学问，立法问题若仅被视为一种政治学问题，随之产生的恶果便是立法在世俗层面被贴上"政治交易""冲突对立""磋商妥协"等标签，立法的"坏名声"② 也导致诸多法律学者转而研究以司法为中心的法学理论——法教义学研究，其无论是在欧陆法系还是在英美法系都得到了足够重视。但是，立法理论研究被长期忽视也导致目前西方面临以下立法困境：一方面，随着时代的发展，我们所需要的成文法数量正呈指数级增长；另一方面，立法被视为"毫无尊严的事业"③，其研究者寥寥。立法的数量与立法的质量之间出现了立法数量膨胀（legislative quantity inflation）

---

① 立法过程通常被视为政策、立法者、法律三者之间持续商谈，最后立法者通过法律的颁布将政策固定下来的政治决策程序。因此，在一般视野下，立法问题至少先归属于政治问题，其次纳入法学问题的范畴之中。相关内容参见：海伦·赞塔基. 立法起草：规制规则的艺术与技术 [M]. 姜孝贤，译. 北京：法律出版社，2022：4-30.

② 杰里米·沃尔德伦. 立法的尊严 [M]. 徐向东，译. 上海：华东师范大学出版社，2019.

③ 沃尔德伦语，其所著《立法的尊严》一书，正是为了唤醒人们重新重视"立法的尊严"。

与立法质量紧缩（legislative quality deflation）并存的巨大困境（Wintgens，2002）。造成这种立法困境的深层次原因之一，便是传统立法学研究的法制主义倾向。

一、传统立法学的政治学进路——法制主义

在西方传统法学理论的视野中，法学有三个较为突出的特征：其一，自治性。法学自脱离哲学而成为一门独立学科时，独立性便是其本质特征之一。法学的思维、法学的方法、法学的语言表述甚至于法学的独特职业——法官和律师等皆体现出法学与其他学科之间的显著区别。时至今日，法学已成为最重要的人文社会科学之一，法律职业者也因为如今法治国家的兴盛而日渐重要。其二，确定性。"法无明文规定不为罪""法无禁止即可为""法无授权不可为"这些耳熟能详的法律谚语（法律原则）体现了现今文化时代对法律的基本要求之一——法律必须是守法之人所知晓，且法不得溯及既往。法律的稳定性一方面为守法之人提供了可预测的途径，并能够以此评价自身或他人的行为，另一方面也是法的秩序性所蕴含的应有之义。其三，客观性。受启蒙时代的理性主义影响，法学也一直致力于科学性追求。这种客观性追求要求法学必须建立在实践逻辑之上，尊重和体现社会发展的规律①。

然而，一旦将立法与法学的自治性、确定性和客观性等特征相联系，便能立即显现出立法的尴尬处境：立法处于政治学与法学的交叉点，与法学传统的司法主义相比，立法主义无疑是不成熟的，不具有自治性②；立法过程往往是一个复杂的意见交换、利益权衡的过程，被不少学者等同为政策决定，因而也具有确定性；而科学性的追求更是传统立法理论饱受质疑的根源——立法理论如何才能体现出科学的理性与逻辑性。对此，传统立法研究者试图从两条路径来讨论立法学问题：一条路径是坚持立法与法学相分离，即立法是政治问题；另一条路径则是试图从公法学视角为立法

①　高其才. 现代立法理念论［J］. 法学研究，2006（1）：85-90.
②　Julius Cohen 提出"立法法理学"这一术语的初衷是因为传统法理学可以称之为司法法理学，中心始终围绕着法律的司法适用展开，而对立法视而不见。参见：JULIUS COHEN. Legisprudence：problems and agenda［J］. Hofstra law review，1982（11）：1165.

寻找一处栖息之地。本节主要讨论的是第一条路径，即传统立法学的政治学进路。

Wintgens（2002）将传统立法学的政治学进路称为法制主义（legalism），并有强法制主义和弱法制主义之分①。其中，强法制主义坚持法律和政治相分离的观点，认为立法是政治学的范畴，而法律所研究的则是如何对立法的成果——成文法进行适用。在强法制主义视角下，法律呈现出五个核心要素：一是表征性，即法律是对客观实在的表征，其逻辑基础是哲学上的唯名论；二是求真性，即法律是对客观真实的中立描绘；三是工具性，即法律是自然法原则在客观世界的传播载体，因而法律研究无须讨论其内容，而是着重于研究其表达方式（法律模式、法律体系、法律制度等内容）；四是国家主义，即法律是由国家制定或认可的，体现主权者的意志；五是科学性，即法律研究必须采用自然科学的研究方法，自然科学的研究方法才是追求世界真实的最核心方法。如此，法学亦可称为法律科学。

传统立法学的这种政治学进路的结果，在强法制主义者看来，法律"就在那里"，问题是，立法理论"又在哪里"（Wintgens，2012）。在法制主义（无论是强还是弱）的视角下，立法的主体——立法者被视为政治家，立法的过程——立法程序被视为政治磋商，立法的结果——制定法被视为政治决策的呈现。简而言之，立法是人为制定法律的过程，而这个过程又是政治学的传统领域，因而立法是政治学的研究对象（Wintgens，2002）。

二、法制主义的经典议题

政治学是以国家权力运行规律和政治制度具体构建为主要研究领域，立法则既有立法权的权力属性及运行规律需要研究，也有立法制度需要具体建构，因而政治学领域历来十分重视立法研究，主题聚焦于立法者（立

---

① 法制主义最初被美国学者朱迪思·N.施克莱创造出来，指代一种伦理态度——道德关系在本质上是一种权利义务关系，因而对道德行为准则的判断标准之一就是行为人是否遵守这种道德权利义务规则。法律作为实在化的道德，守法行为将不再是一种对人自由的约束，不再是限制人行为的方式，而是人为何行动的目的本身。相关论述可参见：朱迪思·N.施克莱.守法主义：法、道德和政治审判［M］.彭亚楠，译.北京：中国政法大学出版社，2006.温特根斯对法制主义这个术语的使用则赋予了新的理论内涵，可以把强法制主义视为立法学的政治学进路；而弱法制主义则视为立法学的教义学进路。

法机关）、立法程序、立法决策等论域，讨论的主要议题可归纳为立法者（立法机关）、立法意图以及关于立法体制的议题三点。

（一）立法者（立法机关）

立法者是单一的还是多元的？这个政治哲学的经典议题历经了 2 000 多年的讨论，仍散发着新的理论魅力。若以群体的视角来看，这个议题争论的是君主制与议会制的抉择问题。强法制主义在这个议题上以霍布斯和卢梭作为典型代表。在霍布斯看来，君主制明显比议会制更有优势①。然而，1 000 多年的社会发展显示，霍布斯理想中的柏拉图式贤明君主只是一种彼岸花，再贤明的君主也难以保证后代能够持续贤明下去，议会制成了现代国家普遍采用的政治制度。可是，议会制这种政治制度本身难以确保能够消除意见分歧，2 000 多年前苏格拉底之死已经初步显露出这种政治制度的弊端。对此，卢梭以性善论、自然法、社会契约论所构想的以人民主权为中心的议会制度，也未能消除人民"公意"的形式合理性与实质合理性之间的制度隔阂。就如托克维尔所言的"多数人暴政"，正是对这种强议会制发展到极端的一种担忧。

毕竟，立法机关内部的立法人员不是同一的，多元的立法人员与之相伴的是意见的分歧和利益的冲突②。如何在保持理论分歧的前提下去保证实践的一致性，是政治哲学中立法研究必须解决的问题。

（二）立法意图

"立法意图"是一个十分复杂的立法学术语，可以在不同的场合指代不同的对象③。关于立法意图的争论，通常是围绕立法意图与立法目的、个体意图与集体意图、语义意图与适用意图而展开的④。

---

① 霍布斯在《利维坦》中对君主制的优势进行了集中阐述：第一，在君主国家中，君主私人利益和国家公共利益是一致的。君主的财富、权力和荣耀只能来自人民的财富、权力和荣誉。第二，君主可以广开言路，听取各种身份、地位、学识的人的建议。第三，君主轻易不毁诺，荣誉使其言行保持一致性。第四，君主的利益是一致的，不会摧毁自己的政治根基。相关内容参见：霍布斯.利维坦［M］.黎思复，黎廷弼，译.北京：商务印书馆，2020.
② 沃尔德伦.法律与分歧［M］.王柱国，译.北京：法律出版社，2009.
③ 傅爱竹.什么是立法意图：德沃金意图主义法律解释［J］.交大法学，2018（1）：45-59.
④ 王云清.制定法解释中的立法意图：以英美国家为中心的考察［J］.比较法学，2020（6）：1659-1676.

在传统立法学研究中,立法意图与立法目的通常被混为一谈①,但两者却是两个具有联系亦有显著差别的概念。按《牛津高阶英语词典》的解释,"意图"一般是指行为人通过特定的行为来实现其特定目的的期望。因此,立法目的一般是指立法机关在制定法律时所希望能够实现的结果或状态;而立法意图则更偏重于通过自身的行动去实现目的的一种意志状态。从这个区别来讲,立法目的一般可以被描绘为现实的、具体的客观对象;而立法意图则侧重于描摹立法机关(尤其是不同立法者)的主观状态。

既然立法意图是一种主观心理状态,就必然会有个人意图与集体意图之分。如果说个人意图可以"个人意向"来表述,那么集体意图则可以用"集体意向"来指代。对"集体意向性"的理解也是政治哲学的经典议题之一②。以个人主义视角来看,集体意向性是由一个个独立的个人意向性集合而成的,因此可以化约为一个个立法者所持有的共同的意向。整体主义则否认这种化约,认为集体意向性是一个集体所不可分割的共同意向。立法意图到底应当如何确立,这个问题的回答往往基于研究者的学术立场而定。

还有一个关键问题是立法意图推理的逻辑刻画,主要的难点在于语义意图、预期意图和适用意图之间的区分③。对此,最新的研究进展是将立法意图解释区分为施事意图解释、语义意图解释和取效意图解释④。其中,施事意图解释立法意图存在与否,语义意图解释立法意图的内容,取效意图解释立法意图的效果。这样,立法意图在施事意图层面得以证立,在语义意图层面得以发现、建构,并在取效意图层面得以拓展。

---

① QUINTIN JOHNSTONE. An evaluation of the rules of statutory interpretation [J]. Kansas law review, 1954, 3 (1): 15.

② 相关内容参见:丛杭青,咸陈炳.集体意向性:个体主义与整体主义之争 [J].哲学研究, 2007 (6):49-56;秦洁,陈晓平.集体意向辨析 [J].学术研究, 2012 (6):10-16.

③ 相关内容参见:格雷西亚.文本性理论:逻辑与认识论 [M].汪信砚,李志,译.北京:人民出版社,2009:42-43.亦可以参阅德沃金关于具体立法意图与抽象立法意图之间的区分,即立法者制定具体法律规范的意图与立法者制定法律规范的预期意图之分(德沃金.原则问题 [M].张国清,译.南京:江苏人民出版社,2008:53)。

④ 陈林林,严厉.立法意图解释的逻辑结构及其正当化:基于语义学理论的论辩与反思 [J].吉林大学社会科学学报,2020 (6):47-57.

总体而言，立法领域关于立法意图的争论焦点在于，立法究竟贯彻的是谁的意图？如果在立法过程中任何立法者的意图都能称为立法意图，那么经过政治商谈利益妥协之后的立法意图，是否能代表立法者的整体意志呢？

（三）关于立法体制的议题

关于立法体制的讨论主要集中于立法权、立法程序和立法制度等议题。我国的立法体制是一元两级多层次多类别体制，主要由中央立法权、地方立法权、特别行政区立法权、特殊授权立法四个部分组成。根据我国宪法、立法法及相关法律的规定，法律和地方性法规的立法程序一般包括提出法律议案、审议法律草案、通过法律和颁布法律四个阶段。行政法规和部门规章则需要经过立项、起草、审查、决定和公布五个阶段。在立法制度研究方面，我国目前已经发展到法典编纂的高阶立法技术研究阶段，《中华人民共和国民法典》的正式实施就是最好的例证，目前正在讨论的环境法典、教育法典等法典编纂工作意味着我国立法制度尤其是法典化研究方面正在飞速推进。

由于对立法体制议题的讨论远超出本书所欲讨论的主题，故此处不再赘述。

三、法制主义的研究局限

从政治学学科发展来看，立法现象一直以来都是政治学的重要研究对象之一。全世界各国政治学研究会通常都会下设二级立法学研究会。例如，国际政治学研究会（IPSA）下设立法专家研究委员会，旨在促进有关立法制度、立法过程和立法政治学的比较研究，以及对国家层面、超国家层面和亚国家层面的相关立法机构进行研究。美国政治学研究会不仅专门设立了立法学研究会，还主办了会刊《立法研究季刊》（*Legislative Studies Quarterly*）。该杂志的宗旨是关注政治体制中立法机关的功能及其与政治制度之间的关系，以及重点关注立法机关中不同成员的行为模式，从而致力于建构并验证关于立法制度、立法过程和立法行为的一般性理论。我国政治学者也很早提出了将立法研究作为政治学的重要内容，要加强立法学相关议题的研究①。但是，我国立法学研究会并不从属于政治学研究会，而是开设在法学研究会之下。

总体而言，法制主义视野下的立法学是政治学的一个研究领域，因而具有实证性特征，主要的研究目标围绕着立法者（立法机关）、立法意图、立法体制等论域展开。这种基于政治学的立法研究，倾向于将立法视为经过政治协商程序而确定的政治决策，不在乎立法的结果——成文法的内容是否优良。这样的研究态度难免会让立法以"政治黑箱"的形式被人所误解②。

第二节　传统立法学的公法学进路及其局限

政治学进路下立法理论仅在乎形式过程而无视内容质量的弊端引起法学家的强烈不满，德国法学家基尔希曼对此揶揄道："立法者的三个更正词就可以使所有的文献成为废纸③"。立法作为成文法国家最重要的法律活动之一，不仅决定着后续执法、司法、守法等法律环节的运行④，还关切着法治理念、秩序构建和法治秩序的有机整合。因此，法学家走出了传统立法学研究的另一条进路——立法作为公法学的一部分被吸纳进法学领域。

一、传统立法学的公法学进路——立法教义学

如前所述，传统立法学研究呈现出法制主义的理论色彩，政治学进路坚持的是政治与法律相隔离的强法制主义立场，公法学进路则是弱法制主义立场——这里弱和强最大的区别在于是否坚持政治与法律相隔离，共性

---

① 吴大英. 加强立法学研究是发展我国政治学的重要内容 [J]. 政治学研究, 1986 (2)：3-5.
② 沃尔德伦. 立法的尊严 [M]. 徐向东，译. 上海：华东师范大学出版社, 2019：2.
③ 基尔希曼. 作为科学的法学的无价值性：在柏林法学会的演讲 [J]. 赵阳，译. 比较法研究, 2004 (1)：146.
④ 无论是富勒还是拉兹所提出的法治原则，最首要的都是要立法. 参见：富勒. 法律的道德性 [M]. 郑戈，译. 北京：商务印书馆, 2005：55；约瑟夫·拉兹. 法律的权威：法律与道德论文集 [M]. 朱峰，译. 北京：法律出版社, 2005：215.

则是都认为立法是前法律阶段的事务，其中强法制主义立场强调如何通过政治制度来制定法律，弱法制主义立场则强调如何对业已制定的法律进行适用。这种传统立法学的公法学进路，也可以称为立法教义学。

立法教义学是我国目前居主流的立法理论派系，大致始于我国 20 世纪 80 年代开启的民主法治建设浪潮，成于以周旺生教授为代表的一代立法学者建立起的立法学学科体系，以立法制度、立法技术为主要内容，旨在促进法律的实现，维护法律的稳定。这种立法的公法学进路主张强调立法过程的法定属性，将立法过程与政策过程区分开来，以防止公权力的僭越①，其体现的是以法律治理取代政策治理的法治观念②。

作为公法学的立法学，以立法制度为主要研究对象。立法制度是指立法活动或立法过程必须遵循的各种实体性准则的总称，是国家法律制度的重要组成部分③。立法制度要求立法主体必须遵守，但立法制度本身是一种制度性实在，因而是可以根据一定的程序来创制或变更的。

具体而言，立法制度包括立法体制（立法权的性质及运行机制）、立法主体（立法是由特定主体进行的活动）、立法权限（立法是依据一定职权进行的活动）、立法程序（立法是依据一定程序进行的活动）、立法技术（立法是运用一定技术进行的活动）、立法活动（立法是制定、认可和变动法的活动）等内容④。

由此可见，立法在我国是一种典型的公法学研究对象，而公法学属于法教义学的一个门类，后者是探究特定实在法秩序之客观意义的一门学科，其基本任务就是以特定实在法秩序为前提而展开法律解释、建构和体系化的工作⑤。相应地，作为公法学的立法学，其实就是对法律在立法制度方面的解释和具体化⑥。

---

① 张文显，于宁. 当代中国法哲学研究范式的转换：从阶级斗争范式到权利本位范式 [J]. 中国法学，2001（1）：62-78.

② 蔡定剑，刘丹. 从政策社会到法治社会：兼论政策对法制建设的消极影响 [J]. 中外法学，1999（2）：7-12.

③ 周旺生. 立法学 [M]. 2 版. 北京：法律出版社，2009：143.

④ 参见：周旺生. 立法学 [M]. 2 版. 北京：法律出版社，2009；朱力宇，张曙光. 立法学 [M]. 3 版. 北京：中国人民大学出版社，2009.

⑤ 拉德布鲁赫. 法教义学的逻辑 [J]. 白斌，译. 清华法学，2016（4）：200.

⑥ 刘风景. 立法释义学的旨趣与构建 [J]. 法学，2016（2）：65-75.

二、立法教义学的学科定位

立法教义学在揭示立法矛盾、漏洞、不融贯性等消极方面，以及通过将法教义的知识成果转化为具体立法等积极方面，都展现出对立法的重要意义①。这种重要意义来自法教义学所具有的稳定性②：一方面，来自立法所面对社会事实的稳定性（社会事实的规律性），即法教义学一个重要的作用就是将事实中（或历史中）蕴含的行动原则逻辑地表达出来；另一方面，出于法的安定性价值要求，新的立法不可能每次都推倒重来，需要尊重既有的规范体系并在其基础上创建新法。

然而，必须指出的是，目前学界对立法教义学性质之定位仍然含混不清。在通行的立法学教科书中，立法学的内容通常由立法原理、立法制度和立法技术等模块组成。立法原理主要涉及立法的指导思想和基本原则（如科学立法原则、民主立法原则、依法立法等）；立法制度主要涉及立法主体、立法体制、立法程序、立法效力、立法决策、立法协商、立法解释、立法监督等内容；立法技术则主要包括法律规范的结构与形式、立法起草、立法语言、立法逻辑等内容。从整体上看，目前立法学的体系框架全面且成系统，但细究则会发现，其所囊括的内容十分繁杂，彼此之间缺乏一个能提纲挈领的总则性内容。

一般而言，独立学科的成立需具备三个要素：一是具有独立的研究对象；二是具有独立的研究范畴和逻辑化的知识系统；三是具有独立的研究方法。从独立的研究对象上看，立法是法学、政治学的重要研究对象，甚至经济学、社会学、管理学等其他学科也不时地把视野投向立法这一人类社会的重大事业上。从具有独立的研究范畴和逻辑化的知识系统上看，目前的立法学也没有发展出独属的研究范畴和理论体系，大部分学者还是借助于法学、政治学或是其他学科的理论资源来研究立法现象。从研究方法上看，目前的立法学研究更偏重于立法技术的深化，然而关于法律规范的

---

① 雷磊. 法教义学能为立法贡献什么？[J]. 现代法学，2018（2）：25-40.
② 裴洪辉. 规范性立法法理学：理论空间与基本结构 [J]. 环球法律评论，2022（4）：82-97.

结构与形式、立法语言、立法逻辑这些立法技术领域的重要内容的研究所使用的方法却来自法理学、语言学、语言哲学或逻辑学等学科，尚未发展出具体的独特立法方法。

既然立法学不具有独立的研究对象，又不具有独立的研究范畴和逻辑化的知识系统，更不具有独立的研究方法，也就难免会有不少学者质疑立法是否为一门独立的学科。从我国的法学学科建设上看，立法学亦未能成为一门核心的法学学科，而时常是作为一个独立章节出现在法理学的授课内容之中，体例与立法学的主要内容也并无二致①。

在笔者看来，立法学似乎同经济法学、社会法学、安全法学等学科一样，属于跨学科领域的交叉学科，而非属于政治学或法学之下的某个二级学科。也正是立法学的交叉学科性质，决定了教义学在立法学研究上的局限性。

三、立法教义学的研究局限

总体而言，立法教义学的工作是在一个相对封闭的系统展开的，主要的任务是以立法的结果——成文法为前提，推导出体系化的法律概念、法律规则，从而构建起融贯的法律体系。这种司法论的研究特质决定了立法教义学者即使对成文法规定有批判或改良的需求，也只能在立法体系内部解决，因而对立法知识的发展具有相当程度的限制②。也就是说，从整体上讲，立法教义学应归属于"后立法"知识门类，其阐释对象不是外在世界而是立法文本，其主要是面向过去而非面向未来。

然而，立法却总是面向未来、面向社会的，它为人们从事正当活动提供了正当的法律依据③。一部良善的法律，既能立足于具体主体的实际，又能为主体指出较高的理想追求目标，从而使"理想"不断转换为"现实"，还能在新的"现实"的基础上，提出更高的追求目标，以促进人与

---

① 参见：张文显.法理学［M］.5 版.北京：高等教育出版社，2018；沈宗灵.法理学［M］.4 版.北京：北京大学出版社，2014.

② 考夫曼.法哲学［M］.2 版.刘幸义，等译.北京：法律出版社，2011：13.

③ 张继成.从案件事实之"是"到当事人之"应当"：法律推理机制及其正当理由的逻辑研究［J］.法学研究，2003（1）：64-82.

社会不断得以提升、发展①。而这点对于立法教义学来讲是无能为力的，即使立法教义学能够对立法内容、立法体系等内容进行约束②，也并非因为其本身所提供的理论资源，而是因为立法立足于某些其他理论资源提供的政治或道德原则，如法治原则、民主原则等。

总之，单凭立法教义学本身是无法独立产出关于立法的学问的。

第三节　立法法理学研究的兴起

从整体而言，立法法理学在我国法学理论研究知识图谱中处于一个容易被忽视的小角落③。以中国知网学术期刊库作为基础数据库，以"立法法理学"作为主题限定，以知网文献计量可视化工具进行图谱分析，可以发现，我国立法法理学研究文献发表趋势如图 1-1 所示。

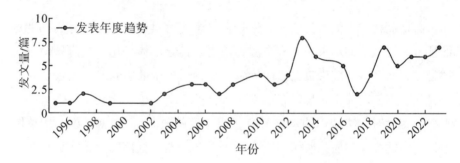

图 1-1　我国立法法理学研究文献发表趋势

---

① 孙伟平. 事实与价值 [M]. 北京：中国社会科学出版社，2000：132.

② 参见：雷磊. 法教义学能为立法贡献什么？[J]. 现代法学，2018（2）：25-40；赵一单. 依法立法原则的法理阐释：基于法教义学的立场 [J]. 法制与社会发展，2020（5）：38-50.

③ 在西方方法学理论研究中，立法法理学也是一个容易被忽视的学术话题。这种现象产生的主要原因在于立法本身的性质难以界定，它一方面关联着政治学的"意见磋商"，另一方面则难以从哈特式的描述性视角进行客观描绘。既然无法客观、计量式的描述、分析，那么也就无法引起以"科学"作为研究基本范式的西方法学理论研究的兴趣。相关论述参见：COHEN. Legisprudence：problems and agenda [J]. Hofstra law review，1982（11）：1165-1166；沃尔德伦. 立法的尊严 [M]. 徐向东，译. 上海：华东师范大学出版社，2019：2-7；裴洪辉. 规范性立法法理学：理论空间与基本结构 [J]. 环球法律评论，2022（4）：82-97.

从总体上看，我国立法法理学研究相关文献总计 79 篇。由图 1-1 可以看到，自 2002 年以后，立法法理学研究开始逐步引起国内学者关注。尤其是近几年，随着《中华人民共和国民法典》的颁布施行，相关立法理论的反思和深化引起了广大学者的兴趣，立法法理学的讨论也随之增多，成为新时代立法学研究的重要学术热点之一。

一、立法为什么需要法理学

如前所述，法制主义视野下的立法学倾向于将立法视为经过政治协商程序而确定的政治决策，不在乎立法的结果——成文法的内容是否优良。而在立法教义学视野下，立法学的阐释对象不是外在世界而是立法文本，其主要是面向过去而非面向未来。传统立法学研究进路的弊端迫使新一代立法学者开始探索新的理论方向，这也是立法法理学日益引起人们重视的原因之一。

既然立法学在性质上是一门跨越政治学与法学的交叉学科，对其研究也必然需要找到连接政治学与法学的桥梁，法理学正好能够扮演好这一角色：一方面，法理学不同于立法教义学，它既能够在现有法律体系的框架下运作，也能够跳脱出实在法体系的约束，从研究"如何适用法律"转移到研究"如何制定法律"上；另一方面，法理学作为基础法学学科，也不同于政治学只做描述不做评价的完全科学化的倾向，它可以采用旁观者视角对法律的运行进行描述，也能转换为参与者视角来审视规则的规范性来源，从而构建出约束政治权力的指导原则，以此破解政治学进路的局限。

从我国法理学学科体系建设来看，立法时常是作为一个独立章节出现在法理学教材之中，这对立法的法理化无疑提出了新的挑战：如果立法仅是作为法理学知识领域的一部分而存在，又如何能够实现沟通政治学与法学的桥梁作用？对此，我们必须从法理的角度对立法进行研究，这也是立法法理学提出的学术意义①。

---

① WINTGENS. Legisprudence：practical reason in legislation ［M］. Farnham：Ashgate Publishing Limited，2012：1.

二、法理学的立法视角

传统法理学一直秉持司法论的研究视角①，研究体系、内容与方法都与立法教义学相差不大。法理学的这种司法视角引发了一些法理学家的强烈不满，Julius Cohen 教授认为，法理学既然是有关法律的理论研究，应该同时关注立法和司法，立法领域同样也需要科学的研究方法，以增强立法的合理性和正当性。为此，他将法理学概念（jurisprudence）分为立法法理学（legisprudence）和司法法理学（judicativeprudence），以重视立法法理学的研究②。

总体而言，法理学的知识框架应当由立法教义理论、立法规范理论和元法学理论三个部分组成③。立法教义学主要是以成文法为前提，推导出体系化的法律概念、法律规则，从而构建起融贯法律体系的理论范畴。立法规范理论通常关注法律价值问题（如法律与道德的关系、法律原则等）、法律应当何为的问题，其中又可分为应然的规范理论和实然的规范理论。元法学理论则主要研究法律的性质问题，亦可称为法哲学或分析法理学，其内容既包括一般意义上的法律、规范、规则、权威、权利、义务、责任等法律概念的性质问题，也包括部门法意义上的故意、过失、合同、侵权、犯罪等法学术语的性质问题④。

由此看来，法理学主要包括两个部分⑤：一是理论型法理学，旨在寻求实在法体系所包含的最佳道德原则和价值的规范理论，最终目的是改善法律实践；二是实践型法理学，旨在探究法律性质的哲学理论，最终目的是理解法律实践。如此，立法法理学也就可以区分为实践型立法法理学

① 明辉. 通往司法的法理学：中国法理学的现实主义路向 [J]. 北方法学，2012（5）：15-25.

② COHEN. Legisprudence：problems and agenda [J]. Hofstra law review，1982（11）：1165. 中译文参见：科恩. 立法学：难题及日程 [J]. 孙竞超，译. 中山大学法律评论，2014（4）：149-160.

③ 陈景辉. 法理论为什么是重要的：法学的知识框架及法理学在其中的位置 [J]. 法学，2014（3）：50-67.

④ 夏皮罗. 合法性 [M]. 郑玉双，刘叶深，译. 北京：中国法制出版社，2016：3-4.

⑤ 裴洪辉. 规范性立法法理学：理论空间与基本结构 [J]. 环球法律评论，2022（4）：82-97.

（practical legisprudence）和理论型立法法理学（theoretical legisprudence）。

三、立法法理学的学科定位

关于立法法理学的学科定位，主要有以下三种学术观点：

其一，Bryan Garner 认为，立法法理学主要是系统性分析制定法的学科定位，因而是法理学的一部分①。这种意义上的立法法理学实际上是对传统司法法理学进行知识容量上的扩展，未能体现立法法理学归属于交叉学科的属性定位。

其二，Witgens 认为，立法法理学是运用法律理论的视角和工具来分析立法问题，以确立理性之立法理论，其本质是对司法法理学的重构②。在他看来，传统司法法理学将法官放在法律理论研究的核心位置；立法法理学则将研究的视角从司法者转向了立法者，因而研究对象也转向立法及其过程。这种意义上的立法法理学主张将立法、立法机关、立法者放在法哲学研究的中心，试图要对传统的司法法理学进行改造，并有取代之意。但这种观点过于偏激，实际上，传统的法理学即使是司法法理学，其也具有不可替代的理论价值。司法可以理解为一种取向于过去的行动，它把注意力集中于已经固定为现行法律的政治立法者过去的决定，而立法者则致力于做出面向未来的有约束力的决定③。也就是说，立法法理学与司法法理学之间完全可以是互补关系，不能因为要重视立法法理学的研究就否定司法法理学研究的重要意义。

其三，还有观点认为，立法法理学是立法学的一个分支，其主要是运用法律理论的视角和工具来分析立法问题。这个观点与 Witgens 的观点之间最大的差异就是立法法理学到底是以立法为基础还是以法理学为基础。前面内容已经阐述过，立法不是现代意义上的法学、政治学、伦理学等一门学科的排他性研究领域，而是一门交叉学科，从不同的领域来研究立法

---

① GARNER. Garner's dictionary of legal usage［D］. 3th. Oxford：Oxford University Press，2011：536.

② WINTGENS. Legisprudence：practical reason in legislation［M］. Farnham：Ashgate Publishing Limited，2012：231.

③ 相关论述参见：考夫曼. 法律哲学［M］. 刘幸义，等译. 北京：法律出版社，2004：190；哈贝马斯. 在事实与规范之间［M］. 童世俊，译. 北京：生活·读书·新知 三联书店，2011：304.

问题当然会产生不同的理论面向。实际上,立法学应当采取的是通过融合不同学科的范式和方法,从而解决立法问题的解决式研究模式,在此基础上可以形成许多新的学科,如立法法理学、立法经济学、立法伦理学、立法政治学等。

总体而言,可以认为:立法法理学是通过法律理论的范畴和工具来分析立法的一门学问,是立法学在法律理论中的一个分支,具有交叉学科的性质。在研究内容上,立法法理学重视对"良法"的追求;在研究范畴上,已经有法制主义的背景、强/弱法制主义、社会契约的模型、立法法理学原理、立法法理学的框架等议题的讨论并逐渐走向成熟;在研究方法上,主张的是多学科方法的智识支撑,包括法律理论方法、经济学方法、伦理学方法、行为科学方法等都可见相关论著。也就是说,立法法理学的基本理论框架正在成型,但核心的研究方法仍在探索之中。

第四节 两种立法法理学类型的主张及局限

一、两种不同形态的立法法理学

如前所述,立法法理学可以根据其理论态度区分为实践型立法法理学和理论型立法法理学两种类型①。具体而言,实践型立法法理学主要采用的是社会科学进路,旨在寻求规范立法政治属性的最佳原则和价值,探索立法这项政治法律实践应当满足的原则和价值要求,并以此指导和约束立法活动,最终制定出良法。理论型立法法理学则是从法律哲学进路,以法律的性质问题为切入点展开分析,重点关注"立法在法律性质的理解中居于何种地位"。也就是说,只有在表明关于法律性质的理解必然涉及立法的前提下,才可能探讨影响和决定立法这项政治法律实践的指导原则是什么,以及理解为何这些指导原则能够制定和适用法律。

---

① 裴洪辉. 规范性立法法理学:理论空间与基本结构 [J]. 环球法律评论, 2022 (4):82-97.

二、实践型立法法理学的社会科学进路及其局限性

以社会科学进路的实践型立法法理学主张通过诉诸实践理性①来寻找并形成规范立法政治属性的指导原则，其理论目的在于改善立法质量，制定良善的法律，特别是要扭转立法一直以来被误解的"政治黑箱"形象。其具体理论主张可以归结为以下三个命题②：

其一，破除法制主义所秉持的政治与法律相隔隙的立场。在法制主义视域下，立法者解决公共行动分歧的思路是诉诸权威（主权者或立法者），将如何行动限定于由谁来创造规则，进而问题就成了认识规则和遵循规则③。这样带来的结果就是：立法体系中的核心行动者就是法官，而立法者则成为法律的政治决策者而非法律行动者。因此，立法就是一个与法学无关的政治问题。对此，实践型立法法理学可以打破立法（政治）与法律的二元分离状态，借用实践理性的视角将立法纳入法理学领域，从而超越传统政治学科与法律学科之间的对立，从人类权利和自由的本性、社会秩序的基本构建原理等基础概念重新审视政治和法律，重新看待并认真对待立法④。

其二，重新塑造立法的理性主义立场，追求科学立法。随着现代社会中风俗变迁、民族共融、流动频繁、科技变革等现象日益繁杂，习惯、风俗、民族精神等传统观念资源难以单独承担起维系社会秩序的重任。为了适应复杂而多变的社会节奏，立法机关需要承担起满足法律自身秩序化需求、整合协调多元法律价值、建立一个以法律为基础的法治秩序的现代立法任务⑤。基于此，法律理论的研究不应再排斥立法，而应重视对立法决

①　相关内容参见：叶会成. 实践哲学视域下的法哲学研究：一个反思性述评 [J]. 浙江大学学报（人文社会科学版），2017（4）：48-64.

②　叶会成. 立法法理学的类型与意义：立法学学科性质的反省 [J]. 法制与社会发展，2021（6）：38-43.

③　WINTGENS. Legisprudence：a new theoretical approach to legislation [M]. Oxford：Hart Publishing，2002：9-15.

④　强世功. 迈向立法者的法理学：法律移植背景下对当代中国法理学的反思 [J]. 中国社会科学，2005（1）：109-122.

⑤　朱振. 立法的法理学：一种社会理论的进路 [M]. 上海：三联书店，2021：132-175.

策及立法过程的规范研究，破除立法固有的"政治黑箱"臆想，增强立法的公众认同感及信任感。

其三，弥补现有立法理论研究的理论化和体系化的不足。立法者绝非法律制定者。对立法者而言，其不仅要在政治正义的意义上思考立法的正当性、合理性，还要思考法律的来源和品格①，最终目的是制定出良善的法律规范。在如今这个大立法时代，立法数量的爆炸式增长对于立法质量的需求也日益增加。但相较而言，目前立法理论研究的体系化程度和理性化程度仍有较大的进步空间②。实践型立法法理学研究可以在法律语言、法律形式、实用性、目的性、伦理性等层面实现立法的理性化追求③，共同为立法活动提供正当性根基。

总体而言，实践型立法法理学成功完成了立法的法理化任务，实现了三重理论价值：其一，它能够消除政治与法律的隔阂，用法理学勾连起政治学与法学之间的桥梁；其二，它能够重新将立法塑造为可被理性化的实践原则，从而为实在法提供正当性依据；其三，实践型立法法理学还是目前中国法理学交叉研究的主流。其实证经验研究弥补了传统规范研究对中国经验把握不足的缺陷，在建设中国特色社会主义法治理论体系过程中表现出鲜明的比较优势，有助于将科学立法、民主立法、依法立法等立法原则统合成为一个系统化的立法原则体系④。

当然，实践型立法法理学研究目前亦有其局限性：由于秉持社会科学的经验性进路，试图从外部观察的视角提炼出立法的理论，却对事实和价值之间的鸿沟仍没有提出可行的解决方法——政策性考虑、立法决策以及最微小的价值评价都无法通过经验性的事实推导出来。而这个问题是否已由理论型立法法理学解决呢？

① 许章润. 论立法者 [J]. 苏州大学学报（法学版），2014（3）：1-20.
② 参见：高中，廖卓. 立法原则体系的反思与重构 [J]. 北京行政学院学报，2017（5）：73-82；黄建武. 科学立法与民主立法的潜在张力及化解 [J]. 地方立法研究，2020（2）：1-13.
③ ATIENZA. Practical reason and legislation [J]. Ratio juris, 1992, 5（3）：277-281.
④ 杨子潇. 经验研究可能提炼法理吗？[J]. 法制与社会发展，2020（3）：207-224.

三、理论型立法法理学的法律哲学进路及其局限性

以法律哲学进路的理论型立法法理学主张应从法律的性质（the nature of Law）入手，将立法作为阐释法律性质的核心元素，进而回答立法的原则问题。它的理论旨趣和学术目的在于提升目前以司法为中心的法理学研究格局，试图将法理学研究从"司法主义"走向"立法主义"。

在理论型立法法理学看来，一般意义上的法理学（司法法理学）普遍忽视了立法机关与民主程序的意义，从而导致法律的权威性无从解释①。为了解决这个理论问题，它将法律制度置于政治实践中予以审视，揭示立法理论的政治特征。既往一般法理学的讨论更多涉及实质的政治理论（如正义理论、权利理论等），缺乏对政治实践的理论化，而对法律性质、法律权威的探讨必然要关涉政治实践的性质。政治实践的性质之一就是人们对于实质正义以及如何建立共同的制度框架存在根本分歧，而法律作为政治框架的构建方式也要面对根本分歧。诉诸民主立法、民主"多数决"的程序主义决策机制就成了一个不得不然的选择②。正是在此意义上，立法的政治属性得到了约束。

如果理论型立法法理学的探索能够成功，那就意味着一个新的法理学方向——立法法理学的诞生。如前所述，笔者认为立法法理学并非对司法法理学的超越和代替，而是一种合作与互补。只有当立法作为独特的法理学和政治哲学问题时，才会意识到立法机关、立法过程、立法方式对当前复杂的政治实践和国家社会治理所具有的重大作用，才能重塑立法的尊严，发挥法律在国家社会治理层面的权威性。同时，也不能否认司法法理学在完善立法理论体系上的重要意义，如在揭示立法矛盾、漏洞、不融贯性等消极方面，以及将立法教义学范式转化成具体立法等积极方面，司法法理学都展现出对立法理论研究的重要意义③。

---

① 典型看法就是将法律视为一种给定的权威实在。相关论述参见：吴义龙. 社科法学如何处理规范性问题？兼与雷磊教授商榷 [J]. 中外法学，2022（6）：1579-1598.

② 叶会成. 立法法理学的类型与意义：立法学学科性质的反省 [J]. 法制与社会发展，2021（6）：43-47.

③ 雷磊. 法教义学能为立法贡献什么？[J]. 现代法学，2018（2）：25-40.

当然，理论型立法法理学研究目前亦有其局限性，它也未能提出解决事实和价值之间鸿沟的可行方法。理论型立法法理学拒绝诉诸客观正确的任何立法观，而秉持一种彻底的民主程序主义，要将所有的实质价值问题都化约到程序上去，通过程序来解决价值分歧①。这种理论坚持虽然充分尊重了个人的尊严，但容易造成民主至上，反而对立法法理学的研究产生约束②：民主参与被视为一种权利，它只支持公民参与政治决定和民主立法，却无法成为约束公民的义务，公民享有参与权利意味着他们既可以行使这项权利，也完全可以放弃这项权利，这会使得程序主义失去根基。程序虽然能够成为连接事实与规范的桥梁③，但何种立法程序才能承担起这一理论任务，还需要对立法法理学进行更加深入的探索。

第五节　立法法理学研究的方法论缺失

无论是实践型立法法理学，还是理论型立法法理学，其核心主张都摒弃了法制主义坚持政治与法律相隔隙的立场，共享着一种独属于立法法理学的大立法者思维：立法既非不受拘束的政治决定，也绝非对现有实在法的具体化，而是受到道德、政治及法治原则所指引的一门实践学科。它要求秉持法律与政治一体化的观念④，并将其共同置于实践理性视野之中，对其正当性予以审视。这种正当性不再是传统法律文化意义上的消极守法，而是一种基于权利意识上的积极守法，公民之于法律，已不再是简单的遵循与服从这一消极形象，而是合乎情理的责任主体对于规则的需求与回应⑤。

---

① WALDRON. Law and disagreement [M]. Oxford：Oxford University Press，1999：116.

② 叶会成. 立法法理学的类型与意义：立法学学科性质的反省 [J]. 法制与社会发展，2021 (6)：48.

③ 相关论述参见：哈贝马斯. 在事实与规范之间 [M]. 童世俊，译. 北京：生活·读书·新知 三联书店，2011；孙笑侠. 程序的法理 [M]. 北京：商务印书馆，2010.

④ 宋方青，姜孝贤. 立法法理学探析 [J]. 法律科学，2013 (6)：52-54.

⑤ MOSHE，ELIYA，PORAT. Proportionality and the culture of justification [J]. The American journal of comparative law，2011，59 (2)：473-474.

因此，立法法理学在本质上是一种致力于构筑社会秩序原理的积极法治理论，其目的在于提供体系化的立法原则，为立法者制定良善的法律规范提供正确的指引。然而，由于学科发展的时日较短，目前的立法法理学研究存在着关键性缺陷——立法方法论的研究亟待加强。观遍当前立法法理学所出的专著、论文集可以发现，聚集于立法法理学名下的学者研究范围十分广泛，从各个学科、各个领域、各个角度进行了立法理论研究，但总体上缺乏一以贯之的理论基础，相关议题的论证和推理也较为松散，对立法原则的阐释和应用往往流于碎片化和零散化，并没有发展出一种独属于立法法理学的方法论。各位学者基于相同的理论目标走到一起，在对立法研究进行理论性反思上有重大进展，可在立法方法论上却存在关键性缺憾——一门没有可辨识的、独特方法论的学科很难获得主流理论的认可和尊重。

第六节　本章小结

"立法法理学"（legisprudence）由立法（legislative）和法理学（jurisprudence）组合而来，针对的是传统立法学研究中的法制主义倾向。法制主义坚持政治与法律相隔隙的立场，因而有将立法视为政治学和法学两条研究路径。在政治学进路中，立法被视为经过政治协商程序而确定的政治决策，因而不在乎立法的结果——成文法的内容是否科学。在立法教义学进路中，立法被视为给定的立法秩序实在，主要的研究任务是如何认识、遵守并适用规则。这两条研究路径对立法理论本身研究的忽视，导致了现实中立法数量膨胀与立法质量紧缩并存的巨大困境。对此，一些有责任感的立法学者开始重新探索立法的价值，再次认识立法理论的重要性，立法法理学随之产生。作为一门交叉学科的立法法理学研究至少蕴含了两层含义：一是从法理学的角度来研究立法问题，即立法的法理化；二是从立法的视角来研究法理学问题，即法理学的立法视角。这里所共同体现的一种精神是：必须认真对待立法问题。

从目前的研究来看，立法法理学研究发展出实践型和理论型两种形态。其中，实践型立法法理学采用社会科学进路，旨在寻求规范立法政治属性的最佳原则与价值，并以此指导良法的制定；理论型立法法理学则是从法律哲学进路，探索出了与司法法理学合作与互补的新的法理学范式。无论是实践型立法法理学还是理论型立法法理学，都没有发展出独属于立法法理学的方法论，因而仍然无法跨越事实与价值之间的鸿沟。只要弥补了这层方法论上的关键缺憾，立法法理学就可获得其应得的认可和尊重。

第二章 立法法理学的方法论进路

如前所述，立法法理学的研究至少蕴含了两层含义：一是从法理学的角度来研究立法问题，即立法的法理化；二是从立法的视角来研究法理学问题，即法理学的立法视角。无论是立法的法理学还是法理的立法视角，其目的都是重构关于立法的基础理论，重塑认真对待立法的理论态度，以"如何制定良善的法律"作为立法法理学研究的出发点和最终归宿。

第一节 立法法理学的方法自觉

如何制定良善的法律？这个问题本身就蕴含着对立法方法论的诘问。传统法理学对立法理论的忽视由来已久，立法方法论亦不例外。正如考夫曼的慨叹："至今传统的方法学说，一直仅研究从法律中获得具体法律判决的过程。立法方法即用来得到正确的法律的方法，过去和现在只字未提"①。实际上，如同法官一样，立法者也需要遵守相应的原则与方法，以使得法律更加客观、理性。

在立法法理学中，有两条进路能够对作为政治运作过程的立法进行原理化约束②：一是进行知识论的批判，即在实践哲学的框架下对法律与政

---

① 考夫曼，哈斯默尔. 当代法哲学和法律理论导论 [M]. 郑永流，译. 北京：法律出版社，2013：155.

② 姜孝贤，宋方青. 立法方法论探析 [J]. 厦门大学学报（哲学社会科学版），2016（3）：38-45.

治的关系进行重新探讨，使得立法成为法律理论研究的对象或主题，并在此基础上探寻立法者的义务以及立法的原则，进而使得立法活动本身更具客观性、合理性；二是从方法论入手，提议拟定规范性内容的有条理的方式，并发展出相应的实践工具以使得这一方法进路的不同步骤与阶段更顺畅。

从本质上讲，知识论批判与方法论建构是一体两面的关系。知识论批判主要致力于指出人们观念中的不当之处，并提出新的知识主张；方法论建构则是在新的知识主张的引导下，建构相应的方法来保障相应目标实现。一般而言，任何知识论批判的成果如果不能落实到方法论建构上，其批判的现实意义便会大打折扣；并且，立法法理学要想成为独立的学科，就必须有独属的、公认的、可辨识的立法方法论；否则，就不能主张获得智识尊重。

当前，立法法理学研究在知识论批判层面已取得较为丰硕的成果，方法论研究则亟须补强。从研究进展来看，不少致力于立法法理学研究的学者已经发现了立法方法论的不足，并对此做出了一些成果，展现了立法法理学的方法论自觉。具体而言，目前立法法理学在方法论上的自觉主要体现在以下三个方面：

其一，从法理学的司法视角转向立法视角。传统立法学研究对立法基础理论研究的忽视，导致了现实中立法数量膨胀与立法质量紧缩并存的巨大困境。其根源在于之前的司法法理学是以法官与司法裁判为研究中心，要么将立法视为讨论的前提而忽视立法①，要么认为其不值得理性讨论②。因此，立法法理学不仅要强调法理学，还应重视从立法视角研究如何制定优良的法律规范。

其二，追求立法知识体系的理性化建构。立法之所以同司法一样值得关注和研究，就在于其是人类实践理性的产物。关于立法的理性化标准，阿蒂恩扎提出立法者进行立法论证时应当体现立法的语言理性、形式理

① WINTGENS. Legisprudence：practical reason in legislation ［M］. Farnham：Ashgate Publishing Limited，2012：1.

② 沃尔德伦. 立法的尊严 ［M］. 徐向东，译. 上海：华东师范大学出版社，2019：1.

性、实用性、合目的性、合道德性五种理性标准①。里珀勒斯则在上述五种理性标准上又加上了合效率性的维度，聚焦于成本收益进路，用于确保不同层次的理性需求之间以及任何理性标准中包含的各种要素之间的兼容性，并调整识别伦理理性要素的方法、目的理性的内容以及目的理性和实用理性之间功利要素的分布②。纳西门托讨论了"立法必须经过议会讨论"的政治理性维度③，以此来约束立法的过度理性化。由此可见，关于立法知识体系理性化建构的讨论正在成为一个学术热点。

其三，增加了立法者的规范性义务。由于立法是一项理性活动，实践理性就向立法者提出了一系列要求。比如，温特根斯通过对强法制主义之社会契约"代理模型"的哲学批判提出社会契约的"交换模型"，即立法作为一种对自由的干涉，其必须符合四个原则：融贯性、替代性、暂时性和规范密度④。又比如，拉拉纳在批判阿蒂恩扎的基础上，提出了立法论证的五层次：语言上的证成、法律系统内的证成、社会有效性证成、工具性证成和价值论证成⑤。从这些不同视角的论证层次来看，立法法理学的研究方法注定具有多学科交叉的性质⑥。

第二节　立法方法论的研究现状

所谓方法，既涉及实践调查与探究的模式，又贯穿理论阐述与教导的

---

①　ATIENZA. Reasoning and legislation［M］// WINTGENS. The theory and practice of legislation. New York：Routledge，2016：306.

②　RIPOLLES. Rationality in criminal law making：rational decision making in a complex socio-legislative process［M］// Conceptions and misconceptions of legislation. Cham：Springer Publishing，2019：57.

③　NASCIMENTO. Political rationality and the argumentative approach in lawmaking：how to deal with them?［M］// Exploring the province of legislation：theoretical and practical perspectives in legisprudence. Cham：Springer Publishing，2022：85.

④　WINTGENS. Legisprudence：practical reason in legislation［M］. Farnham：Ashgate Publishing Limited，2012：235-279.

⑤　LALANA. Rational lawmaking and legislative reasoning in parliamentary debates［M］// The rationality and justification of legislation：essays in legisprudence. Switzerland：Springer Publishing，2013：156.

⑥　宋方青，姜孝贤. 立法法理学探析［J］. 法律科学（西北政法大学学报），2013（6）：49-58.

过程，通常表现为人们在特定的知识学科或研究领域之中所采用的较具系统性的程式或步骤①。如齐佩利乌斯所言，方法是以理性——可检验和可控制的方式通往某一理论或实践上目标的路径②。此即是说，任何理论研究都离不开对方法的研究，并且一切实践活动也必须采用特定的方法才能成功实现目标。在此意义上可以认为，没有方法就没有科学的理论和实践。

对于法学而言，每一个时代都有自己的独特的法律现象或法律问题，各个时代的法学必须针对这些现象或问题提出新的解释或解决方案③，完成这一任务的正是法学方法论。所谓法学方法论，简言之，就是对法学方法的陈述与反思。而法学方法，是指法律人在了解、认识并运用特定国家现行有效的实在法的内容或意义的过程中必须遵循的一系列标准或规则④：首先，法学方法论的主体是法律人，包括法官、检察官、律师、立法工作者等事务法律人，以及法学研究者等学院法律人。其次，法学方法属于诠释学的方法而非经验科学的方法，法律人虽然是根据可观察的客观事实来提出法律问题，但最终关注的仍是该客观事实所蕴含的法律意义。了解、认识、获得及运用现行、有效的实在法，不属于经验性科学而是属于诠释学范畴。最后，法学方法是关于法律推理或论证的方法，其本质是商谈或论证。总之，法学方法论的核心特征在于：以诠释学眼光对法学进行反省。

总体而言，现代法学方法论的核心问题是：如何获得一个正当的法律决定⑤？就一般的法学理论研究而言，这里的"法律决定"特指司法裁决，"如何获得一个正当的法律决定"，即"法官如何才能做出一个正当的司法判决"。这个问题体现出浓厚的教义学色彩，同时也彰显出目前法学方法论研究对立法方法论研究的忽视——"法律决定"除了可理解为"司法判决"外，还能被理解为"立法制定"。正是在这层意义上，以 Cohen、

----

① 付子堂. 法理学进阶 [M]. 北京：法律出版社，2016：141.

② 齐佩利乌斯. 法学方法论 [M]. 金振豹，译. 北京：法律出版社，2009：1.

③ 舒国滢. 并非有一种值得期待的宣言：我们时代的法学为什么需要重视方法 [J]. 现代法学，2006（5）.

④ 舒国滢，王夏昊，雷磊. 法学方法论前沿问题研究 [M]. 北京：中国政法大学出版社，2020：11-20.

⑤ 同④：18.

Wintgens 和 Waldron 为代表的立法学者致力于建立能与司法法理学并驾齐驱的立法法理学，而建立的核心则在于提出一种公认的、可辨识的立法方法论。立法方法论研究的重大意义正体现于此。

以中国知网学术期刊库作为基础数据库，以"立法方法论"作为主题限定，以知网文献计量可视化工具进行图谱分析，可以发现，我国立法方法论研究文献发表趋势如图 2-1 所示。

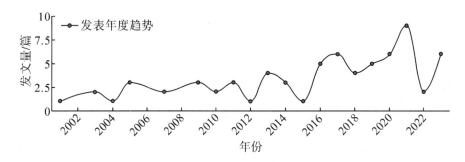

图 2-1　我国立法方法论研究文献发表趋势

从图 2-1 可知，我国对立法方法论的研究开始逐渐重视。有学者主张重新重视立法方法论对于法律的重要价值，并提出立法方法论是"法律创制的方法，其中包含法律的价值安排与价值的实现程序"①。党的二十大报告也多次强调，方法论对社会主义事业建设的重要性，并明确要求运用其科学的世界观和方法论解决中国的问题，要以良法促进发展、保障善治。由此观之，我们必须加强对立法方法论的研究。

第三节　立法方法论的研究进路

立法方法论是立法法理学的核心范畴，以增进立法过程的合理性程度、提高立法质量为目标，对于型塑立法者职业共同体、约束政治立法者的恣意性、恢复立法的尊严具有十分重要的作用。

---

① 朱志昊. 从价值预设到法律形式：立法方法论基础初探［J］. 河南大学学报，2011，51
（4）：60-66.

对于立法方法论研究的性质定位，有学者提出，立法方法论的理性建构应当在"立法的环境"下去把握，并以对立法的法律属性和政治属性的准确分析为前提①。这种"立法的环境"理论起源于罗尔斯的"正义的环境"理论②，其具体主张是：外在环境对应于法律行动者，即立法行动之成果所力图调整的对象；内在环境对应于政治行动者，即立法行动的实施者。完整的立法方法论应当是双维多层次的，既包括针对法律行动者的实践维度，也包括针对政治行动者的理论维度。

具体而言，立法方法论研究一般具有以下四个特征③：

其一，立法方法具有目的性。方法作为实现既定目标的手段、途径或者方式，为相关知识主张的论证服务，具有较强的实用性质④。就立法方法而言，其与相关知识论标准相辅相成，目的均在于提高立法过程的合理性程度以及立法结果的质量，并需要一个立法合理性标准和立法质量的判别标准作为参照指引。

其二，立法方法具有实验性。立法总是面向未来的，立法的这种未来性暗示着规范性内容与它们在真实世界中的效果之间关系的重要性。由于未来的本质是一种可能性，充满各种变化，因而立法方法在性质上就有了社会实验的特质，能够被循环启动，直至该项立法被废止。

其三，立法方法具有阶段性。作为一种创制法律的过程，立法必然符合程序正义的要求，具体表现为一系列的立法步骤或阶段。如分析或定义

---

① 宋方青，姜孝贤.立法法理学探析［J］.法律科学（西北政法大学学报），2013，31（6）：49-58.

② 在罗尔斯（1999）看来，社会是一种为了互利而进行的合作性冒险，利益认同和利益冲突是其典型标志。之所以有利益认同，是因为社会合作可以使所有人的生活更好；而之所以有利益冲突，则是由于人们会对他们合作的成果如何分配发生分歧，每个人都想获得更大的份额。因此，就需要一些原则来做出大家都会同意的具体社会安排，这就是正义扮演的角色。而使得正义必要与可能的上述背景条件，即正义的环境。参见：RAWLS. A theory of justice［M］. Harvard：Harvard University Press, 1999：109-110. 沃尔德伦（1999）在政治哲学领域也提出了类似的"政治的环境"理论，相关内容参见：WALDRON. Law and disagreement［M］. Oxford：Oxford University Press, 1999.

③ 宋方青，姜孝贤.立法法理学探析［J］.法律科学（西北政法大学学报），2013（6）：49-58.

④ 考夫曼.类推与事物本质：兼论类型思维［M］.台北：台湾学林文化事业有限公司，1999：38-39.

待解决的立法问题；确立立法目的；采取合适的立法方式和手段；法案的起草、修订、论证、颁布、评估等。当然，立法方法的这种阶段性仅是一种理论上的讨论，并不一定完全与现实的立法阶段相符，但研究成果是共通的，这也是法学理论的实践特质。

其四，立法方法具有多学科性。立法方法论本身需要借鉴道义论、功利论、德性论等不同学科的多种理论资源，不同类型的社会问题也需要不同的立法方法及其综合运用。如金融类立法更偏好于法学经济学分析方法[①]，刑事类立法则更偏向于政策分析及道义分析方法[②]。因此，立法方法不能仅限于法学学科内部，而应当是多学科性的，因为方法论虽然偏重于理论研究，但其本体性质却不仅是一个认识论问题，更是一个实践性问题。

从目前立法法理学者的讨论来看，关于立法方法论的研究初具雏形的有类型思维进路和立法模型进路两种方式。

一、立法方法论的类型思维进路

类型思维自20世纪上半叶流行以来，这一范畴迅速受到自然科学界和人文社会科学界的青睐，发展出了诸如心理类型学、语言类型学、建筑类型学等新兴学科。恩吉施甚至断言，"类型是现代所有学科的新兴概念"[③]。拉德布鲁赫可谓在法学领域引入类型论的先驱，在1938年发表了《法学思维中的分类概念与次序概念》，在拉氏及之后类型论学者的影响下，当代法与法学中的具体理念正在发生"类型转向"[④]。

类型思维是针对抽象概念思维提出的。在传统的形式逻辑中，抽象概念是通过定义来把握的，即通过列举全部或部分要素对抽象概念进行阐释。类型则是一种次序概念、功能性概念或意义概念，是一种意义关联，

---

① 吉奥加卡波罗斯.法律经济学的原理与方法：规范推理的基础工具［M］.许峰，瞿新辉，译.上海：复旦大学出版社，2014.

② 陈伟.刑法立法方法研究［M］.上海：上海三联书店，2020.

③ 黄源浩.税法上的类型化方法：以合宪性为中心［D］.台北：台湾大学法律研究所，1999：21.

④ 拉伦茨.法学方法论［M］.6版.黄家镇，译.北京：商务印书馆，2020：578.

其典型特征在于类型会随着生活事实而变化①。在考夫曼看来，类型思维不是一种形式逻辑思维，而是一种先于形式逻辑思维的本质性思维，是从"事物的本性"产生的先验逻辑判断。因此，在具体推理时，类型思维总是以一种或多或少的程度方式，将具体事实"归类"于类型之下。就两者的关系而言，抽象概念可被视为完美的类型，而类型则是具体化了的概念②。

从方法论的角度来看，类型是生活事实（现实的或可能的）与法律规范/法律理念之间联系的中介。在具体推理形式上，类型推理则是演绎与归纳的综合运用。就法律发现而言，由于演绎的前提一开始并不明确，因而需要借助归纳这一建构行为来予以确定。一方面，通过对案件的解释，一个具体化了的"行为构成"从法律中产生，变成符合存在；另一方面，通过对法律的"建构"，一个类型化了的"事实行为"从单个案件中形成，变成符合规范。在此基础上，借助"事物的本性"或"意义"这一方法论中介，将前述行为构成与事实行为相互符应，这种事实与规范之间交相呼应、循环往复的过程就是司法三段论的思维过程。在此意义上，立法方法论的研究实质上就是构建一个立法三段论的理论体系③。

具体而言，立法方法的类型思维进路要求④：一方面，法律理念向着素材开放，并在"素材规定性"中得以现实化。此时，法律理念需要在生活事实的指引下来进行演绎，具体化出一个"形式性原则"，变成符合存在。另一方面，在"理念规定性"的作用下，通过对生活事实进行归纳，抽象出一个"构成要件"，变成符合理念。借助"事物之本性"这一方法论中介，立法者把理念化的生活事实与具体化的理念相互符应，构造出一个用概念表达的行为规范，并规定一个法律效果，进而形成一个法律规范。

---

① 考夫曼.类推与事物本质：兼论类型思维［M］.吴从周，译.台北：台湾学林文化事业有限公司，1999：89.

② 同③：119.

③ 考夫曼，哈斯默尔.当代法哲学和法律理论导论［M］.郑永流，译.北京：法律出版社，2013：186-187.

④ 考夫曼.类推与事物本质：兼论类型思维［M］.吴从周，译.台北：台湾学林文化事业有限公司，1999：107.

由此可见，基于类型思维的立法方法论实际上是一种法律规范的构造术，并聚焦于立法思维方式这一层面，具有理论的规范意义，但面对如下实践问题时缺乏充分的指导性：其一，特定问题是否可以通过法律进行调整，即立法的限度问题；其二，如果特定问题需要法律来进行调整，那么法律本身的规范性密度如何合理确定，即调整手段的选取问题①。对这些问题的考察，本书将在后续关于立法定义以及立法分类的现实考察中再予以讨论。

二、立法方法论的立法模型进路

Witgens 是从立法模型来讨论立法方法论的代表人物，他以原理的自由为基础，以立法的环境为背景，以从自由中演绎出来的四个原则为主线，将立法过程的实际阶段模型分为以下六个步骤②：

其一，相关事实查明。当一个社会问题出现时，立法者就必须置身于社会互动的背景对所有相关联的事实进行综合考虑，并挑选出其中与社会互动失败具有相关性的事实。这是因为在立法法理学的语境下，法律是社会互动失败的替代物，对自由的任何外在限制必须遵循可替代性原则；法律并不必然是实现自由的最佳手段，立法有其自身的限度。因此，问题的关键在于必须查明哪些事实对于立法者将要实施的外在限制是相关的，以及获得这些事实的途径，包括听证、专家咨询、域外考察等。

其二，问题形成。Witgens 将立法法理学视为道德或者正义的元理论，是法律使得道德成为可能，而不是相反。因此，任何实质性的道德理论或者正义原则都不能被纳入外在限制的理由之中。与此相应，诸如价值、目的、原则等问题不再需要在事实查明中去证成③，政治共识会将其转化为政策，留待变成法律。

----

① 相关论述参见：资琳. 概念思维与类型思维：刑法立法形式的抉择［J］. 暨南学报（哲学社会科学版），2017（1）：72-75；韩葳博. 类型思维在我国民法典立法中的运用问题研究［J］. 北方论丛，2018（4）：141-146；张婷婷. 立法方法论的理论反思与实践性重构［J］. 四川大学学报（哲学社会科学版），2023（1）：138-146.

② WINTGENS. Legisprudence：practical reason in legislation［M］. Farnham：Ashgate Publishing Limited，2012：133-138.

③ 法律中的"证成"被定义为给一个决定提供充足理由的活动或过程。

其三，手段权衡。规范性密度原则要求外在限制必须进行论证，而惩罚由于涉及对自由的双重限制而需要承担额外的论证负担。如果要使用一种惩罚，那么论证的过程就包括对较弱的规范性方式的一种超越。这个过程具体表现为：首先，尊重社会互动的作用；其次，社会互动失败时的法律介入；再次，依据不同情形采取事前规制与事后责任介入模式；最后，优先选择规范性密度低的法律规范。

其四，前瞻。如前所述，立法总是基于现实而面向未来的，具有实验性特质。基于立法者的有限理性，在立法的各个阶段都要充分考虑立法可能带来的正面影响及负面影响，并进行综合考量。

其五，回顾或反思。温特根斯认为，立法后要以融贯性原则和暂时性原则及时进行立法后评估。其中，融贯性原则要求从法律体系整体角度去论证外在限制，暂时性原则要求对外在限制的论证必须与变化的情势保持同步。

其六，修改。由于立法者本身的有限理性以及生活事实的变迁，立法修改与废止在所难免。立法修改时，应当遵循三个基本要求：第一，如果发现严重的错误要及时修改或者废止；第二，要定期对立法进行后评估，包括评估立法目标、立法手段的适宜性等；第三，立法修改不能过于频繁，要注意保持法的安定性。

对立法模型的讨论，本书将在后续关于立法论证以及立法评估的部分中展开。

第四节　立法方法论的理由转向

一、哲学研究的理由转向

自 20 世纪 70 年代以来，"语言学转向"（the linguistic turn）后的当代西方哲学重新将视线投入以"实践理性"为关键词的诸如"价值的理性基础""规范的根源"等规范性问题研讨上①。这一变化被有的学者称为"实践理性转向",主要是指西方主流哲学界在经历了逻辑实证主义的元伦理学阶段和后实证主义的自然主义阶段之后,恢复了对于价值的理性基础、规范的根源和辩护,以及伦理学与本体论的关系这些实践理性的传统主题的兴趣。无论是在研究的主题、范式、方法方面,还是在取得的成就和产生的影响方面,"实践理性转向"都可以说是继"语言学转向"之后西方哲学发展中的又一次重大转折②。这次转向不仅让哲学研究的对象集中到"实践推理"和"规范性"研究的领域,更是将"理由"作为研究规范性问题的核心概念③。事实上,在实践理性论域中探讨规范性问题的文章确实大幅度增长④,无论是在伦理哲学、政治哲学还是在法哲学领域,"实践理性转向"皆已初现端倪。科斯嘉(Korsgaard)甚至断言,规范性问题(normative questions)不应只是道德哲学与政治哲学领域的核心问题,所有哲学领域都应当围绕规范性问题展开⑤。

"规范性问题"是实践领域的核心问题。诸多规范系统(如道德规范系统、法律规范系统或宗教规范系统等)通常都企图制定出一些行为准则,以此向人们提出生活指引。例如,根据道德的要求,我们应该保持诚信,不应该撒谎;根据法律的规定,我们应该做遵纪守法的人,不应该盗窃或者伤害他人。科斯嘉认为,规范性标准不仅是描述我们实际调节行为的方式,还以命令、强迫、建议或者引导的方式向我们提出了要求。如果我说某个事情是对的,意思是你应当做它;如果我说某个东西是好的,意

① SCHATZKI, CETINA, SAVIGNY. The practice turn in contemporary theory [M]. London: Routledge, 2001: 1-2.

② 科尔斯戈德. 规范性的来源 [M]. 杨顺利, 译. 上海: 上海译文出版社, 2010. 必须指出的是: 国内目前关于 Korsgaard 的译名很多, 如"科尔斯戈德""科斯嘉德""科斯嘉"和"柯思嘉"等, 鉴于英文拼读规则和 Korsgaard 本人的女性身份, 笔者采用"科斯嘉"这一译名。

③ SCANLON. Being realistic about reasons [M]. New York: Oxford University Press, 2014: 1-2.

④ 根据 Stephen Finlay 的研究, 以"normativity"(规范性)为关键词所检索的论文, 在 1980 年以前 1 篇也没有, 20 世纪 80 年代仅有 3 篇, 90 年代则有 76 篇, 2000 年以来增长到 218 篇。当然, 现在相关的研究文献肯定更多了。参考: FINLAY. Recent work on normativity [J]. Analysis review, 2010 (4): 331.

⑤ KORSGAARD. Internalism and the sources of normativity [M] // Constructions of practical reason: interviews on moral and political philosophy. Stanford: Stanford University Press, 2003: 51.

味着我在向你推荐并认为你值得选择它。像"知识""美""意义""德性"以及"正义"这类概念亦是如此，皆具有规范性的含义。它们告诉我们：应该想些什么，应该喜欢些什么，应该说些什么、做些什么，以及应该成为一个什么样的人。我们所试图理解的正是规范性要求的这种力量——这些概念为我们立法的权利；我们所试图追问的也是"是什么确证了这些规范性标准对我们的要求"，这也是被科斯嘉称为"规范性问题"的东西①。也就是说，各种规范系统汇聚成层层交汇的规范网络，生活在其中的我们被要求做道德上应当做的事、法律上应当做的事、宗教上应当做的事等。问题是，在道德、法律、宗教及其他规范中的"应当"是"真的应当"吗？它们是否具有规范性，且这种规范性来自何处？

任何规范皆由人定，然而，我们遵守规范的事实并不能为其正当性提供证明。政治学、经济学、历史学和心理学等能够为我们提供很多规范形成的解释，但我们还是会质疑这些规范的正当性。这是因为，任何规范总是情境性的、可选择的项目而非无可选择的事实。我们总能找到某种理由去怀疑甚至拒绝某一条规范，规范就其本身而言必定是可疑的②。因此，重要的不是规范，而是理由。

在"实践理性转向"的背景下，许多哲学家都试图通过赋予"理由"概念以核心地位来加深对规范性问题的研究。塞拉斯（Sellars）是在规范性领域论述"理由"概念之重要性的先驱，他通过探讨理由的来源来建立自己的理论主张，之后相继加入讨论的学者有：内格尔（Nagel），代表作是 *The Possibility of Altruism*（1970）；威廉姆斯（Williams），代表作是 *Moral Luck*（1982）；拉兹（Raz），代表作是 *Engaging Reasons：On the Theory of Value and Action*（1994）和 *From Normativity to Responsibility*（2011）；科斯嘉（Korsgaard），代表作是 *The Sources of Normativity*（1996）；斯坎伦（Scanlon），代表作是 *What We Owe to Each Other*（1998）；丹西（Dancy），代表作是 *Practical Reality*（2000）；布鲁姆（Broom），代表作是 *Reasons*（2004）和 *Is Rationality Normative?*（2007）；达沃尔（Darwall），代

---

① 科尔斯戈德. 规范性的来源 [M]. 杨顺利，译. 上海：上海译文出版社，2010：9-10.
② 赵汀阳. 论可能生活 [M]. 2 版. 北京：中国人民大学出版社，2010：36-38.

表作是 *The Second－Person Standpoint：Morality，Respect，and Accountability*
（2006）、*Authority and Second－Person Reasons for acting*（2009）和 *Authority and Reasons：Exclusionary and Second－ Person*（2010）；徐向东，代表作是《道德哲学与实践理性》（2007）；斯科鲁普斯基（Skorupski），代表作是 *What is normativity*（2007）和 *The Domain of Reasons*（2010）；帕菲特（Parfit），代表作是 *On What Matters*（2011）。

　　虽然这些学者之间对理由的看法仍然存在较大差异，但可以肯定的是，他们都同意这样的核心观点：任何规范现象之所以是规范现象，一定都是因为与理由有关，如果不是在存在的层次上有关，就是在理解或认识的层次上有关[①]。拉兹的论述可以佐证此观点，所有（事物）的规范性以这样的方式存在：要么它就是理由，要么它提供了理由，要么它与理由相关。所以，对规范性的最终解释必然可以还原为对何以成为一个理由的解释。而理性是内在的规范性，规范性是它的核心特征。因此，对规范性的解释与对理由和合理性（rationality）的解释虽然不是同一的，但也是内在相连的。对合理性的说明，就是对认知理由并遵守理由的能力的说明，也是对遵守理由的不同形式以及这些不同形式在不同语境中的适当性的说明。核心的观念是，合理性是认识到世界的规范性特征的规范性意义，并做出相应的回应的能力。当我们研究理由的时候，我们是在研究世界的规范性面向。当我们讨论合理性的时候，我们是在讨论我们对理由的感知与回应[②]。也就是说，在他们看来，规范性命题（不论是应然命题还是评价命题）都必须诉诸"理由"概念，才能较为完整地理解其内容，评价其重要性。从这点来看，规范性命题本身就蕴含了理由的存在。斯科鲁普斯基（Skorupski）甚至主张，理由是最基本的规范性概念[③]，所有规范性概念都可以还原为理由的概念，因此规范性命题可以看作有关"理由"的命题[④]。正因如此，有学者把"实践理性转向"亦称作为"理由转向"，并认为这

　　① 谢世民. 理由转向：规范性之哲学研究［M］. 台北：台湾大学出版中心，2015.

　　② RAZ. Explaining normatively：on rationality and the justification of reason［J］. Ratio（new series），1999（12）：354－355.

　　③ SKORUPSKI. What is normativity?［J］. Disputatio，2007（11）：247.

　　④ SKORUPSKI. The domain of reasons［M］. Oxford：Oxford University Press，2010.

一转向深刻地影响着当下的思想界①。

二、法学研究的理由转向

虽然当今几乎所有的规范性领域研究都发生了理由转向，以"理由"为核心概念来讨论规范性问题，但这里的讨论不可能面面俱到，只能将范围限定在对立法理由研究有直接影响的法律规范性领域。所谓法律规范性，借助之前科斯嘉对规范性的分析，可以将之界定为：作为人类社会中经由某些权威组织而制定出来的法律，对其所管辖范围内的人们提出一些行为准则，以命令、强迫、建议或者引导的方式要求我们做法律所要求的事情，并声称这些行为准则构成了人们的行动理由，且具有规范性的约束力。也就是说，对法律规范性的追问就是在研究这些法律所规定的行为准则何以可行以及能够成立的条件，是什么使得法律具有规范性，以及法律规范性的来源是什么。

这里，笔者将以分析实证主义法学学派对法律规范性的研究为视角，是因为相对于其他法学学派，分析实证主义法学一直视法律规范性问题为法学的核心问题，自奥斯丁开始，经凯尔森、哈特、拉兹等一代代法学家的努力，一步步艰难而又谨慎地调整论述的架构，不断推进着对法律规范性的理解。

（一）奥斯丁：命令作为法律规范性的基础

在奥斯丁看来，准确意义的"法"或者"规则"都应该被视为某类命令。要理解"法"或"规则"，就必须先阐明命令的性质。命令是一个要求和意愿的表达，其内容是要求应当做或不做某些行为。如果一方不服从另外一方所提出的意愿，前者可能会遭受后者所施加的不利后果。这个不利后果就是制裁（sanction）或强制服从（enforcement of obedience）。这种不利后果给被命令者设立了一项义务。

对奥斯丁而言，"命令""义务"和"制裁"三个概念具有相同的含义。每个词都指向了该意义的不同部分，同时又兼顾其共同部分。"命令"

---

① 谢世民. 理由转向：规范性之哲学研究 [M]. 台北：台湾大学出版中心，2015.

一词侧重于命令要求的表达和宣布，"义务"则强调不利后果的可能性，"制裁"突出的是不利后果本身。因此，一个命令包括三个要素：第一，一个理性存在者提出要求或意愿，该要求或意愿就是另外一个理性存在者必须遵守或付诸行动的理由；第二，如果后者不服从，前者设立的不利后果会施加于后者；第三，这种要求的表达与宣布是通过文字或者其他符号的方式得以体现的①。

除此之外，命令还包括一个重要的要素，即"优势者"的概念。命令包含了强迫他人服从的要求，因此命令者相对于被命令者必须是一个优势者。"优势"是指"强制力"，即用不利后果或痛苦来影响和强迫他人服从的力量。命令是否有效的关键在于命令者是否有施加制裁的能力，是否打算付诸行动。因此，意志的表达或宣布，以及强制实施意志的力量和目的，是一个命令的内在要素②。

基于上述观点，奥斯丁将命令分解为六个要素：①A 希望他人以一定的方式行动（要求的内容）；②A 表达了这个愿望；③A 有意要那些不能实现他的希望的人受到伤害或痛苦；④A 有力量这样做；⑤A 表示他有意这样做；⑥命令体现了 A 希望的具体内容和目的③。澄清了命令的一般性质后，奥斯丁对法律作为一种特殊的命令性质做出了进一步的说明。

首先，并非所有的命令皆为法律。奥斯丁将命令区分为普遍禁令和具体命令（occasional or particular）。具体命令只是针对具体行为或者具体对象的，而普遍禁令则需要满足两个条件：①法律普遍性地要求或禁止一类行为；②法律应该对全体社会成员都具有约束力，如有特殊情况，至少也应该对其中某些种类的社会成员具有约束力。一项命令如果只是满足普遍禁令的一个要求，也不可以称为普遍禁令。如议会可能会为了应付即将出现的经济萧条，发出"停止从码头船运谷物出口"的命令。该命令满足了普遍禁令的第二项要求，但它只是根据特定问题的具体性质做出的具体规定，而非一般性地禁止"从码头船运谷物出口"，因此不得视为普遍禁令。

---

① 奥斯丁. 法理学的范围 [M]. 刘星，译. 北京：北京大学出版社，2013：26.

② 同①：26-37.

③ 同①：14.

法律只能是普遍禁令，而非具体的命令①。

其次，法律的制定者是政治优势者对政治劣势者颁发的，或者说，是由具有统治权的理智人对其统治下的理智人颁布的规则。这种政治上的优势者被奥斯丁称为主权者。根据奥斯丁的理论，只有当两个条件得到满足时，才有主权者存在：①特定社会的群体习惯性地服从一个特定的或一般的优势者。这个优势者可能是某一特定的个人，或者是由个人组成的某个群体或集合体。②被习惯性地服从的这一特定的个人或由个人组成的群体，却不习惯性地服从其他特定的优势者②。

因此，奥斯丁所说的准确意义上的"法"或"规则"可以简单地概括为"法律是主权者发布的、以制裁为后盾的一般性命令"。他对规范的存在为何能构成行为理由的回答也体现在这个简单定义中，即一个优势者以制裁相威胁这一事实已经将被命令者置于义务之下。

（二）凯尔森：基础规范作为法律规范性的基础

凯尔森虽然赞同用命令来解释法律的性质，但他对奥斯丁的命令理论提出了两点重要批评：①奥斯丁将命令理解为某个人或团体的意志是对规范的命令性质的误解；②更重要的是，奥斯丁混淆了"是"与"应当"的界限，无法说明法律的规范性。在凯尔森看来，将某一特殊的法律称为命令或"立法者"的意志，或将作为整体的法律称为国家的"命令"或"意志"，只是一种比喻性的表述。一部法律在立法机关通过时，确实要诉诸立法机关成员的意志表达。只有当成员中的多数人对提交给他们的草案投赞成票时，法律才能获得通过。但是，法律规则对人的行为的"规定"事实上与任何意志的心理活动无关。

首先，法律的内容没有表达那些对其投反对票的立法机关成员的"意志"。

其次，立法机关在投票时的意志行为与心理学上所说的意志的性质并不相同。心理学上的意志行为只能"要求"其所理解的事物，而不能"要求"其不理解的事物。但对草案投赞成票的大多数立法机关成员要么不理

---

① 奥斯丁. 法理学的范围 ［M］. 刘星，译. 北京：北京大学出版社，2013：20-33.
② 同①：243.

解其内容，要么对其知之甚少。因此，即便一名立法者赞成某一法案，也不能说该法案的内容代表了他的意志。同样，如果一个法案有多数人投下了赞成票，说该法律只体现了他们的意志也是不切实际的。

最后，法律虽然是立法者的意志活动的结果，但使法律具有约束力的，不是心理学意义上的立法者意志。因为立法机关通过的法律，在其参与制定和投票的全部成员去世之后依然具有约束力，这时候的法律约束力显然与他们的意志至少与心理学上的那种意志无关。通过遗嘱和契约来说明这一点。遗嘱的效力不是来自遗嘱人的意志，而是由遗嘱人的意志行为所"创造"的某种事物，该种事物的"存在"和"效力"可以超过遗嘱人的真实意志而存在。契约的性质也是如此。契约当然是订约人的意志的产物，但它不得被等同于当事人的意志本身；否则我们就不能解释，为何契约订立后一方当事人改变了意志（如不再要他在订约时想要的东西），契约依然可以约束他，改变意志的一方还要承担违反其真实意志的义务。

总之，法律虽然是人的意志行为的产物，但真正对人产生约束力的并非立法者的意志，而是该意志活动所产生的事物，即规范——一个不具有人格的和无名的"命令"[1]。

此外，凯尔森还指出，将命令的效力归于命令者的意志，混淆了"是"与"应当"的区别。一个人如果仅在权力上拥有实际优势，并不能发出一个有约束力的命令。如一个盗匪虽然能强行实现他的意志，但他所发出的"交出钱来"的命令并无约束力。一个命令之所以有约束力，只是因为它"被授权"或"被赋权"发出有约束力的命令。而他的"被授权"或"被赋权"则是因为存在一个有约束力的规范性命令，该规范性命令授予他发出命令的能力或权限。这种权限不同于事实上的力量优势。一个人虽然相对于被命令者并无事实上的权力优势，只要他被授权，他就能够发出一个有约束力的命令。因此，命令的约束力并不是来自命令本身，而是来自发出命令的条件[2]。因此，一个规范效力的理由始终是一个规范，而不是一个事实。探求一个规范效力的理由并不导致回到现实去，而是导致

①　凯尔森. 法与国家的一般理论 [M]. 沈宗灵，译. 北京：商务印书馆，2014：65-73.
②　同①：67.

回到由此可以引出第一个规范的另一个规范①。在这个规范效力之链的终端的规范就是基础规范（basic norm），其主要功能是授权某些人制定第一部宪法。基础规范为法律规范体系提供了一个规范性基础，从而弥补了权力与规范性权力、事实与规范之间的裂缝，或用他自己的话来说，从某种意义上讲，"基础规范就意味着权力向法律的过渡"②。

（三）哈特：社会规则（理由）作为法律规范性的基础

哈特的社会规则理论（practical theory）是建立在他对法律或社会规则的性质的一项重要判断之上的，即法律或社会规则的存在，不仅意味着人们的行为在某种意义上是"非任意性的"（non-optional），而且是"义务性的"（obligatory）③。他认为命令理论的核心要素如服从习惯、制裁、合法与非法等，对于说明法律规范性而言是不充分的；命令不能说明立法权、合法的有限政府、授予立法权并限定其范围之宪政的存在以及有别于法律上允许或禁止的法律有效与无效的观念，尤其是不能说明法律的义务性特征。在哈特看来，义务是与规则连接在一起的。要说明法律的义务性特征，必须先说明在何种情形下存在一项规则。但并非任何规则都能产生义务，要说明法律的义务性，还要对何时存在一项义务这一问题做出说明。哈特通过辨析一系列重要概念阐述了他对这两个问题的看法。

奥斯丁和凯尔森都是通过制裁来解释义务的，但哈特通过辨析"被迫"（be obliged to）和"有义务"（having an obligation）这一对术语，澄清了制裁与义务的关系。哈特指出，抢匪威胁说，"如果不交出钱就杀了你"这个情境之所以能够显示出义务的意义，只是因为我们把它描述为：如果他服从的话，他就是被强迫（obliged）交出钱的；但被迫做某事和有义务做某事是两种不同性质的问题。被威胁者被迫交出钱，不能被认为他有义务交出钱财。

此外，哈特还指出，义务的观点只有结合规则才能得到合理的说明。规则是做出义务陈述的背景和适当的脉络。当规则可以通过涵摄的方式适

---

① 凯尔森. 法与国家的一般理论 [M]. 沈宗灵，译. 北京：商务印书馆，2014：175.

② 同①：598.

③ 哈特. 法律的概念 [M]. 许家馨，李冠宜，译. 北京：法律出版社，2011：75.

用于某个人时，该人就存在一项义务。但有规则并不一定有义务，哈特通过区分有义务与应该来说明这一点。两者的共同之处是，它们都与某种既存的行为标准有关，或者用来从一般规则中得出某个具体结论。如我们通常说，人们应该遵守礼仪规则和语言规则，违反这些规则会受到批评，但它们不会产生遵守的义务。只有对遵守规则的一般要求是持续且强烈的，而且违反规则会受到强大的社会压力，一项规则才能施加义务①。这表明了义务具有两个特征：①能够施加义务的规则，被认为是对社会生活的维持，或对社会生活的某些被高度珍视之特征的维持而言是必要的；②规则所要求的行为虽然可能对他人有益，却可能与身负义务之人的个人愿望或利益相冲突。因此，义务和责任在性质上总是包含了牺牲或放弃②。

由于义务具有牺牲或放弃的性质，要求社会成员履行义务确实需要严重的社会压力支持，这也是法律通常借助强制性的制裁来保障义务履行的根本原因。但哈特也指出，义务规则由严重的社会压力所支持这一事实，并不等于身负义务之人必然会体会到某种压力感和强迫感。这种观点只描述了对待规则的"外在观点"（external point of view），但规则的存在更多地依赖于社会成员的"内在观点"（internal point of view）。哈特详细讨论了这两种对待规则的实践态度及其对规范性理论的意义。

首先，对规则持外在观点的人，本身并不接受规则，而是站在观察者的角度记录可观察之行为的规律性以及伴随违规而来的敌对反应、谴责或惩罚的规律性，并据此评估违规遭遇敌对反应或惩罚的机会；观察者如果持极端的外在观点，并且未对接受规则的群体成员如何看待他们自己的规律行为提供任何说明，就无法从规则的角度和建立在规则基础上的"义务"或"责任"的角度来描述群体成员的生活，因而也无法说明规则是如何以规则的方式来发挥作用的。这种描述将会从行为可观察的规律性、预测可能性以及征兆等角度完成。因此，对于观察者而言，成员偏离正常的行为不过是敌对反应出现的征兆而已③。

---

① 哈特. 法律的概念 [M]. 许家馨，李冠宜，译. 北京：法律出版社，2011：77.

② 同①：79.

③ 同①：81.

其次，对规则持内在观点的人则是站在群体成员的角度，接受这些规则并且使用这些规则作为行为的指引。他们在连续出现的情况中使用这些规则来指导社会生活中的行为，并以之作为主张、要求、允许、批判或惩罚的基础。对他们而言，规则的违反不仅是预测敌对反应随之而来的基础，而且成为敌对的理由①。任何依照规则运作的社会生活都可能处于由内在立场和外在立场所构成的两种不同类型的人所构成的紧张关系中，但一项社会规则的存在，必定要求该社会的大多数成员对该规则持内在立场。

不过，哈特的实践理论存在三个重要缺陷：①它不能用来说明那些非实践性的规则；②它没有区别社会规则与广泛接受的理由；③它未能抓住规则的规范性特征。一方面，某些规则即使未被实践亦是规则。哈特的实践理论可以用来说明习惯性规则，这类规则的效力来自事实上的遵守，如果某一习惯性规则不再被大多数人遵守，就会失去效力；但它不能一般性地说明其他规则的效力。如"遵守承诺"是一个道德规则，尽管它被广泛实践，但它的效力与是否被实践无关，而是因为遵守承诺本身是正当的。实践理论对法律规则的解释也是有限的。法律规则的效力固然依赖于法律体系整体上被实践，但具体法律规则的效力并非直接来自它本身被人们所遵守。一个法律规则即使从来没有人遵守它，但只要它是立法机关发布的而且没有被宣布废止，那么它依然是一个有效的法律规则。另一方面，实践理论不能区分规则与理由。规则固然是一种行为理由，但并非所有的理由都是规则。比如，张三认为他有很好的理由去阅读某一作者的所有著作，假如他没有做到这一点，他可能会感到自责，但他不会认为存在一个应该阅读这个作者的所有小说的规则。同样，如果社会成员基于某些好的理由，对在某种情境下应该做什么形成了一致的一般性规范判断，他们基于这一规范判断而实施的行为，也可能会满足实践规则的四个条件。例如，该社会的大多数成员都同意母亲应用母乳喂养婴儿（一般性规范判断），很多母亲基于这一规范判断采取了母乳喂养的方法。她们会采取"应当"等规范性术语表明这是一个好的理由，并对其他不用母乳喂养的

---

① 哈特.法律的概念［M］.许家馨，李冠宜，译.北京：法律出版社，2011：82.

母亲提出批评。这个批评会得到其他社会成员的支持，但这里并不存在"母亲应该用母乳喂养婴儿"的规则，而是因为她们相信"母乳喂养有利于婴儿健康"是一个好的行为理由。

此外，社会实践还剥夺了规则的规范性属性。一种广泛存在的实践，不一定是一个行为理由。只有假设所有的人都相信存在一个"像其他人那样做"的理由，或在某些情形下，对于某个人而言存在其他遵守惯例的理由，如不遵守某些礼仪规则会被邻居讨厌或失去工作等，某类实践才可能成为行为理由。社会规则的持续有效，依赖于人们相信他们有一个"像其他人那样做"的理由。因此，实践理论最多可以说明习惯性规则，但它无法解释权威性规则的规范属性。因为权威性规则的存在本身就构成了行为理由，不需要去考虑它是否被其他人实践或"像其他人那样做"这样的理由。

总而言之，在哈特看来，法律的最重要功能就在于控制、引导和计划我们的生活，因而法律实质上是我们采取特定行动的依据，并能为我们面对可能反对意见时充当辩护的基础。也就是说，尽管哈特并未明确使用"理由"概念，而是运用"规则"这个概念来阐述自己的主张，但理由与规则实际上指的是相同的内容①。由此可以认为，哈特眼中的法律在我们的生活中扮演的就是行动理由的角色，这也使得"理由"概念成为我们理解法律，尤其是理解法律的规范性基石。更进一步讲，哈特的思想也指明了拉兹研究法律规范性的前进方向。

（四）拉兹：权威性理由作为法律规范性的基础

延续哈特关于法律规范性的讨论，拉兹以"理由"为关键词来阐述他对规范性的理解。具体而言，拉兹对规范性问题的研究主要围绕三大主张：①规范性通过理由来实现；②理由需要在它们与理性的关系中被理解；③规范性构成人的存在②。

拉兹认为，理由是一种事实，这种事实具有"成真"（truth-making）

---

① 陈景辉. 实践理由与法律推理 [M]. 北京：北京大学出版社，2012：38-39.

② PAVLAKOS. Three comments on joseph Raz's conception of normativity：introduction [J]. Jurisprudence，2011（12）：330.

或者"成善"（good-making）的特性。理由与理性并不是简单对应的关系，理由不能被鉴定为理性所确认和回应的东西，因为理性会发生故障，理性会认知失败，而这并不会使得一个不是理由的事实成为理由；同时，理性未能正确回应一个理由一般也不会使得该理由丧失理由的身份。总之，不是理性使得理由成为理由，理性不是理由的来源。然而，事实也没有办法自动获得理由的身份，虽然在理性之外存在着一些能够确认和回应理由的能力，但理性是普遍性、原则性的识别以及适当回应的能力。也就是说，那些事实之所以是理由，正是因为理性主体可以运用理性确认和回应它们①。在拉兹看来，理性不是理由成为理由的原因，但它在我们反思自身处境的时候，能够帮助我们确认这些处境的规范性特征。由此，拉兹保持了理由在本体论上的独立性和认识论上的优先性②。

在拉兹看来，推理是理性确认理由的方式，但理性包含了比推理更多的东西。在人们知道自己有一个压倒性的理由去推理的情况下，不能去从事推理是非理性的。同样，有时候即使是进行得很好的推理也是非理性的，因为可能存在着主体知道或应当知道不去推理的决定性理由。再有，一个人也可能因为审慎思考太久无法形成结论而是非理性的。这些都是非派生的非理性（non-derivatively irrationality）。也就是说，不是所有的推理都致力于确认和运用理由，也并非所有的推理都是理性的，理性相对于推理至少还应该包括形成意图和决定的能力。然而，推理是一种意图性的脑力活动，是受规范所引导的活动（norm-guided activity），其目的在于确认和回应理由。也就是说，只有正确的推理活动才能建立起作为回应理由能力的理性与推理之间的关联，才能引导、帮助我们判断哪些信念和意图是我们有理由去拥有的③。

对于规范性与人格，拉兹的看法是，我们对实践性理由的响应能力构成了我们的人格，缺少了它，我们将不会有意图性的行动。虽然不是所有的行动都是为了一个理由而被执行，但是当我们拥有一个行动的目的，并

---

① RAZ. From normativity to responsibility［M］. Oxford：Oxford University Press，2011：85-87.

② DELIGIORGI. Joseph raz：from normativity to responsibility［J］. Philosophy in review，2012（6）：215.

③ RAZ. From normativity to responsibility［M］. Oxford：Oxford University Press，2011：87-90.

领会这个行动的意义的时候，我们是出于一个理由而行动。也就是说，我们在一个行动理由的信念中行动①。

对于试图去理解是什么激发了我们去寻找规范性的根基，拉兹认为，我们认识到这种寻找不能只从内部去陈述，从内部我们只能找寻理由的理由，要么就是注意到在合理的情况下忽视理由是非理性的，所有如此的内部调查都会不可避免地陷入循环。所以，拉兹建议我们走出来，以非规范性的术语探究理由，追问什么是理由加诸我们身上的控制？答案是：我们无法忽视它们，因为我们是人类。更精确地说，因为理性能力构成了人格，这种理性能力的运用并不依赖于我们的意志，这些能力独立于意志的愿意与否，独立于任何使用它们的决定，只要我们是醒着的并且不去压制它们。它们就像我们的知觉（与说话的能力相比较），因此只要我们是人，我们就以理由从事，努力去做好它②。也就是说，理性的能力是确认和回应独立于理性的理由的能力，理由需要回应，但并不必然调用到理性的能力。对规范性的辩护，必须给定理由。正如蒂利所言，"人是理由给定的动物"③；也如 Parfit（帕菲特）所言，"人类是既能理解又能回应理由的动物"④。

"理由"成了拉兹分析规范性的核心概念，如其所言，"所有规范现象之所以具有规范性，都是因为它们提供理由或者部分被理由所构成。这使得理由概念成为理解规范性的关键"⑤。然而，理由作为具有特定性质的事实（成真或成善的属性），是最基本的规范性概念，我们似乎不大可能简单地用词语去解释⑥。拉兹认为，规范性理由的概念无法通过一个抽离其自身的定义去解释。但对拉兹来说，这同时也就意味着需要从一个不同的路径去解释理由，即通过展示理由与其他概念之间复杂的相互关系来解释规范性理由。在拉兹看来，这种富有成效的解释方式，必须基于最具复杂

① RAZ. From normativity to responsibility［M］. Oxford：Oxford University Press，2011：90-93.
② 同①：93-105.
③ 蒂利. 为什么？［M］. 李钧鹏，译. 北京：北京时代华文书局，2014：8.
④ PARFIT. On what matters［M］. Oxford：Oxford University Press，2011：1.
⑤ RAZ. Explaining normatively：on rationality and the justification of reason［J］. Ratio（new series），1999（12）：354-355.
⑥ PARFIT. On what matters［M］. Oxford：Oxford University Press，2011：1.

性的相互性关系，而最具复杂性的相互关系是规范性理由与解释性理由之间的关系。因此，拉兹提出了在他的整个理论体系中都占据显著地位的命题，即"规范性与解释性之间的联结"（the normative/explanatory nexus）①。

拉兹认为，理由外在主义和理由内在主义过于强调了规范性理由和解释性理由之间的差别，聚焦于两者的联系，也许可以为对理由及规范性的解读提供一条路径。两者之间最中心的关联在于"规范性理由要能够为行动提供一种解释"，也就是说，作为某些行动的理由，它至少是可能被执行的，这种关联被拉兹称为"规范性和解释性的联结"②。"规范性和解释性的联结"是指 R 能成为 S 做 P 的理由，当且仅当，S 做 P 是因为 R，即 S 是因为 R 而产生做 P 的动机，并在做 P 的过程中接受 R 的引导。其隐含的意思就是，有关主体 S 事实上能够根据理由行动的考量成为这些理由能够存在的条件；反过来，如果一个主体不能受其激发去行动并接受其指引，那么对这个主体而言，该考量就不是理由③。埃瑟特（Essert）认为，这里有两点需要注意④：①在一般情况下，S 并没有被要求去追求 R，通过做 P 与 R 保持一致就足够了；②规范性与解释性的联结的要点在于，为了让 R 成为 A 去做 P 的理由，在做 P 的过程中遵从 R 至少应当对 A 来说是可能做到的。也就是说，"联结命题"为所有的理由附加了一个一般性的需要满足的条件。

"规范性和解释性的联结"对理解"理由"的本质具有意义深远的结果。结果之一就是，虽然规范性与价值之间存在紧密的联系，但某个行动具有某些价值或行动恰当地回应了某些价值的事实，并不足以说明存在一个如此行动的理由。除了价值，"联结"还需要被满足，即对主体来说，通过相关的方式行动来回应那个理由必须是可能的。拉兹主张，我们并没有做不可能做之事的理由，无论这件事多么有价值。在一般情况下，因为相信 X 可以带来利益，并不构成逻辑上或概念上形成一个"因此 X 的信念

---

① RAZ. From normativity to responsibility［M］. Oxford：Oxford University Press，2011：26-35.

② 同①：27.

③ 同①：28.

④ ESSERT. From raz's nexus to legal normativity［J］. Canadian journal of law and jurisprudence，2012（2）：465-482.

是真的"的可能，真正可能的是我们形成一个"如果我们相信 X，那将会是善的"的信念，这个显然不同于前者，因为我们不能因为这样做有利就形成一个信念，这些"有利"不能通过"联结"的检验，因而也就无法成为形成那个信念的理由。由此，"规范性和解释性的联结"为理由设置了一个"可能性过滤装置"（possibility-filter）。

除了"可能性过滤装置"，还有"认识过滤装置"（epistemic-filte）[1]：如果某些人不可能知道某个事实，那么对他而言，这些事实就不能形成一个理由。也就是说，若是 B 能很好地理解那个事实，但 A 不可能了解，那么对 A 而言就仍不成为一个理由。当然，值得注意的是，"认识过滤装置"要求的是，被考虑为理由的事实必须是可知的（knowable），而不是说这些事实对相关主体是已知的（known）。这就意味着，对法律的无知不应成为其获得宽恕的理由。

总之，"规范性和解释性的联结"是指规范性理由一方面为行动者提出了规范性要求，要求其行动能够实现某种特定的目的或意图，而另一方面也要能够在实际上引导并激发行动者去执行该行动。也就是说，一个适当的行动理由，不仅要能为行动者采取的行动进行正当性辩护，还要该行动具有现实可能性，即规范性理由同时能引导行动者产生某种动机在实践层面去执行该项行动。

这里还必须提及的是，之前论述主要围绕的是拉兹对"理由"作为规范性研究的核心概念的分析，而对法律的规范性来源问题，拉兹则是从权威性理由与法律规范的关系入手阐释。在拉兹看来，他将假定法律亦即在任何地方有效的每一个法律体系必然拥有事实权威。那就意味着，法律要么主张它拥有合法权威，要么被认为拥有合法权威，或两者都是。他认为，尽管一个法律体系也许并不拥有合法权威，或者它的合法权威并不像它主张的那样广泛，但每一个法律体系都会主张它拥有合法权威[2]。也就是说，在拉兹看来，法律的一个本质特征就是法律主张合法权威，而他解

---

① 杨建. 实践理性转向中的法律规范性研究 [D]. 南京师范大学，2013：79-80.

② RAZ. Ethics in the public domain: essays in the morality of law and politics [M]. Oxford: Oxford University Press, 1994：215.

释法律权威的基本逻辑就是"行动理由—规范—权威"①。

拉兹认为，规范分析的关键概念是行动理由。解释规则的主要困难在于理解这些规则与行动理由的关系。某些种类的规则是一个特定的行动理由，并且其他的规则（授予权力的规则）在逻辑上与这些理由相关②。规范根据行动理由来解释这个事实确立了规范与其他规范性概念之间的联系，这些概念也预设了一个行动理由的概念③。也就是说，规则是与规范性术语相连的，一条规则的内容也是用含有规范性术语的句子来陈述的，如某人应当去实施某个行动。由此，规则就是行动理由，并且还不是一般性理由。拉兹还认为，法律规范与其他理由的区别在于法律规范不依赖于它们是否被相信、遵守或实施，它们一经权威发布就成为一种内容独立的排他性理由④。然而，拉兹的论述并没有涉及法律规范这种内容独立的排他性理由的正当性从何而来。

三、立法理由的研究现状

从文献上看，对理由的研究是时下中国法理学研究的热点之一。然而，相比于对裁判理由、守法理由的研究，却鲜有学者对立法理由进行系统化、专门化的研究。虽然早在1995年梁慧星教授就指出，我国立法无附具立法理由书之制度，为法意解释方法之采用增加了困难⑤；米健教授也强调，立法理由书是十分必要的，这个立法理由书是否成熟严谨，将直接印证物权立法是否成熟和完善⑥；梁治平教授更是呼吁，立法要提出令人信服的合法且正当的理由⑦；但是，时至今日与立法理由研究相关的文章或专著并不多见。

---

① 朱振. 法律权威与行动理由：基于拉兹实践哲学进路的考察 [J]. 法治与社会发展，2008 (6)：100-108.

② RAZ. Practical reason and norms [M]. Oxford：Oxford University Press，1999：9.

③ 同②：10.

④ RAZ. Ethics in the public domain：essays in the morality of law and politics [M]. Oxford：Oxford University Press，1994：210 - 237；RAZ. Practical reason and norms [M]. Oxford：Oxford University Press，1999：35-48.

⑤ 梁慧星. 民法解释学 [M]. 北京：中国政法大学出版社，1995：220-221.

⑥ 米健. 附个立法理由书如何 [N]. 法制日报，2005-08-24 (11).

⑦ 梁治平. 立法要有合适的理由 [N]. 南方周末，2006-05-04 (B15).

牛军、卢刚和魏涛（2009）合写的《立法理由刍议》可算是对立法理由进行专门研究的一篇论文①，在他们看来，立法理由就是立法的原因。研究"立法理由"的现实意义是修补《中华人民共和国立法法》之不足，细化完善法理学的基本概念。从层次上看，立法理由可分为宏观、中观、微观三个层次，但这三个层次的区分标准及实质内涵并没有阐述。此外，立法理由的作用体现在立法体系的完善以及法律解释上，而其突出的现实意义则在于增进人们对法律的认识或理解，然而对立法理由的理论意义则没有提及。

除此之外，研究立法理由的相关文献的主题要么是讨论某项具体法律制度的立法理由，要么是讨论某款具体法律条文的立法理由，要么是讨论地方立法理由公开说明制度，亦可在学者立法建议稿中见到关于立法理由的些许论述。其中，讨论某项具体法律制度的立法理由的文献包括阮齐林（1997）的《论财产刑的正当理由及其立法完善》、程红（2007）的《德日中止犯立法理由问题研究》、黄华生和闫雨（2011）的《我国犯罪被害人国家补偿制度的立法理由》等；讨论某款具体法律条文的立法理由的文献包括邓祥瑞（2000）的《非国家工作人员不构成受贿罪共犯：兼谈新刑法废除受贿罪共犯条款的立法理由》、应振芳（2007）的《体系感和立法理由：评〈专利法修订草案〉（征求意见稿）第 23 条和第 A8 条》；讨论地方立法理由公开说明制度的文献包括冯健鹏（2010）的《地方法制下的立法理由公开制度及其建构》、代水平和李景豹（2018）的《刍议我国地方立法理由说明制度》等；学者在立法建议稿中给出立法理由的则包括布吕格迈耶尔和朱岩（2009）的《中国侵权责任法学者建议稿及其立法理由》、梁慧星（2006）的《中国民法典草案建议稿附理由》（包括总则编、物权编、亲属编、继承编、债权总则编、侵权行为编六本）、王利明（2005）的《中国民法典学者建议稿及立法理由》（包括总则编、人格权编、物权编、债法总则编、侵权行为编五本）等。

与国内类似，国外也缺乏对立法理由的系统研究。从笔者所收集的资料来看，目前有少部分国外学者也关注到立法理由的重要性，并于 2018 年

①　牛军，卢刚，魏涛. 立法理由刍议 [J]. 社科纵横，2009（5）：100-102.

出版了一部以立法理由（ratio legis）为主题的论文集①。这本论文集包含 9 篇文章，涉及了立法理由的概念（what is ratio legis）、立法理由何以成为立法理由（what can ratio legis be）以及立法理由在立法实践中的影响（what practical implication can ratio legis have）三个议题。这些文章的简要内容如下：

Dyrda 所写的 *The Real Ratio Legis and Where to Find it* 一文主要讨论了立法理由概念在日常立法实践中的用法，并认为当前立法实践对立法理由概念的理解是不确切的。此外，他还提出了一些可能的立法理由分类方式，如"整体立法理由"（the ratio legis）与"单个立法理由"（a the ratio legis）；描述性立法理由与规范性立法理由等。通过对立法理由的日常语言分析，他的结论是：立法理由这个概念是十分重要的，能够扩大法律实践者的视野，值得对其进行深入的哲学考察。

Kordela 所写的 *Ratio Legis as a Binding Legal Value* 一文认为，立法理由就是有约束力的法律价值。在他看来，立法价值包括法律价值（legal values）、相关价值（reference values）和一般价值（values of a university character），而立法理由则应归属于法律价值一类，并且是有约束力的法律价值，能够规范立法者的立法行动。

Dybowski 所写的 *Articulating Ratio Legis and Practical Reasoning* 一文认为，当前法学理论中存在着太多关于立法理由的不可调和说明，对立法理由的讨论应当从实践推理的角度切入。通过借助布兰顿的推理语义学，他对立法理由在立法推理中的作用进行了讨论。在他看来，立法理由是立法决策者做出立法行动的核心要素。

Krotoszynski 所写的 *Legislative History, Ratio Legis, and the Concept of the Rational Legislator* 一文将立法理由等同于理性立法者的原意，我们需要到立法历史（如立法准备性材料）中去寻找立法者的原意。也就是说，在他看来，寻找立法理由实际上就是对法律进行原意解释。此外，Schutz 所写的 *Immanent Ratio Legis? Legal Forms and Statutory Interpretation* 和 Hermanm

---

① KLAPPSTEIN, DYBOWSKI. Ratio Legis：philosophical and theoretical perspectives ［M］. Switzerland：Springer, 2018.

所写的 *How Can Ratio Legis Help a Lawyer to Interpret a Legal Text? Employing the Purpose of a Regulation for Legal Interpretation* 这两篇文章也探讨了立法理由在法律解释或法律论证中的运用。

Klappstein 所写的 *The Concept of Purpose in Kant's Metaphysical Elements of Justice* 以及 Smolak 和 Smolak 合写的 *Is There an Imitative Ratio Legis, and if so, How Many Are There?* 这两篇文章认为，立法理由就是立法目的，并分别从康德的形而上学及心理学视角来阐释立法理由这种目的应当是什么且如何获得。

除了这本论文集外，Canale 和 Tuzet（2010）合写的 *What is the Reason for This Rule? An Inferential Account of the Ratio Legis* 一文也讨论了什么是立法理由①。他们认为，立法理由就是制定法律规则的目的，即立法目的。由此，解释立法理由也就是寻找立法者的目的（包括客观立法目的和主观立法目的）是什么。

综上所述，从整体上看，国内外理论界对立法理由的认识仍处于初始阶段，对立法理由的概念、性质、功能等重要理论问题并没有形成清晰的认识。由此可见，对立法理由的系统研究具有重要的理论意义。

第五节　本章小结

"如何制定良善的法律"是立法法理学研究的出发点和最终归宿，而良法的制定离不开成熟的立法方法论。此就意味着，立法法理学要想成为独立的学科，就必须有其独属的、能辨识的立法方法论。针对目前立法方法论饱受忽视的现状，不少致力于立法法理学研究的学者觉醒了立法方法论的自觉，做出了值得肯定的理论探索，提炼出了立法方法论的论域及其具体特征。

从立法方法论文献研究的进展来看，一部分学者试图以类型思维为基

---

① CANALE, TUZET. What is the reason for this rule? An inferential account of the ratio legis [J]. Argumentation, 2010, 24 (2): 197-210.

础，探索出一条与司法三段论相对应的立法三段论之路，这种思维进路实际上是一种法律规范的构造术，并聚焦于立法思维方式这一层面，具有理论的规范意义；另一部分学者则试图从立法模型这种整体性视野讨论立法的具体方法，以"事实查明—问题形成—手段权衡—前瞻—回顾或反思—修改"作为立法通用的阶段流程，并对每个立法阶段所需要使用的重点方法进行了提炼。

从总体上看，无论是基于类型思维还是基于立法模型的立法方法论讨论，都体现了当前立法法理学学者建构独属的有辨识性的立法方法论的理论决心。本章第四节讨论了第三种进路——立法方法论的理由进路，这也符合目前哲学、政治学、伦理学乃至法哲学正在发生的理由转向。

第三章 立法理由：立法方法论的核心范畴

立法理由是论证立法的合理性、科学性、正当性和合法性的核心概念。从实质法治观来看，通过提供适格的立法理由，不仅能够彰显立法的理性精神、凸显立法的科学态度，还能展现立法的价值依循、显现立法的合法权威①。立法理由概念是立法理由理论的核心范畴，一个精准、明晰的立法理由概念是提供适格立法理由的逻辑前提。

然而，虽然"立法者应当给出立法理由"已成为当前我国立法学界的共识②，但对于什么是立法理由，研究者却各执一词。立法理由仿佛已经是一个清晰、明确的概念，既没有对立法理由的定义进行必要的说明，也没有对立法理由的内涵特征进行严谨的逻辑论证。

可是，从几部权威法学辞典给出的定义来看，当前对立法理由概念的认识还远未达成共识。国内权威《中华法学大辞典》将"立法理由"等同于"立法原因"③，国外的《布莱克法律词典》则认为"立法理由即立法的目的"④，《奥兰法律词典》和《牛津法律大词典》则将"立法理由"解

---

① 温惊雷. 立法说理的法治意义 [J]. 法治社会，2020（1）：39-50.

② 冯玉军和王柏荣（2014）认为，在立法中，应当对立法理由和立法规划进行充分的论证调研，对法律文本的内容、措辞、内容关联性、重复性以及冲突可能性等进行严格逻辑考量；李友根（2015）强调，为了更彻底地实现科学立法的要求，应当明确要求立法者给出立法理由。制定立法理由书，是保障立法质量的具体体现。而立法理由书的撰写过程本身，就是立法科学性的凝练过程。

③ 孙国华. 中华法学大辞典：法理学卷 [M]. 北京：中国检察出版社，1997：276.

④ GARNER. Black's law dictionary：8th [M]. New York：West Publishing, 2004：3958.

释为"立法的基本原则或目的"①，争议之大可见一斑。

概念的不清晰是导致一切思想混乱的根源。在尚未有一个精准、明晰的立法理由概念指导下，很难想象对立法理由有着不同认知的立法者群体在论证其立法提案时，能充分、严谨、有效地论证立法提案的合理性、科学性、正当性和合法性。没有立法理由支持的立法主张势必是武断与非理性的，但缺少立法理由概念指导的立法实践则必然是盲目和低效的。因此，反思并重塑立法理由的科学内涵不仅十分重要，还极为必要。

第一节　迷雾笼罩下的立法理由

高质量的立法是实现良法善治的前提条件，而立法质量的高低，根本上取决于支持其创设的立法论证质量高低②。立法论证的质量越高，其所支持立法的说服力和可接受性就越强，立法的质量也就越高。立法论证作为法律论证的一种重要类型，是立法者在立法过程中旨在说服或增强他人接受其立法主张的一种说理活动。从此意义上讲，立法论证的过程也就是搜集、选择和运用立法理由来证成立法结论的说理过程。然而，说理要先明理，这里的明理包含两个方面：首先是厘清元理论层面上"立法理由"的内涵究竟是什么；其次是在此基础之上进一步明晰具体立法说理过程中的理由指涉的是什么。也就是说，厘清立法理由的概念是明晰立法背后之原理、述说具体法律创设之缘由的逻辑前提。然而，对于什么是立法理由，目前却并没有一个明确的定义。

一、当前立法实践对"立法理由"的认识存在歧义

当代法治社会关于法治理想的一项本质性要求，即任何法律决定的决

---

① 参见：DANIEL. Oran's dictionary of the law [M]. 3rd. Delmar：West Legal Studies，2000：403；沃克. 牛津法律大辞典 [M]. 李双元，等译. 北京：法律出版社，2003：938.

② 麦考密克在晚年重新思考"法律的可争辩性与法治是否能相互协调"的问题时，再次强调了"法学是一门论证性学科"。依其观点我们可以认为，当代有关法治理想的一项本质性要求，即做出影响我们日常生活之决定的公职人员必须证成他们的选择。就立法而言，立法质量的高低与支持该立法的论证息息相关。参见：麦考密克. 修辞与法治：一种法律推理理论 [M]. 程朝阳，孙光宁，译. 北京：北京大学出版社，2014：16-22.

策者必须提供理由以证成其决定①。立法者在议会提出一个法案时，要有充足的理由支持他的提案②。我国立法机关在实践中对立法说理十分重视，并出版了不少立法理由书③。然而，从当前立法者给出的立法理由书来看，立法理由有着多重实践形态。

（一）作为立法目的的立法理由

立法目的是指立法者根据特定群体的利益与需要，事先设定的制定某一规范性法律文件时所要达到的任务、目标④。在一般情况下，立法目的有总目的和分目的之分。立法的总目的通常是立法者制定一部法律的立法理由，如为了更好地实现"保护民事主体的合法权益，促进社会和谐稳定"之立法目的，立法者认为"有必要对现实生活中迫切需要规范的侵权责任做出规定，制定一部较为完备的《侵权责任法》⑤"⑥。这里详细地阐述了立法者制定该法律的总立法目的为何，即从宏观层面给出了制定该法律的立法目的。

此外，立法分目的也可以作为不同法律条文的立法理由。准确地说，任何一部法律文件的每一卷、编、章、节、条、款、项、目的立法目的都可以作为制定该卷、编、章、节、条、款、项、目的立法理由。例如，"为了维护社会稳定，保障人民群众的生命财产安全"，立法者决定对违反大型群众性活动安全规定之行为明确追究犯罪嫌疑人的刑事责任，从而制定了《中华人民共和国刑法》第一百三十五条之"大型群众性活动重大安全事故罪"⑦。

---

① 麦考密克.修辞与法治：一种法律推理理论 [M].程朝阳，孙光宁，译.北京：北京大学出版社，2014：16-22.

② 菲特丽丝.法律论证原理：司法裁决之证立理论概览 [M].张其山，等译.北京：商务印书馆，2005：3.

③ 参见：全国人大法工委.中华人民共和国刑法条文说明立法理由及相关规定 [M].北京：北京大学出版社，2009；全国人大法工委.中华人民共和国民事诉讼条文说明、立法理由及相关规定 [M].北京：北京大学出版社，2012.

④ 周旺生，朱苏力.北京大学法学百科全书：法理学·立法学·法律社会学卷 [M].北京：北京大学出版社，2010：604.

⑤ 此处的《侵权责任法》（已于2021年1月1日废止）仅作为阐述立法者立法理由的需要。本书后面所指已废止法律也皆出于阐述观点之需要，后文不再赘述。

⑥ 全国人大法工委.中华人民共和国侵权责任法条文说明、立法理由及相关规定 [M].北京：法律出版社，2010：3.

⑦ 全国人大法工委.中华人民共和国刑法条文说明立法理由及相关规定 [M].北京：北京大学出版社，2009：205-207.

当然，不同法律文本所依据的立法目的各有偏重，其立法理由也呈现出相应差异，如"为了保护被监护人的人身、财产及其他合法权益不受损害"，立法者认为有必要设立监护制度，因此在《中华人民共和国侵权责任法》第三十二条对监护人责任做了具体规定①。再比如，为了"昭示我国政府对故意杀人罪的处罚态度与决心"，立法机关决定将"故意杀人罪"的量刑以"死刑、无期徒刑或者十年以上有期徒刑再到三年以上十年以下有期徒刑"的顺序由重到轻排列，从而更好地"维护公民的生命权利不受非法侵犯"②。

从上述表述可以看出，"将立法目的当作立法理由"这一认识的逻辑结构可以表述为：立法目的 G 是法律规范 L 规定"行为者 S 应当做 P"的立法理由，当且仅当，G 是立法者欲实现的立法目的，并且 S 做 P 能够实现 G。然而，这里的逻辑结构是有问题的："S 做 P"这一手段与实现目的 G 之间缺少必要联系。一个目的论证的最简单形式应该是③：

(1) OG   （应当实现立法目的 G）；

(2) ¬ (S 做 P) → ¬ G （若 S 不做 P 则不能实现立法目的 G）；

(3) O (S 做 P)   （S 应当做 P）。

如果忽略了手段与目的之间的必要联系，那么就很容易犯"推不出"的逻辑谬误：如从《中华人民共和国刑法》的总立法目的"惩罚犯罪、保护人民"是推不出该法第十九条"又聋又哑的人或盲人犯罪，可以从轻、减轻或者免除处罚"这一具体法律条文的。此外，从目的论证的形式也可以看出，单从"立法目的"这一价值性理由是推不出规范性结论的，还需要具有相应的事实性理由。

（二）作为立法原则或立法规则的立法理由

立法原则是立法指导思想在立法实践中的重要体现，是立法活动据以进行的基本准绳，它反映了立法主体根据什么思想、理论立法和立什么样

---

① 全国人大法工委.中华人民共和国侵权责任法条文说明、立法理由及相关规定 [M].北京：法律出版社，2010：123-126.

② 全国人大法工委.中华人民共和国刑法条文说明立法理由及相关规定 [M].北京：北京大学出版社，2009：477-478.

③ 阿列克西.法律论证理论 [M].舒国滢，译.北京：中国法制出版社，2003.

的法①。立法规则是指规范立法活动的立法性法律规范，如《中华人民共和国宪法》或《中华人民共和国立法法》中的相关立法规定。将立法原则或规则作为立法理由的用法在我国立法中较为常见，如为了体现刑事立法的罪刑相适应原则，立法者特意在刑法总则和分则中明确规定了从重处罚和从轻处罚的情节，并制定了《中华人民共和国刑法》第六十二条之规定，强调对犯罪分子必须根据不同的犯罪情节以较重或较轻的刑罚予以惩罚和教育②。再如《中华人民共和国立法法》第六十六条③以及《中华人民共和国食品安全法》第三十六条第三款④的规定，各省（区、市）人大应当在《中华人民共和国食品安全法》施行一年内出台各省（区、市）之食品安全条例的立法理由。

此外，国际法原则或规则也是一种重要的立法理由。比如，为了保证国与国之间正常交往通行，根据国家之间的互惠原则，立法者特别在《中华人民共和国刑法》第十一条对外交特权和豁免权做了具体规定⑤。

"将立法原则或规则当作立法理由"这一认识的逻辑结构可以表述为：立法原则或规则 M 是法律规范 L 规定"行为者 S 应当做 P"的立法理由，当且仅当，M 是法律所明确规定的立法原则或规则，并且"S 做 P"符合 M 的要求。在我国立法理由书中，这种做法的常见问题之一是：规范内容"S 应当做 P"与立法原则或规则 M 的规范性要求之间的可满足关系缺乏详细的论证。缺乏这种规范内容的可满足性论证，理由的可信度将大打折扣。此外，这里也只涉及了立法结论的合法性，而立法的科学性及正当性则没有涉及。

---

① 周旺生，朱苏力. 北京大学法学百科全书：法理学·立法学·法律社会学卷 [M]. 北京：北京大学出版社，2010：660.

② 全国人大法工委. 中华人民共和国刑法条文说明立法理由及相关规定 [M]. 北京：北京大学出版社，2009：80-81.

③ 法律规定明确要求有关国家机关对专门事项做出配套的具体规定的，有关国家机关应当自法律施行之日起一年内做出规定。

④ 食品生产加工小作坊和食品摊贩等的具体管理办法由省（区、市）制定。

⑤ 同②：13-14.

（三）作为立法政策的立法理由

立法政策是指国家机关或执政党根据一定时期的形势和任务而确定的从事立法活动所要遵循的指导方针和基本准则。这也是使立法工作得以顺利进行的基本依据①。在我国立法活动中，立法政策作为立法理由的用法也较为常见。比如，"坦白从宽"是我国历来的刑事政策，为了更好地体现和执行这一政策，对自首的条件及处罚做具体明确的规定是十分必要的②。

"将立法政策当作立法理由"这一认识的逻辑结构可以表述为：立法政策 N 是法律规范 L 规定"行为者 S 应当做 P"的立法理由，当且仅当，N 是我国立法机关或执政党所确立的立法政策，并且"S 做 P"符合 N 的要求。从形式上看，立法政策作为立法理由的方式与立法原则或规则是相同的，不同在于立法政策相对而言更为抽象，且难以确定。政策是因时而变的，依据现有政策而制定的法律规范很可能会根据形势政策的变化而随之改变，这极不利于保持法律的稳定性和确定性。再者，一贯坚持的重要立法政策在理论或实践中实际上已经大部分转化为立法原则。因此，"将立法政策当作立法理由"的做法是值得商榷的。

（四）作为立法评估结果的立法理由

立法评估是指国家机关、公众或其他人员在法律实施一定时间后对法律的功能作用、实施效果的评论估价，以及在此基础上对整个立法质量和价值的评论估价③。在我国立法活动中，立法评估主要是作为修法理由来使用的。比如，"基于国外恐怖主义的不断渗透和我国'三股势力'活动日益猖獗的严峻形势，有关部门、地方、专家学者和社会公众希望进一步完善恐怖主义犯罪的规定，在已提高刑法规定的法定刑的基础上，再增加财产刑的规定，以剥夺这类犯罪分子的可用于再犯罪的经济能力，加强对这类犯罪的惩治和预防"，立法者纳谏如流，在《中华人民共和国刑法修

---

① 周旺生，朱苏力. 北京大学法学百科全书：法理学·立法学·法律社会学卷 [M]. 北京：北京大学出版社，2010：659.

② 全国人大法工委. 中华人民共和国刑法条文说明立法理由及相关规定 [M]. 北京：北京大学出版社，2009：86.

③ 周旺生，朱苏力. 北京大学法学百科全书：法理学·立法学·法律社会学卷 [M]. 北京：北京大学出版社，2010：604.

正案（九）》中对组织、领导和参加恐怖活动组织罪及其处罚做了相应修订①。当然，立法评估也可以作为法律的创设理由来使用，此时主要体现为对现有法律的查漏补缺或进一步细化规定。比如，由于"我国《民法通则》仅规定了共同侵权制度，没有规定教唆、帮助侵权制度"，因此立法者认为有必要在《中华人民共和国侵权责任法》中对这一制度做出具体规定②。

"将立法评估当作立法理由"这一认识的逻辑结构可以表述为：立法评估 E 是法律规范 L 规定"行为者 S 应当做 P"的立法理由，当且仅当，E 是有关机关或社会公众对立法的必要性、合法性、协调性、可操作性和时效性等标准进行的评估，并且"S 做 P"能够提升当前的立法评估 E。从这个逻辑结构可见，立法评估实质上是一个综合性指标，它包含了不同面向的各种立法标准。因此，规范内容"S 做 P"与提升立法评估 E 之间的论证实际上是一个系统的、需要权衡各方面指标的综合论证，而这点在我国立法理由书中并没有得以体现。在笔者看来，"将立法评估当作立法理由"的做法相当于把一个简单的问题复杂化之后，又把复杂的问题简单化处理。这一去一来之间，本欲解决的问题却越行越远。

综上所述，当前我国立法实践对于"立法理由"的认识是存在分歧的，"立法理由"在我国立法实践中具有多重形态，而这在一定程度上也反映了当前理论界对"立法理由"认识的"混乱"现状。

二、国内关于"立法理由"的权威定义不准确

目前，国内关于立法理由的权威定义是由《中华法学大辞典》所界定的，即"所谓立法理由，就是国家立法机关制定、修改或废止某项法律规范或规范性文件的原因，即该项立法的必要性及可能性"③。笔者认为，这个"立法理由"权威定义是不准确、不科学的，主要体现在以下两个方面：

---

① 全国人大法工委. 刑法修正案（九）立法理由书 [M]. 北京：北京大学出版社，2016：29-33.

② 全国人大法工委. 中华人民共和国侵权责任法条文说明、立法理由及相关规定 [M]. 北京：法律出版社，2010：37-39.

③ 孙国华. 中华法学大辞典：法理学卷 [M]. 北京：中国检察出版社，1997：276.

（一）立法理由与立法原因之间具有本质性差异

在日常生活中，我们常将理由和原因混用，把"S 做 P 的理由是 R"误等同于"S 做 P 的原因是 R"。这种混用实质上是由对原因与理由之间的差异认识不清所导致的。理由与原因之间存在着本质区别，具体体现在两者对人类行为的解释机制上。理由对人类行为的解释机制是合理性解释，如戴维森所言，"对行动的合理性解释就必须通过理由来为那个行动提供合理解释"①。这就说明，理由是为了支持某种主张或决定，指出其根据所在，提供逻辑基础，增强说服力②。因此，理由总是与结论相对应。而原因对人类行为的解释机制则是因果解释，即通过将相继发生的两个或多个事件分别确定为"原因"和"结果"，并由此来说明这些事件之间存在的关联性③。因此，原因总是和结果相对应。

对这两种解释机制进行比较可以发现，合理性解释与因果解释之间最大的区别在于合理性解释能够阐释人类的行为而不需要或预设任何普遍陈述（规律）④，一个行动者出于理由而行动的陈述不要求表明理由与行动之间的联系概括，只需要符合某种有效的实践推理模式⑤。也就是说，解释行动的理由与行动本身逻辑上是同一的⑥。而因果解释则要求作为原因的那些事件与作为结果的行为事件是"松散和分立"的，因果解释所阐释的就是这些"松散和分立"的事件之间在时间上相继和空间上相近的恒常的必然联系⑦。由于理由和原因所适用的解释机制不同，因而两者也相应具有了不同的检验标准⑧：

一是理由的检验标准。如果 R 是 S 做 P 的理由，那么存在某个可以从 R 得到一个类似于"S 应当做 P"结论的实践推理模式。

① 戴维森. 真理、意义与方法 [M]. 牟博，译. 北京：商务印书馆，2012：386.
② 吕冀平. 吕冀平汉语论集 [M]. 北京：社会科学文献出版社，2002：211.
③ GOLDING. Legal reasoning [M]. New York：Alfred A. Knopf，1984：3-6.
④ DRAY. Laws and explanation in history [M]. Oxford：Oxford University Press，1957：118-126.
⑤ 陆丁. 行动的理由与行动的原因 [J]. 同济大学学报（社会科学版），2013（5）：80-84.
⑥ 欧阳锋，文慧云. 人类行为的解释：基于理由、原因和规律的概念 [J]. 厦门大学学报（哲学社会科学版），2018（3）：100-105.
⑦ 李珍. 意向解释中的因果观 [J]. 自然辩证法研究，2015（1）：9-15.
⑧ 同⑤.

二是原因的检验标准。如果 R 是 S 做 P 的原因，那么 R 让 S 确实做了 P。

综上可见，理由与原则之间存在着根本区别：理由解释是合理性解释，原因解释则是发生学解释①。将立法理由直接解释为立法原因的做法是不可取的，立法原因并不等同于立法理由，两者之间具有本质性差异。

（二）立法理由并不仅限于立法的必要性和可能性

在我国，"是否启动立法，要看立法必要性和可行性"已成为一个立法理论和实践的不成文惯例②。立法的必要性是指对欲立之法的各种必要性条件进行分析，包括社会关系的立法需求是否达到必须立法的地步，其他社会规范如道德规范、习俗惯例等是否难以调整甚至失效等内容。立法的可能性是指对欲立之法的各种可能性进行分析，如立法的时空条件是否合适、大众的民情是否接纳欲立之法、立法的成本是否恰当等③。虽然立法的必要性及可能性说明能够在一定程度上为立法决定提供合理的解释和辩护，但是完整的立法理由说明是"对于整个立法从立法精神到立法目的，从学说理论到规则来源，从意见分歧到最后立场选择等的全面阐释说明"，需要对"立法的思路、目的、背景、原理、技术方法、规则来源、学理依据、制度设置、体系安排、分歧争议以及立法过程等进行或多或少的说明"④。也就是说，对立法理由的说明，不仅要从宏观层面论证立法的合理性、科学性和正当性，更要从微观层面精雕细琢。任何一部法律文件中每一卷、编、章、节、条、款、项、目的创设、修改或废除，都有着与之相应的立法理由，这些立法理由自成体系、相互融贯，为法律规范的科学性、正当性和合理性提供了解释和论证。

综上所述，目前国内关于立法理由的权威定义并不严格，还有很大的完善空间。

---

① 欧阳锋，文慧云. 人类行为的解释：基于理由、原因和规律的概念 [J]. 厦门大学学报（哲学社会科学版），2018（3）：100-105.

② 于兆波. 立法必要性可行性的理论基础与我国立法完善：以英国立法为视角 [J]. 法学杂志，2014（11）：55-63.

③ 马新福，朱振，汤善鹏. 立法论：一种法社会学视角 [M]. 长春：吉林人民出版社，2005：318.

④ 米健. 附个立法理由书如何 [N]. 法制日报，2005-08-24（11）.

三、国外关于"立法理由"的诸多界定不清晰

从文献上看，国外对立法理由的理解远未达到清晰的认识。这主要体现在以下两点：

（一）国外理论界关于"立法理由"的诸定义具有不可通约性

关于立法理由的定义，《布莱克法律词典》认为，立法理由即立法的目的①；《奥兰法律词典》和《牛津法律大词典》则将"立法理由"解释为"立法的基本原则或目的"②；还有学者认为，立法理由是有约束力的法律价值③。对此，有学者采用和稀泥的方式认为，"立法理由"这个概念与"立法动机""立法目的"或"立法意图"等概念在实践中并无实质差异，只能说，"立法理由"在不同情境下扮演着不同的角色④。

然而，这种"和稀泥"的认识是极为危险的。这是因为，立法动机、立法目的、立法意图、立法原则和法律价值虽然都包含价值性要素，在日常的语言实践中存在混用现象，但相互之间有着明显的差异，具有不可通约性。例如，立法者制定某部法律的立法动机总是基于多方面的综合考虑，但最终体现于法律文本的立法目的则是权衡之后的终局性立法目的，而这并不代表立法过程中所讨论协商的各种立法动机就不再是立法动机。毋宁说，立法目的是诸多立法动机精炼萃取之后的最终结晶，因而立法动机与立法目的之间的差异是确实存在的。当然，诸如"立法意图""立法原则"和"法律价值"三个概念本身在法学领域就充满争议。

因此，笔者认为，一旦我们认定"立法者在立法实践中出于某种立法目的、原则或政策等而制定、修改或废除某部法律、某条法律规范"就等同于"立法者基于某种立法理由而立法"，必然会导致现实立法说理的困境，前文所述我国当前立法实践对立法理由的认识误区的产生根源便在于

---

① GARNER. Black's law dictionary [M]. 8th. New York：West Publishing, 2004：3958.

② 参见：DANIEL. Oran's dictionary of the law [M]. 3rd. Delmar：West Legal Studies, 2000：403；沃克. 牛津法律大辞典 [M]. 李双元，等译. 北京：法律出版社，2003：938.

③ KORDELA. Ratio Legis as a binding legal value [M] // VERENA KLAPPSTEIN, MACIEJ DYBOWSKI. Ratio legis：philosophical and theoretical perspectives. Switzerland：Springer, 2018：19-27.

④ DYRDA. The real ratio legis and where to find it：a few pragmatic considerations [M] // VERENA KLAPPSTEIN, MACIEJ DYBOWSKI. Ratio legis：philosophical and theoretical perspectives. Switzerland：Springer, 2018：9-10.

此。此即是说，如果对立法理由的含义认识是不确切的，那么立法说理很容易就会犯"推不出"的逻辑谬误，从而削弱了立法的科学性、正当性和合理性。

（二）单凭价值性要素无法有效引导立法行动

在笔者看来，国外理论界将立法理由界定为某种价值性要素的做法是行不通的。这是因为，立法说理是搜集、选择和运用立法理由来支持立法主张的论证活动，其关键在于为立法结论给出立法理由，提供理据。而单凭价值性要素是无法有效引导人们行动的。以将"立法理由等同于立法目的"的定义为例。刑法的立法目的是保护人民的生命财产安全，而张三将孩子圈禁在家的行为能够有效保护孩子的生命安全，那么法律是否应当规定或者允许张三圈禁孩子的行为呢？这显然有悖于法律常识。

基于上述讨论笔者认为，澄清"立法理由"的关键在于搞清楚什么是"理由"，而厘清理由概念则应当从其理由本身的性质出发，尤其是从理由的内在机制来讨论理由概念。当前之所以会产生"法学理论中存在着太多关于立法理由的不可调和说明"[1] 之奇怪现状，根源就在于这些定义都未能把握住理由本身的内在机制。理由的内在机制是指决定理由得以产生和发展的东西，而且这种东西始终贯穿于理由产生和发展的全过程，缺少了这种东西，理由就会名存实亡。只有把握了理由的内在机制，我们才能树立起正确的理由观；只有在正确的理由观指导下，我们才能理解和把握理由的性质、功能和运用；只有深刻地理解了理由的概念，我们才能做出"立法理由"的科学定义。因此，我们还需要进一步梳理理由论中的相关内容，以期弄清楚什么是理由的内在机制。

第二节　立法理由的内在机制

在当代理由论研究中，理由基本主义者认为"理由"是一个不可分析

---

① DYBOWSKI. Articulating ratio legis and practical reasoning ［M］// VERENA KLAPPSTEIN, MACIEJ DYBOWSKI. Ratio legis：philosophical and theoretical perspectives. Switzerland：Springer, 2018：29.

的基本概念。在他们看来,"理由"所蕴含的"道理或依据"是指能够为主体的行动或信念提供支持的那些东西。非理由基本主义者基本同意后面的观点,所不同的是,他们认为提供一个实质的理由概念既是可能的,也是可行的,并由此发展出了三种不同的理由立场,即客观事实,或者欲望,或者建构事实,可以为主体的行动或信念提供支持。而无论是否属于理由基本主义者,他们对理由概念的陈述都符合"理由是一种三元关系判断"的观点。基于上述认识,我们可以获得一个关于理由内在机制的初步认识,即理由必须能够支持主体的行动或信念。此外,对理由概念也可以下一个简单的定义:理由是指能够为主体的行动或信念提供支持的事实。这里的事实是一种拉兹所言扩展意义上的事实①。在这种意义上,事实并不与价值相对立,而是包含了价值,其他如应然事实(ought facts)②、道义事实(deontic facts)③ 等不同事实类型亦能蕴含于内④。

因此,可以粗略地认为,始终贯穿于理由产生和发展全过程的内在机制就是理由必须能够对主体的行动或信念提供支持。然而,这里的"支持"本身亦是一个不太清楚的概念,需要做进一步解释;否则,我们仍然无法理解理由到底是如何提供支持的。对此,笔者的看法是,理由对主体行动或信念的支持主要体现在指引、说明和评价三个基本面向之上。

一、理由的指引面向

理由的指引面向是指从行为者角度来看,理由能够指导人们如何行动或者应持有何种观念。只有当一个理由拥有促发主体采取相应行动或持有某种观念的能力时,它才具备成为理由的门槛式条件。也就是说,能够激发或引导主体的特定行动或态度是理由的最基础性功能,理由对结论的支

---

① RAZ. Practical reason and norms [M]. Oxford: Oxford University Press, 1999: 17-18.

② BROOME. Reasons [M] // WALLACE. Reason and value: themes from the moral philosophy of joseph raz. New York: Oxford University Press, 2004: 31-32.

③ HAGE. Studies in legal logic [M]. Dordrecht: Springer, 2005: 171-175.

④ 这里还需要说明的一点是:欲望能否包含于这个扩展的事实之中?笔者对此赞同帕菲特的看法。在帕菲特看来,理由可以分为两大类:一类是由既存事实 P 所给予,可以称之为对象给予的理由;另一类是由欲求 P 的心理状态这类事实提供,可以称之为状态给予的理由。心理论式的理由观很明显属于后一种。参见:PARFIT. On what matters [M]. Oxford: Oxford University Press, 2011: 43-47.

持必须在它能够影响主体的基础之上才可能实现；同时，理由的其他功能也都必须在这个基础上才能得以展现①。

二、理由的说明面向

理由的说明面向是指从旁观者角度来看，我们能够通过理由来说明或预测主体会如何行动或持有何种信念。理由要能引导人们的行动或信念，就必须能够被人们所遵循。这是因为，若理由是某种无法遵循（不可认知）的东西，也就不再具备引导人们行动或信念的能力。若一个理由要被人们所遵循，就一定是在思想上可被遵循或理解的②。而一个理由要被人所理解，就必须以清晰的、非神秘化的方式呈现。如此，理由才能被主体所理解或遵循，并能够使主体的行动或信念得到充分说明或解释。从这层意义上看，理由的描述和行动的说明是一回事③。一旦理由对主体的特定行动或信念提供相应说明，由此就会产生三个效果：一是理由的可认知性和可遵循性预设了理由对主体行动或信念的建议具有现实可能性④，如此理由才能指引主体应当如何行动或持有某种信念；二是作为旁观者的他人才能够理解主体的行动或信念，并评价是否合理；三是由于理由对主体的指引所提供的行动或信念建议一般会有一个相对确定的范围或方向，由此旁观者就能够通过理由的说明对行动者的行动或信念做一个大致的预测⑤。

三、理由的评价面向

理由的评价面向是指从评价者角度来看，理由能够对行动或信念提供一个评价性基础，由此人们能够对主体的行动或信念进行评价，同时主体也能通过理由对自己的行动或信念加以辩护。理由的说明功能仅为理由所

---

① 陈景辉. 实践理由与法律推理 [M]. 北京：北京大学出版社，2012：50.
② O'NEILL. Towards justice and virtue：a constructive account of practical reasoning [M]. Cambridge：Cambridge University Press，1996：57.
③ 参见：科丝嘉. 出于理由而行动 [J]. 葛四友，译. 世界哲学，2011（4）：24.
④ 如果理由所指引的行动或信念建议是不具有现实可能性的，那么这种建议本身就是不合理的。因为理由的指引功能将无法实现，理由也就不再是理由。从这点也能看出，不是所有事物都能够成为理由。参见：O'NEILL. Towards justice and virtue：a constructive account of practical reasoning [M]. Cambridge：Cambridge University Press，1996：57-58.
⑤ 陈景辉. 实践理由与法律推理 [M]. 北京：北京大学出版社，2012：50.

指引的行动或信念提供了现实可能性基础，而没有阐释为何理由所指引的行动或信念还具有"应当"的规范性效果，这就需要主体的理由能够为其行动或信念提供正当性辩护。而基于主体的理由，作为评价者的公众才能够对主体的行动或信念进行评价①。若是主体对自己行动或信念的正当性辩护与社会公众的评价相一致，那么其行动或信念就是正当的，并成功对他人的怀疑、责难或批评进行了自我辩护。若是两者并不一致，那就意味着主体对自己行动或信念的正当性辩护宣告失败。笔者认为，主体正当性辩护成功与否的关键在于，理由是否具有普遍性。也就是说，一个正当化理由的提出，不仅需要能够被同质性人群所接受，还需要能够被包含不同群体和个人的社会公众合理接受②。

这里，还有一个问题需要阐明：上述理由的三个面向是相互独立的吗？答案是否定的。如拉兹所言，理由的说明、评价和指导功能是相互联系且相互依赖的③。理由的指引功能要求它既能被理解和遵循，又要能为自己提供辩护。理由的说明功能为其指引提供了现实可能，理由的评价功能则为其指引提供了正当化辩护，并预设了整个实践推理不存在逻辑错误。也就是说，理由对主体行动或信念的支持必须同时具有指引、说明和评价三个基本面向，忽视了这一点就会产生很多关于理由的奇怪理论④。

综上所述，我们可以获得一个关于理由内在机制的精确认识：理由必

①　对于特定行动或信念的评价实际上就是对该行动或信念背后的理由的评价。参见：陈景辉. 实践理由与法律推理［M］. 北京：北京大学出版社，2012：51.

②　参见②：55-56.

③　RAZ. Practical reason and norms［M］. Oxford：Oxford University Press，1999：16.

④　如理由论者当前的一个主要观点是理由可以分为动机性理由和规范性理由（亦可称之为说明性理由和辩护性理由）两种。其中，动机性理由可以为行动者的行动或信念予以说明，但不具备正当化能力；规范性理由则能够为行动者的行动或信念提供辩护基础，但不要求必须能够对行动或信念予以说明。然而，他们（如拉兹）坚持认为理由应该同时具有说明、评价和指导的功能。为此，拉兹还提出了规范性理由与动机性理由相联结的"联结命题"（the normative/explanation nexus）。详情可见：RAZ. From normativity to responsibility［M］. Oxford：Oxford University Press，2011：13-35. 笔者认为，一个真正的理由应当同时具备说明、评价和指导的功能。因此，动机性理由并不是理由，它实际上是为主体的行动或信念提供的一个因果解释，这里误把原因当作理由，也确实符合人们常将理由和原因混用的常态。而规范性理由则是待检验的理由。一个规范性理由为主体行动或信念的辩护可以仅是基于一个规范系统的规范力量，而不一定能对主体的行动或信念予以真实的说明。我们要区分开规范系统内的应当和真正的应当，后者才是我们行动或信念的正当性来源。据此，笔者将同时具备说明、评价和指导的理由称为正当性理由，以此与规范性理由相区别。

须能够指引、说明和评价主体的行动或信念。基于此，我们还能够得到一个比之前更精准的理由定义：理由是指能够指引、说明和评价主体行动或信念的事实。根据这样的理论基础，我们就能为立法理由下一个清晰、准确的定义。

第三节 立法理由的科学定义及运用

一、"立法理由"的科学定义

根据之前关于理由概念的讨论，我们可以对"立法理由"下一个暂时的定义：立法理由是指能够指引、说明和评价法律规范创制的事实。之所以说是暂时的，是因为这个定义仍不够精确，难以对现实立法实践提供有效指导，还需要进一步说明什么样的事实才能够指引、说明和评价立法者应当创设、修改或废除相关法律规范的结论。依据基于差异制造的理由论，笔者试图提供一个更具解释力的立法理由定义①。

基于差异制造的理由论是由台湾学者王一奇提出的，在他看来，理由在实践思虑上是有用的。也就是说，行动者可以根据理由事实来考虑是否要采取某个行动以促使或避免某个结果发生。当行动者认知到他去做某件事会对某个结果是否出现造成实践差异，并且为了促成或避免这个结果而去做（或不做）时，他的行动就是基于理由而行动，这样的行动亦可以基于他所认知到的差异制造事实来解释②。

---

① 笔者之所以会采用基于差异制造的理由论，是因为这个理论相比于之前所论述的三种不同实质理由立场，在揭示理由的内在机制上更为具体明晰，具有更强的解释力，我们能够根据这个理论对不同的实质理由论背后所存在的原理进行阐释。具体内容详见：王一奇.理由与提供理由的事实［M］//谢世民.理由转向：规范性之哲学研究.台北：台湾大学出版中心，2015：111-113.

② 这里，行动者首先形成的是应当做或不做的结论，只有相关行动真的实施了，结论才转化为理由。在行动结论向行动转化的过程中，还涉及主体意志软弱等问题。当然，主体意志软弱等问题都是在理由实际运用层面的讨论，超出了本书的讨论范围之外。因此，这里我们先预设立法者是绝对理性的，基于理由的行动结论必然会转化为主体的具体行动。相关内容参见：AUDI. Weakness of will and practical judgement［J］. 1979，13：194；WATSON. Agency and answerability ［M］. Oxford：Oxford University Press，2004：33-58.

要理解理由这种实践差异事实，我们必须区分理由与提供理由的事实，其中提供理由的事实是指使理由得以成为理由的背景性事实。在日常表述中，理由与提供理由的事实经常被人们所混淆，如下述两个例子：

例3-1：为何你不应该喝工业酒精的一个理由，是因为饮用工业酒精后会引起中毒甚至死亡。

例3-2：为何你不应该喝工业酒精的一个理由，是因为工业酒精含有甲醇。

这里，例3-2中的"工业酒精含有甲醇"实质上并不是理由，而是一个提供理由的事实，它提供了饮用工业酒精后会引起中毒甚至死亡的背景条件。而例3-1中的"饮用工业酒精后会引起中毒甚至死亡"才是"你不应该喝工业酒精"的正当性理由。这是因为，只有在"工业酒精含有甲醇"这个事实基础之上，"饮用工业酒精后会引起中毒甚至死亡"的事实才得以成立。进而，是否饮用工业酒精的行为才会导致不同的结果差异：饮用则会引起中毒甚至死亡，不饮用则不会中毒甚至死亡。而死亡不符合人们希望健康长寿的需要、欲望或目的，因此，"你不应该喝工业酒精"这个实践推论才能被顺利推导出来。由此可见，理由与提供理由的事实的构成要件是有区别的。

一是基于差异制造的理由：R 是 S 应当 P 的一个理由，当且仅当，R 是一个 S 做 P 导致差异 X 的事实，且差异 X 具有某种特性 F，F 符合主体的需要、欲望或目的①。

二是提供理由的事实：事实 F 为 S 应当 P 提供了一个理由，当且仅当，F 的存在使得 R 成为 S 应当 P 的一个理由。

从上述例子可以看出，基于差异制造的理由论在指引、说明和评价三

---

① 这里还需要说明的一点是，"F 符合主体的需要、欲望或目的"中的"主体"可以有两种解读：个人和社会公众。理由也由此可分为"与行动者有关的理由"（agent-relative reasons）和"行动者中立的理由"（agent-neutral reasons）。由于个体主体与群体主体、社会主体的需要、欲望或目的不可能完全一致，因而法律只能以那种不仅在当事人看来具有正价值、是善的，并且在社会群体看来也具有正价值、是善的行为事实为其保护对象，并将其规定为"应当"。参见：NAGEL. The view from nowhere [M]. New York: Oxford University Press, 1989: 164-188; SCHROEDER. Reasons and agent-neutrality [J]. Philosophy studies, 2007, 135: 279-306; 张继成. 从案件事实之"是"到当事人之"应当"：法律推理机制及其正当理由的逻辑研究 [J]. 法学研究, 2003 (1): 64-82.

个基本面向上都很好地阐释了理由对结论的支持，具体如下：

（1）在指引面向上，"饮用工业酒精后会引起中毒甚至死亡"这个差异制造理由对主体的行动或信念有着明确的指引作用。若行动者不希望中毒或死亡，那么其不应当饮用工业酒精的信念或行动将被激发或引导。

（2）在说明面向上，"饮用工业酒精后会引起中毒甚至死亡"这个差异制造理由是以清晰化、非神秘的方式展现，并且它还具有现实可能性，能够被行动者所理解和遵循。作为旁观者的社会公众，亦能够依此理由对行动者的行动有所预测或期待。

（3）在评价面向上，"饮用工业酒精后会引起中毒甚至死亡"这个差异制造理由不符合主体希望健康长寿的需要、欲望或目的，因而具有负价值，是主体不应当去做的。基于这个理由，行动者可以为自己不应当饮用工业酒精的信念或行动予以辩护，并且该辩护还能得到社会其他群体和个人的赞同，由此获得行动或信念的正当性。

综上所述，笔者尝试给出一个关于立法理由的精确定义，即立法理由是指在一定事实背景条件下，能够指引、说明和评价立法结论，行为因果关系符合立法者价值评价的差异制造事实。至于这个定义的解释力和效用如何，还需要把这个立法理由概念实际运用于立法实践中进行检验，以观成效。

二、立法理由于立法实践中的运用样例

我国当前的刑法立法理由书中关于《中华人民共和国刑法》第一百四十四条"生产、销售有毒、有害食品罪"的立法理由是如此表述的："本条是根据打击犯罪的实际需要新增加的规定。1979年《中华人民共和国刑法》对生产、销售有毒、有害食品罪没有规定，1993年7月全国人大常委会制定的《关于惩治生产、销售伪劣商品犯罪的决定》对此做了补充规定。1997年修订刑法时，将上述规定修改后纳入刑法典。对于上述规定，主要做了以下修改：（1）将'销售明知掺有有毒、有害的非食品原料的食品'的行为规定为犯罪，以适应打击这种犯罪的需要。（2）……"①。

---

① 全国人大法工委.中华人民共和国刑法条文说明立法理由及相关规定［M］.北京：北京大学出版社，2009：225-227.

这里可以看到，立法者将"销售明知掺有有毒、有害的非食品原料的食品"的行为规定为犯罪的理由是根据打击这种犯罪的实际需要。而实际上，这里立法者并没有给出如此立法的理由是什么。这是因为，"将行为A规定为犯罪是为了打击A这种犯罪的实际需要"这种表述，只不过陈述了"立法者认为A是一种犯罪"的规范判断，并没有给出立法者做出这种规范判断的立法理由是什么。

根据本书所讨论的立法理由概念，这里可以对上述立法理由进行改善，即一般而言，掺入有毒、有害的非食品原料的食品，若食用会对人体的健康构成极大危害，甚至丧失生命。因此，生产、销售这些有毒、有害食品，或者销售明知是有毒、有害食物的行为，都可能会对公民的人体健康甚至生命造成严重危害，具有极大的社会危害性。这不符合《中华人民共和国刑法》中的"保护人民生命安全"的根本目的。基于此，将上述行为规定为犯罪。

根据修订后的立法理由可以看到：

（1）"掺入有毒、有害的非食品原料的食品"的行为事实与"食用后会对人体的健康构成极大危害甚至丧失生命"的结果之间存在必然的因果联系。通过对这种客观规律或因果必然性的把握，我们可以推出"生产、销售这些有毒、有害食品，或者销售明知是有毒、有害食物"的行为与"对公民的人体健康甚至生命造成严重危害"之间存在近似充分条件关系[①]，还可能导致"具有极大的社会危害性"这种社会效果。基于这样的认识，立法者最终将"生产、销售这些有毒、有害食品或者销售明知是有毒、有害食物"的行为规定为犯罪。这里从微观上反映了立法的科学性，立法必须尊重和体现客观规律。

（2）"生产、销售这些有毒、有害食品或者销售明知是有毒、有害食物"的行为不符合《中华人民共和国刑法》中的"保护人民生命安全"的立法目的，因此是负价值的，是恶的，是法律"应当"予以抑制和惩治的。因此，立法者将这种行为规定为犯罪的结论是正当的，维护了法律应

---

① 近似充分条件是指当A存在时，如果¬B的概率趋近于0，而B的概率趋近于1，则A是B的近似充分条件。参见张继成.推定适用的逻辑基础及其条件［J］.华中理工大学学报（社会科学版），1999（4）：54-58.

当扬善抑恶的根本价值。这里体现了立法的正当性。

（3）如麦考密克所言，"对行动的合理性的最根本要求是：每一项行为或对行为的抑制都应当是根据某种行动的理由证明其是合理的"[1]，而立法的合理性必须建立在与立法行动相关的适当理由之上[2]。基于对行为相关的因果关系的把握，以及对行为及其后果之利弊的价值判断，立法者最终决定"将上述行为规定为犯罪"，这里体现了立法的合理性。

由此可见，本书所提出的立法理由不仅能够充分阐释立法理由是如何支持（指引、说明和评价）立法结论的，还可以指导立法者如何进行立法说理，解决当前立法说理的困境，为立法的合理性、科学性、正当性和合法性提供充分、严谨、有效的论证。

第四节　本章小结

本章对当前立法实践及理论中的立法理由概念进行了反思、批判，并重塑了一个关于立法理由的科学定义：立法理由是指在一定事实背景条件下，能够指引、说明和评价立法结论，行为因果关系符合立法者价值评价的差异制造事实。然而，对于立法理由的性质、功能、分类等问题，还需要进一步探索。通过立法理由，我们可以理解和把握立法者为何如此立法，以及如此立法的科学基础、正当依据从何而来。从法律逻辑的角度来看，对立法理由的探索实质上就是对一个具有科学性、正当性、合理性的法律规范应该具备哪些基本要素进行追问。如果对此追问能够给予正确的回答，我们就能明白为何"立法是一定价值判断的记录"[3]，以及为何要对特定法律事实赋予相应的法律效果；就能找到立法的基本公理，从而建立起科学的立法体系；就能对立法结论的科学性、正当性、合法性做出公正评判；就能理解对于特定的法律事实，立法者为何会有不同甚至相对的立法结论，并知道这些不同立法结论的事实基础、价值依据和论证形式是什

---

[1] 麦考密克，魏因贝格尔. 制度法论［M］. 周叶谦，译. 北京：中国政法大学出版社，2004：229.

[2] 朱志昊. 实践商谈与理性参与［M］. 北京：法律出版社，2014：146-147.

[3] 卓泽源. 法的价值论［M］. 北京：法律出版社，1999：620.

么，怎样才能帮助立法决策者衡量各方立法理由，最终制定出公平、正义的法律规范。这样，立法推理才会成为一种理性的论证工具，一种操作性极强的立法方法。立法也就不再仅依靠一种经验式、直觉式的思维方式，而真正成为一门科学。

总之，"立法理由"可以说是当前立法理论研究的核心概念，它不仅是立法者制定法律规范的依据，还是进行立法推理和立法论证的核心要素之一。以上所提及的各方面问题都需要对立法理由做更进一步的深入研究和阐释，而这需要当前的中国立法学界改变聚焦于立法的技术层面而忽视基础理论研究的局面，从立法（legislation）而非法律创制（law-making）的视角来审视整个立法理论，加强以"立法理由"为核心的立法方法论研究。

第四章　立法定义的方法论建构

　　定义性规范是法律规范的一种特定类型，具有其独特的逻辑结构、法律意义和条文样式，对于厘清法律概念的含义、准确理解和适用法律规范、保持法律体系的一致性等具有重要意义。因此，定义性规范是一种非常值得关注的法律规范类型。但是，从文献上看，我国学者很少涉及定义性规范的研究，以"定义性规范"为主题或关键词的知网检索没有一篇专门研究，取而代之的是关于法律定义或者法律定义条款的相关研究①。笔者认为，学者们对"定义性规范"的这种研究现状还需要改善。

　　首先，法律定义条款与定义性规范所指涉的虽然都是"法律定义"这一对象，但两者的内涵明显不同，两者之间类似于法律条文与法律规范之间的表现形式与内容关系。在实际立法中，法律定义条款与定义性规范并非一一对应，一个法律定义条款可以同时包含多个定义性规范，一个定义性规范亦可以同时要通过多条法律定义条款来予以表达。因此，若是将法律定义条款直接等同于定义性规范处理，则会犯概念混淆的逻辑错误；若是脱离定义性规范而仅谈法律定义条款之形式，则会流于形式，不可能对定义性规范有一个正确的认识。

　　其次，研究法律定义而不研究定义性规范或者仅研究法律定义条款的做法是欠妥的。所谓法律定义，简要地说，即指现行法律对法律概念的定

---

　　① 参见：张金兴. 试论法律定义的基本特征 [J]. 法学探索，1993（1）：22-25；缪四平. 法律定义研究 [J]. 华东政法学院学报，2003（3）：11-18；马保恩. 法律定义及其逻辑特征 [J]. 学术探讨，2010（4）：48-49；刘巧琳. 法律定义条款研究 [D]. 北京：中国政法大学，2011；汪全胜，张鹏. 法律文本中的"定义条款"的设置论析 [J]. 东方法学，2013（2）：13-21；蒋贞.《民法总则》概念条款立法技术研究 [D]. 郑州：郑州大学，2019.

义。因此，要研究法律定义的概念、特征或基本类型等内容，皆不可能离开对现行法律定义的分析，尤其是运用语义分析的方法来研究现行法律定义的句法构造以及意义建构，即法律定义条款的表述方式和定义性规范的理论建构。其中，定义性规范的理论建构尤为重要，它不仅决定着法律定义条款应该如何表述，还直接决定了法律定义的根本特征——具有法律规范性。但是，在当前关于立法定义的相关研究中，有关定义性规范的理论研讨还尚待挖掘。

最后，定义性规范作为对重要法律概念加以界定的法律规范类型，在当前的立法、执法、司法等法律运行环节都起着非常重要的作用，能够有效避免在法律运行中对这些法律基本概念产生歧义、模糊等分歧认识①。可以说，缺少了定义性规范，立法、执法、司法等法律运行环节将不可避免地产生大量的分歧、矛盾、冲突。从此意义上讲，定义性规范可认为是一种基础的法律规范类型。

综上所述，笔者认为，我们应该认真对待定义性规范这一基础法律规范类型，尤其是关于定义性规范的逻辑结构、基本类型以及立法规则等方面的理论研究。只有对上述理论问题进行充分研究和详细讨论后，才可能建立起完整的定义性规范理论，从而为立法者给出清晰明确的法律定义提供理论基础。

第一节　立法定义的规范性表达

一、定义性规范的概念界定

依照《中华法学大辞典·法理学卷》的解释，定义性规范是指把一定的法律范畴通过下定义的形式固定下来的法律规范②。在笔者看来，该定义虽然简洁，但并未能清晰揭示定义性规范的本质属性和基本特征，难以对法律实践提供有效指导，有三个问题需要进一步明晰：①这里的"法律

---

① 汪全胜，张鹏. 法律文本中的"定义条款"的设置论析 [J]. 东方法学，2013（2）：13-21.
② 孙国华. 中华法学大辞典：法理学卷 [M]. 北京：中国检察出版社，1997：40.

范畴"如何理解？②"通过下定义的形式固定"是什么意思？③如何才算"法律范畴通过下定义的形式固定下来"？

就问题①而言，范畴（category）本质上与概念（concept）并没有区别，差异仅在范畴是内容更为抽象、概括性更大的概念[①]，是人类在认识客体的过程中形成的基本概念[②]。因此，上述定义中的"法律范畴"也可以理解为"法律基本概念"。

就问题②而言，一般来说，定义可以用来澄清模糊不清的概念，使概念的含义得以明确。因此，下定义这种方式通常被用来明确某个概念的基本含义。若从此意义加以理解，上述定义中的"通过下定义的形式固定"应当指的就是通过下定义的方式来明确一定的法律基本概念的含义。若非如此，则有违一般的逻辑常识，应加以准确说明。

就问题③而言，结合前面论述，如何才算"法律范畴通过下定义的形式固定下来"可以理解为如何才能"通过下定义的方式来明确法律基本概念的含义"？根据逻辑学原理可知，对概念下定义一般是通过揭示概念的内涵或外延来明确其含义的。因此，对法律概念来说，要想通过下定义的方式来明确其含义，要么就揭示出被定义法律概念所反映的法律调整对象（如行为、事件等）的本质特征或关系属性；要么就枚举出被定义法律概念所反映的所有或部分法律调整对象；要么就两者并用，既揭示被定义法律概念所反映的法律调整对象的本质特征或关系属性，同时也全部或部分枚举出被定义法律概念所反映的法律调整对象。

综上所述，我们可以得到一个关于定义性规范的更清晰、准确的定义：所谓定义性规范，即指通过下定义的形式，揭示某个（些）法律基本概念所反映的法律调整对象（如行为、事件等）的本质特征或关系属性，或者枚举出某个（些）法律基本概念所反映的全部或部分法律调整对象的法律规范。

二、定义性规范的基本特征

从定义性规范的逻辑结构、意义结构以及法律定义类型来看，定义性

---

① 高清海. 高清海哲学文存：第 2 卷 [M]. 长春：吉林人民出版社，1997：285.
② 张文显. 法哲学范畴研究：修订版 [M]. 北京：中国政法大学出版社，2001.

规范具有以下三个基本特征：

（一）定义性规范创设了一种具有法律意义的定义关系

从逻辑结构上看，定义性规范创设了一种具有法律意义的定义关系。在当前研究定义性规范的文献中，一般认为定义性规范的逻辑结构是"$X =_{Df} Y$"这个定义形式①，即 X 被定义为 Y。然而，该逻辑结构并不是定义性规范的逻辑结构，而是表述定义性规范的定义性条文的语句表述结构。例如，《中华人民共和国民法典》第十七条规定"十八周岁以上的自然人为成年人"。该法条是为"成年人"这个法律概念下定义。其中，"成年人"为被定义的法律概念（X），"为"是定义联项（$=_{Df}$），"十八周岁以上的自然人"则是定义项（Y）。从语句结构来看，确实该定义性条文的逻辑结构是"$X =_{Df} Y$"形式。然而，这里存在的问题是，定义性条文并不等同于定义性规范②。定义性规范作为法律规范的一种独特类型，它的逻辑结构与法律规范的逻辑结构是一样的。

法律规范的逻辑结构是一个重要的法理学问题。我国法理学界关于法律规范逻辑结构的研究经历了从传统"三要素"说到传统"二要素"说到新"三要素"说再到新"二要素"说的数次转换③。目前，学界的主流观点是新"二要素"说，也即认为法律规范的逻辑结构为 $T \wedge V \rightarrow OR$。其中，$T$ 表示"构成要件"，V 表示"立法者的价值判断"，$\wedge$ 表示不构成独立逻辑要素的"联结关系"，意指事实构成要同时符合立法者的价值判断，OR 表示"法律后果"，$\rightarrow$ 表示不构成独立逻辑要素的"包含或条件关系"。

作为一种重要的法律规范类型，定义性规范的逻辑结构也是如"$T \wedge V \rightarrow$

①　乌尔里希·克鲁格.法律逻辑 [M].雷磊，译.北京：法律出版社，2016：123.

②　必须说明的是，这里存在着不同的学术观点：在德国法学方法论传统中，并不存在定义性规范，而只有定义性条文。以卡尔·拉伦茨的观点为例。在拉伦茨看来，定义性条文虽然都是完全的法律语句，但由于其内容没有涉及权利或义务，故定义性法条并不属于完整的法条，而是辅助性法律条文。对诸如定义性条文此类的辅助性法条而言，它们必须与其他法条相结合，才能开展共创设法效果的力量。参见：拉伦茨.法学方法论 [M].陈爱娥，译.北京：商务印书馆，2004：136-137.对此，笔者认为，定义性条文是定义性规范的表述载体，定义性规范是法律规范的一种特殊类型，其也具有独特的法律效果，无须结合其他法条才能起作用。这里所涉及的法律效果是有区别的。前者规范的是以权利、义务为内容的行为，后者规范的则是理解和适用法律概念的行为。

③　雷磊.法律规则的逻辑结构 [J].法学研究，2013（1）：66-86.

OR"的形式。但不同的是，定义性规范中的构成要件 T 与一般的法律规范不同，它指的并不是行为人有做什么的权利或义务，而是规定行为人在理解和适用法律概念时必须以怎样的规范适用。换句话说，定义性规范规定的是人们对法律概念的使用规则。同时，并不是所有法律概念的使用规则都需要规范，只有对某些有必要定义的法律概念加以规定才符合立法者的立法目的。也就是说，定义性规范对法律概念的定义并不能随意而为，必须根据特定的立法目的来界定、变更或删除。至于这里法律定义的必要性限度在哪里？立法者创设定义性规范的目的又是什么？笔者留待后面再讨论。

总之，只有依据立法者所制定的使用规则来运用法律概念，才具有合法法律效果；否则，对法律概念的任意使用是非法的，需要承担相应的不利法律后果（如合同无效、越权代理、涉嫌欺诈等）。笔者认为，不能简单地把逻辑学关于定义结构的理论直接挪用于定义性规范的法学研究[①]。一是定义性条文的逻辑结构并不能反映出法律定义所蕴含的规范价值，定义性规范作为一种基础的法律规范类型，亦是由"当为语句"构成的，需要服务于特定的规范目的，按照立法者的社会理想对国家和社会进行调整[②]。仅靠" $X =_{Df} Y$ "的定义结构显然难以反映定义性规范立法背后的立法者价值判断，这样的理论分析显然称不上是完备的。二是如" $X =_{Df} Y$ "的定义性规范逻辑结构不能反映出法律定义中事实定义要素的不同类型。如前所述，定义性规范的构成要件是对法律概念的使用规则的规定，也可以将之理解为"人们在使用法律概念 X 时应当依据 Y 的内容，那么其使用 X 的方式受到法律保护（具有合法效果）"的一种特殊义务性规则。

（二）定义性规范创设实质上是立法者实施了一种具有法律效果的言语行为

从语义结构上看，定义性规范的创设是立法者实施了一种具有法律效果的言语行为。对法律规范而言，其最重要的要素联结方式有两种：逻辑

[①] 笔者认为，法逻辑学的研究不能仅限于运用逻辑学原理技术来处理法学问题，更关键的是在于用逻辑原理方法来解释法学问题中所蕴含的法律意义，非如此称不上合格的法逻辑学研究。

[②] 魏德士. 法理学 [M]. 丁晓春，吴越，译. 北京：法律出版社，2007：91.

上联系和语言上联系，它们分别对应的是法律规则的"逻辑结构"和"语义结构"①。法律规范的语义结构是指法律规则表现于法律规范语句中的抽象结构，它蕴含的是法律规则的制定者赋予法律规则的意义、目的和功能意向②，其实质上是从法律文本内的规范语句所表述的意义来分析法律规范③。

关于法律规范的语义结构，最为著名的是芬兰哲学家冯赖特所提出的"六要素说"。在冯赖特看来，任何法律规范都具有六个要素：性质、内容、适用条件、设立权威、规范行为主体和时机，其中性质、内容和适用条件是规范结构的核心。另外，还有两个实质上属于每个规定，但与上述六个要素在意义上并不等同的要素，即颁布和制裁。规范的性质是指取决于某事应当、可以、不必须或必须被做所造成的效果；规范的内容大致是指应当、可以、不必须或必须去做的事态；适用条件是指实施既定规范内容所必须具备的机会；规定的设立权威是指制定或发布规定的机关；规范行为主体是指设立权威命令、允许或禁止做或者忍受特定事情的人；时机是指适用规定的时间、空间和地点④。

就定义性规范而言，其语义结构一般也包括了定义性质、定义主体、定义内容、定义适用条件等多种语义要素。其中，定义性质是指定义性规范实质上创设了一种法律定义；定义主体是指创设这种法律定义的立法者；定义内容则是对被定义法律概念内涵或外延的揭示或说明；定义适用条件则是指法律定义所辐射的范围，超出此范围的法律定义也就失去了其

---

① 逻辑结构与语义结构的区分十分重要，却往往容易被人忽视。皮亚杰对此强调，不管结论如何，语言学结构和逻辑结构之间的关系问题，对于一般结构主义来说，是一个根本性问题。参见：皮亚杰. 结构主义［M］. 倪连生，王琳，译. 北京：商务印书馆，1984：53.
② 舒国滢. 法哲学沉思录［M］. 北京：北京大学出版社，2014：74.
③ 阿列克西教授在界定宪法权利规范时认为，与其把宪法权利规范的概念建立在实质结构的基准上，采用注重法规种类和外观的形式基准更为有用。根据形式基准，只要是《德国基本法》"宪法权利"部分明确规定的条文，以及基本法中附随这些规定的条文都是宪法权利条文。宪法权利规范就是由这些条文的语句所直接表述的规范。这种关于宪法权利规范的"弱"定义有四个好处：一是它和宪法条文有着尽可能密切的关系；二是不排除其他更为一般化的观点；三是对于任何实体性或结构性论题没有什么预先的偏见；四是基本上包括了一般讨论中对宪法权利有重要意义的全部条款。ALEXY. A theory of constitutional rights［M］. Oxford：Oxford University Press，2002：32-33.
④ WRIGHT. Norm and action：a logic enquiry［M］. London：Routledge and Kegan Paul Ltd，1963：70-83.

定义的效果。

总之，定义性规范是立法者为了贯彻其法律政策的目标和价值评价①，以法律语言符号为工具，通过对法律概念的含义加以规定，从而准确、完整表述其立法政策和立法意志的重要手段。从此意义上看，定义性规范的创设实质上是立法者为了其立法目的的实现而实施的一种具有法律效果的言语行为。

（三）定义性规范创设的法律定义类型只能是规定定义

从定义类型来看，定义性规范只能通过规定定义的方式对法律概念下定义。从定义性规范的立法目的来看，法律定义的对象要么是新引入的法学概念，要么是需要加以法律明确界定的日常概念。而无论是法学概念还是日常概念，立法者对其定义都是旨在规范而非描述特定的对象或行为②。即立法者制定定义性规范的主要目的在于确定新概念的含义或者明确已有概念的含义③。法律适用者必须受到这种概念约定的束缚。例如，《中华人民共和国噪声污染防治法》第八十八条第二款明确规定，"夜间"是指晚上 10 点至次日早晨 6 点这一期间，之后，任何人在适用该条法律规定时都必须受到"夜间"概念的法律定义之约束，不能任意解释"夜间"为晚 6 点至次日早晨 6 点。由此可见，法律定义就是确定词义的一种要求或要约④。

三、定义性规范与定义性条文的关系

如前所述，在笔者看来，定义性规范是一种特殊的法律规范，定义性条文与定义性规范之间的关系就是一般的法律条文与法律规范之间的关系。具体而言，可能存在以下四种情况：

（一）一个完整的定义性规范由一个定义性条文来表达

例如，《中华人民共和国民法典》第二十五条规定"自然人以户籍登记或者其他有效身份登记记载的居所为住所；经常居所与住所不一致的，

---

① 魏德士. 法理学 [M]. 丁晓春，吴越，译. 北京：法律出版社，2007：76.
② 雷磊. 定义论及其在法典编纂中的应用 [J]. 财经法学，2019（1）：15-32.
③ 胡可. 法律的沟通之维 [M]. 孙国东，译. 北京：法律出版社，2008：180.
④ 魏德士. 法理学 [M]. 丁晓春，吴越，译. 北京：法律出版社，2007：90.

经常居所视为住所",这里将"自然人住所"定义为"以自然人的户籍登记或者其他有效身份登记记载的居所",并且还规定了该定义的例外情况,即如果自然人的经常居所与前款所定义的住所不一致,那么重新定义"自然人住所"为其经常居所。如此,一个完整的关于"自然人住所"的法律定义就有一个定义性条文表述出来。

（二）一个完整的定义性规范由同一部法律文件中的数个定义性条文来表达

例如,《中华人民共和国民法典》第二十条规定"不满八周岁的未成年人为无民事行为能力人,由其法定代理人代理实施民事法律行为";第二十一条规定"不能辨认自己行为的成年人为无民事行为能力人,由其法定代理人代理实施民事法律行为。八周岁以上的未成年人不能辨认自己行为的,适用前款规定"。这两条是对"无民事行为能力人"的法律定义,即无民事行为能力人是指不满八周岁的未成年人、八周岁以上不能辨认自己行为的未成年人以及不能辨认自己行为的成年人,由其法定代理人代理实施民事法律行为。这就是一个完整的定义性规范由同一部法律文件中的数个定义性条文来表达的典型例子。只有将《中华人民共和国民法典》第二十条和第二十一条相结合,才能得到一个完整的"无民事行为能力人"的法律定义。

（三）一个完整的定义性规范由不同法律文件中的数个定义性条文来表达

这种情况又存在两种情形:第一种情形是不同法律文件中的数个定义性条文都用来对相同法律概念进行定义。例如,《中华人民共和国刑法》第三百五十七条和《中华人民共和国禁毒法》第二条对"毒品"概念下了同一定义,即毒品是指鸦片、海洛因、甲基苯丙胺（冰毒）、吗啡、大麻、可卡因以及国家规定管制的其他能够使人形成瘾癖的麻醉药品和精神药品。这里实质上是对我国法律中"毒品"概念进行的定义,两条合起来即规定了"毒品"概念在我国法律中的规定定义。

然而,并非所有法律文本对同一法律概念做了相同定义。在同一法律体系的不同法律文本中,立法者是有可能为了符合不同的立法目的而对相同概念下不同定义的。例如,《最高人民法院关于贯彻执行〈中华人民共和国民法通则〉若干问题的意见（试行）》第12条①、《中华人民共和国刑事诉讼法》第一百零八条、《最高人民法院关于适用〈中华人民共和国行政诉讼法〉的解释》第十四条都对"近亲属"进行了定义。这几条就不能合并为一个完整的定义性规范，因为这里分别是对"民法近亲属""刑法近亲属"和"行政近亲属"的法律定义。但是，有时候不同法律文本对相同法律概念的定义应当保持一致。例如，《中华人民共和国反不正当竞争法》第二条规定"本法所称的经营者，是指从事商品生产、经营或者提供服务（以下所称商品包括服务）的自然人、法人和非法人组织"；《中华人民共和国价格法》第三条规定"本法所称经营者是指从事生产、经营商品或者提供有偿服务的法人、其他组织和个人"；《中华人民共和国反垄断法》第十五条规定"本法所称经营者，是指从事商品生产、经营或者提供服务的自然人、法人和其他组织"。这三部法律对"经营者"的定义就应当统一，以明确我国民商事法律中的"经营者"概念。

第二种情形是有的法律文本制定了准用型定义条文以引用其他法律文本中的法律定义。例如，《中华人民共和国母婴保健法》第三十八条规定"指定传染病，是指《中华人民共和国传染病防治法》中规定的艾滋病、淋病、梅毒、麻风病以及医学上认为影响结婚和生育的其他传染病"。这里阐述的是我国传染病防治过程中对"指定传染病"的法律定义。

（四）一个定义性条文表达数个定义性规范

这种情况在我国法律文本中较为常见。因为我国的一般立法惯例会把某些法律定义集中到一个条文。例如，《中华人民共和国疫苗管理法》第九十七条规定："本法下列用语的含义是：免疫规划疫苗，是指……包括……""非免疫规划疫苗，是指……""疫苗上市许可持有人，是指……"就同时规定了关于"免疫规划疫苗""非免疫规划疫苗""疫苗上市许可持有人"三个定义性规范。

---

① 已部分失效，但民法典并没有对"近亲属"做出新的定义，可认为该条仍有解释力。

第二节　定义性规范创设的立法目的

如前所述，定义性规范规定的是人们对法律概念的使用规则，并且只对某些有必要的法律概念加以法律定义。这里的必要性就体现于定义性规范对法律概念的定义并不能随意而为，必须根据特定的立法目的来界定、变更或删除。具体而言，定义性规范立法主要有五个重要目的：厘清法律概念的含义、缓解无限法律事实类型与有限法律条文之间的冲突、保持法律体系的一致性和融贯性、限定司法活动对法律概念再解释的界限、避免法律条文表述的烦琐。

一、厘清法律概念的含义

定义的最基本目的就在于理清概念的含义，为人们的交流理解提供便利，法律领域亦不例外。对法律创制而言，如果法律语言的内容不清晰，法律理解和适用的准确性就会受到限制[①]。而法律条文的表述是否得当，是否符合人们普遍认同和遵守的统一语言表述标准，从而使人们之间的交流无障碍，不存在不解、费解或误解之处，这正是立法的基本表述目的[②]。

因此，在我国立法实践中，立法者经常会对某些法律概念的内涵或外延进行解释，并以定义性条文的形式呈现于法律文本之中。这是因为，法律所调整的对象十分广泛，而且语言本身的含义就具有模糊性[③]，因而如果不对人们不太熟悉或不太理解的某些法律概念加以定义，将极有可能造成人们对法律的理解和适用出现分歧和争论的情况。司法者可能会曲解法律条文的原意，而无法论证对具体案件司法归类的合理性[④]；执法者可能不能正确把握立法目的和宗旨，从而影响立法的社会效果，无法取得实效；守法者则可能因无法清晰明白法律之规定，从而对法律的适用无所适

---

① 魏德士. 法理学［M］. 丁晓春，吴越，译. 北京：法律出版社，2007：77.
② 黄茂荣. 法学方法与现代民法［M］. 北京：中国政法大学出版社，2001：113-129.
③ 周子伦. 法律语言的严谨本质：论准确性与模糊性之归宿［M］. 成都：四川大学出版社，2013：75.
④ 缪四平. 法律定义研究［J］. 华东政法学院学报，2003（3）：11-18.

从。此时，就需要立法者对此类模糊法律概念进行定义，用定义性规范来确定这些法律概念的法律定义，从而增强法律的透明度、清晰度，并帮助司法者、执法者、守法者更好地理解、适用和遵守法律，维护法律权威，确保法律实效①。

总之，没有清晰的法律概念，法律就失去了其存在的意义②。为了确保法律所辐射领域内的所有人能有一个满足理性交流沟通的语言工具，对特定的法律概念有一个固定认知，立法者就需要将有必要定义的法律概念的含义尽可能清晰地阐释出来。此即是说，厘清法律概念的基本含义，就是立法者创设定义性规范的最基本且最重要的立法目的。

二、缓解无限法律事实类型与有限法律条文之间的冲突

根据现代定义论，定义总是针对符号而言的，所揭示的是符号所指涉的对象所具有的意义。具体到法律领域，法律语言必须面对社会的全部现实，调整一切需要调整的利益冲突，并且以成文或不成文的方式提供有效的解决方法③。因此，法律定义中被定义的法律概念所指涉的对象就是法律所调整的各种生活事实。

就法律所辐射的总领域而言，需要法律来调整的生活事实可谓多种多样、无法穷尽，并且还处于不断发展中。然而，法律条文是有限的，立法者不可能针对任何生活事实都单列一个法律条文加以规制；否则，法律规范的数量和范围将不断扩大到无法统计的程度。因此，法律所调整的事实类型的无限性与法律条文的有限性之间将必然产生冲突。尤其是在需要调整大范围的生活事实或者案件类型时，上述矛盾就更加明显④。为了缓解法律所调整事实类型的无限性与法律条文的有限性之间的矛盾，创设定义性规范就是一项重要的立法应对措施。这是因为，通过法律定义将某个（些）事物归属到一个类别，或者将数个小类别合并为一个大的类别，并揭示这些类别的基本属性或者直接指明其所纳事物类别，将极大地增强法

---

① 李林. 立法理论与制度 [M]. 北京：中国法制出版社，2005：382.
② 魏德士. 法理学 [M]. 丁晓春，吴越，译. 北京：法律出版社，2007：89-90.
③ 同②：88.
④ 同②：84-85.

律条文的语义投射范围。此即是说，定义性规范的创设，能够为相应的法律规范确立比较大的适用范围和裁量空间，法律也因此而具备了灵活性。

三、保持法律体系的一致性和融贯性

如前所述，定义性规范是一种特殊的法律规范，因而也具有法律的规范性效果，即定义性规范一经制定，人们对相关法律概念的使用就要依其所定的规则而行。从此意义上讲，定义性规范所规制的是人们对法律概念的使用规则，实质上可视为立法者对法律概念的立法解释，目的在于保持法律体系的一致性和融贯性。这是因为，在立法过程中，立法者的任务是去描述各种事实类型并将其概念化，用尽可能精确的法律语言来描述各种生活事实类型。在对各种"类型"进行描述时，立法者有两种选择：一是给予该类型一个名称而放弃对其进行描述。这种方式可以使法律具有较大的灵活性，然而却具有不安定性，有法律被任意操纵的可能风险存在。二是试着尽可能精细化地列举和描述各种"类型"。这种方式可以使法律具有较大的安定性，但同样可能会因为规定的不周延而出现法律漏洞或空白①。无论是法律可能被任意操纵的风险，还是可能出现的法律漏洞或空白现象，都是对法律体系一致性和融贯性的巨大挑战。

而通过定义性规范的创设，则是对保持法律体系的一致性和融贯性的有力保障。一方面，通过定义性规范的创设，任何人在使用被定义的法律概念时都必须遵守相同的使用规则。试想，一个没有定义性规范存在的法律体系，任何人在使用法律概念时将会无所适从，因无具体的法律定义而可以在任何意义上任意使用法律概念，从而导致法律规范的理解和适用没有一个具体的标准，法律将成为任意操纵的机器。另一方面，定义性规范的创设也有助于法律体系保持内部的融贯性。例如，《中华人民共和国刑法》第三百五十七条和《中华人民共和国禁毒法》第二条对"毒品"的概念下了同一定义，这里实质上保持了我国法律规制毒品犯罪时的无矛盾性。试想，如果《中华人民共和国刑法》和《中华人民共和国禁毒法》对"毒品"概念的定义是不一致的，则势必会造成我国毒品犯罪法律适用过

---

① 褚宸舸. 论立法语言的语体特点 [J]. 云南大学学报（法学版），2009，22（2）：18-24.

程中的矛盾和冲突，一个物品到底是不是"毒品"，到底是适用《中华人民共和国刑法》的规定，还是适用《中华人民共和国禁毒法》的规定？而通过同时以相同定义的方式来立法，则保持了刑事法律体系的内部融贯性，免除了相关法律适用的冲突。

四、限定司法活动对法律概念再解释的界限

当然，法律定义在很多时候也是模糊的，这是语言本身的特性所在，不可能完全消除，此时就需要通过司法解释等手段来解决法律适用的问题①。然而，在魏德士看来，法律适用者通过对法律概念的解释可能放松法律对其的约束，从而造成司法解释者的权限无限扩大。如果司法者没有限制的任意解释法律概念，那么必然会造成司法解释与法律定义背后立法者的意志相背离的困境②。从此角度来看，定义性规范的创设也是对限定司法活动对法律概念再解释的界限。也就是说，立法者对法律概念的定义限制了司法者再解释活动的范围，司法解释者不得超过立法者附加于法律概念上的语义投射范围而任意进行文义解释。司法解释活动应尽量以符合立法者原意的方式进行，尊重立法者的权威。

五、避免法律条文表述的烦琐

制定定义性规范的一个重要立法目的还在于避免繁复累赘的重复③。倘若没有法律定义性规范，那么当人们遇到模糊费解的法律概念时，将不得不花大量的时间来翻字典、查资料、寻先例以求理解其准确内涵。而定义性规范的创设可以极大地避免此类时间成本的损耗。此外，定义性条款的设置还能有效地避免法律条文表述上的繁复。例如，《中华人民共和国民法典》第七十六条规定"以取得利润并分配给股东等出资人为目的成立的法人，为营利法人。营利法人包括有限责任公司、股份有限公司和其他企业法人等"。依其规定，就不需要在之后涉及"营利法人"这个概念的条

---

① MACAGNO，DAMELE. The hidden acts of definition in law：statutory definitions and burden of persuasion［M］// ARASZKIEWICZ，PLESZKA. Logic in the theory and practice of lawmaking. Switzerland：Springer，2015：225-226.

② 魏德士. 法理学［M］. 丁晓春，吴越，译. 北京：法律出版社，2007：80-81.

③ 滕超. 英美规定性法律文件定义条款的汉译研究［J］. 新余高专学报，2008（5）：86-89.

文中分述为"有限责任公司如何……""股份有限公司如何……"及"其他企业法人如何……"三个条文，而仅需表述为"营利法人如何……"一个条文，此做法就极大地方便了后续法律条文的行文，避免了累赘的重复。

第三节　定义性规范创设的基本类型

从我国法律实践来看，当前定义性规范立法的主要类型包括内涵型定义性规范、外延型定义性规范和内涵加外延型定义性规范三种。然而必须注意的是，除了这三种主要定义性规范类型外，还有三种准定义性规范的法条类型存在，即推定型准定义性规范、视为型准定义性规范和除外型准定义性规范。

一、三种主要定义性规范类型

（一）内涵型定义性规范

内涵定义法是我国定义性规范立法中使用最多的定义方法。内涵型定义性规范是指运用内涵定义法对法律概念加以定义的法律规范。在内涵定义法的五种具体类型中，属加种差定义法是最常用的方式。由于被定义对象的性质、发生、关系和功能等均可以作为种差，故属加种差定义也有不同类型，主要包括性质定义类、发生定义类、关系定义类、功用定义类四种。

1. 性质定义类

以被定义概念反映的对象的性质作为种差的定义，叫作性质定义。例如，《中华人民共和国反不正当竞争法》第二条规定"本法所称的不正当竞争行为，是指经营者在生产经营活动中，违反本法规定，扰乱市场竞争秩序，损害其他经营者或者消费者的合法权益的行为"，其中的"经营者在生产经营活动中，违反本法规定，扰乱市场竞争秩序，损害其他经营者或者消费者的合法权益"就是不正当经营行为的本质属性。

2. 发生定义类

以事物发生、产生的情况作为种差的定义，叫作发生定义。例如，《中华人民共和国律师法》第二条规定"本法所称律师，是指依法取得律师执业证书，接受委托或者指定，为当事人提供法律服务的执业人员"，这里的"依法取得律师执业证书，接受委托或者指定，为当事人提供法律服务"就是以律师产生的条件为种差定义的。

3. 关系定义类

以被定义概念所指称的对象与某一（些）对象的特殊关系作为种差的定义，叫作关系定义。例如，《中华人民共和国保险法》第十条规定"保险合同是投保人与保险人约定保险权利义务关系的协议。投保人是指与保险人订立保险合同，并按照合同约定负有支付保险费义务的人。保险人是指与投保人订立保险合同，并按照合同约定承担赔偿或者给付保险金责任的保险公司"，就是以投保人与保险人之间的关系作为种差来定义"保险合同""投保人""保险人"等法律概念的。

4. 功用定义类

以被定义概念所指称的对象的功用作为种差的定义，叫作功用定义。例如，《中华人民共和国票据法》第十九条规定"汇票是出票人签发的，委托付款人在见票时或者在指定日期无条件支付确定的金额给收款人或者持票人的票据"，这里就是以票据的实际功能"委托付款人在见票时或者在指定日期无条件支付确定的金额给收款人或者持票人"来作为种差定义"汇票"的。

通常而言，当以属加种差法（内含定义）来定义法律概念时，根据种差之间的析取或并取关系，其定义结构可以如下[①]：

其一，"$LA =_{df}$ 具有性质（$T_1 \vee T_2 \vee \cdots \vee T_n$）的 B"的定义结构，其中的"LA"表示被定义的法律概念，"B"表示它的属概念，"T_1、T_2、T_n"等则表示种差项。例如，《中华人民共和国合同法》（已废止）第三百二十二条规定"技术合同是当事人就技术开发、转让、咨询或者服务订立的确立相互之间权利和义务的合同"，其中的"当事人就技术开发订立确立相互之间权利和义务""当事人就技术转让确立相互之间权利和义务""当事人就技术咨询确立相互之间权利和义务""当事人就技术服务确立相互之

---

① 参见：张金兴. 试论法律定义的基本特征［J］. 法学探索，1993（1）：22-25；缪四平. 法律定义研究［J］. 华东政法学院学报，2003（3）：11-18.

间权利和义务"就是析取的种差项,合同当事人无论满足其中任一种差,都属于技术合同的范畴。

其二,"LA $=_{df}$ 具有性质($T_1 \wedge T_2 \wedge \cdots \wedge T_n$)的 B"的定义结构。例如,《中华人民共和国民法典》第五十七条规定"法人是具有民事权利能力和民事行为能力,依法独立享有民事权利和承担民事义务的组织",其中的"法人"为被定义法律概念,"组织"为其所属,"具有民事权利能力和民事行为能力"及"依法独立享有民事权利和承担民事义务"则并列为其种差。

(二)外延型定义性规范

对于某些不能或难以用内涵定义的法律概念,通常会用外延定义的方法,即外延型定义性规范所主要采用的定义方法。一般而言,外延型定义性规范的表述结构通常为"LA 包括 B(p_1,p_2,p_3,$\cdots$,p_n)",其中的 LA 就是被定义的法律概念,类 Bp_n 的子项则是该法律概念的外延。根据 n 是可数还是不可数的,外延型定义性规范可以分为完全枚举定义和部分枚举定义两种类别。

1. 完全枚举类

完全枚举是指如果一个词项所指涉的对象极少,或者其种类有限时,可以通过将其所指涉对象或种类以完全列举的方式加以定义的方法。例如,《中华人民共和国民法典》第九十六条规定"本节规定的机关法人、农村集体经济组织法人、城镇农村的合作经济组织法人、基层群众性自治组织法人,为特别法人",就完全列举了"特别法人"所包括的四种组织。

2. 部分枚举类

对于某些外延对象数目很大或者种类很多的词项,不可能用完全枚举法来一一列举,此时就需要运用部分枚举定义法,即通过将词项外延划分成若干子项,然后通过列举这些子项来明确被定义词项定义的方法。例如,《中华人民共和国刑法》第九十五条规定"本法所称重伤,是指有下列情形之一的伤害:(一)使人肢体残废或者毁人容貌的;(二)使人丧失听觉、视觉或者其他器官机能的;(三)其他对于人身健康有重大伤害的"。由于刑法"重伤"的范围很广,无法全部列举,因此该条文仅指明了属于刑法"重伤"的两种典型情况,并以"其他对于人身健康有重大伤害的"这个概括性法律概念加以规定。对此类概括性法律概念的解释一般只需按照"同类规则"即按照被列举事物的特定特征对其做出平行性解释即可①。

（三）内涵加外延型定义性规范

基于法律精确化的要求，对于能够同时揭示其本质属性及指明其所指涉对象的被定义法律概念，立法者应当采用内涵加外延的定义方法。例如，《中华人民共和国民法典》第八十七条规定"为公益目的或者其他非营利目的成立，不向出资人、设立人或者会员分配所取得利润的法人，为非营利法人。非营利法人包括事业单位、社会团体、基金会、社会服务机构等"，不仅揭示了"非营利法人"的本质属性"为公益目的或者其他非营利目的成立，不向出资人、设立人或者会员分配所取得利润"，还指明了其外延包括具有前述属性的"事业单位""社会团体""基金会""社会服务机构"等组织。

当然，内涵加外延型定义性规范的表述结构比单一的内涵型或外延型有了更多变化，主要有"LA $=_{df}$ 具有性质（$T_1 \lor T_2 \lor \cdots \lor T_n$）的 B，并且 LA 包括 B（$p_1, p_2, p_3, \cdots, p_n$）"以及"LA $=_{df}$ 具有性质（$T_1 \land T_2 \land \cdots \land T_n$）的 B，并且 LA 包括 B（$p_1, p_2, p_3, \cdots, p_n$）"两种类型，而根据其中的种差的不同类型以及 n 是否可数，又可分为多种具体的行文表述。

二、三种准定义性规范类型

除了上述三种主要的定义性规范类型外，法律体系中还存在着三种准定义性规范类型。之所以用"准"字修饰，是因为这三种准定义性规范也能起到明确概念含义的作用，但不具备一般的定义性规范表述形式。

（一）推定型准定义性规范

法律不可能对所有法律概念进行定义，一是因为法律概念数量众多，全部定义不符合实际需要；二是因为部分法律概念也不可能对其定义。例如，立法者就不可能对诚实信用、合理、相当、公平等下一个法律定义②。此外，我们可以通过相关法律规范的推定明确某些法律概念的基本含义，

---

① 魏志勋.文义解释的司法操作技术规则［J］.政法论丛，2014（10）：58-65.

② 梁慧星.民法解释学［M］.北京：中国政法大学出版社，1995：90.

如此也没有必要对这些法律定义加以定义。例如，《中华人民共和国民法典》第二十六条规定"父母对未成年子女负有抚养、教育和保护的义务。成年子女对父母负有赡养、扶助和保护的义务"，第一千零六十七条规定"父母不履行抚养义务的，未成年子女或者不能独立生活的成年子女，有要求父母给付抚养费的权利。成年子女不履行赡养义务的，缺乏劳动能力或者生活困难的父母，有要求成年子女给付赡养费的权利"。根据这两个法条，我们就能够推定出"父母的抚养义务是指父母对未成年或者不能独立生活的成年子女有付给抚养费的义务"以及"子女的赡养义务是指成年子女对缺乏劳动能力或者生活困难的父母有付给赡养费的义务"。这两个法律定义的得出可以视为归纳定义法在法律体系中的具体运用，即通过法律体系中的相关规定，我们可以推出某些法律概念的确定法律含义。

此外，还有一种特定情形是准用或引用的情况，如《中华人民共和国禁毒法》第二条关于毒品的规定，即"本法所称毒品，是指鸦片、海洛因、甲基苯丙胺（冰毒）、吗啡、大麻、可卡因，以及国家规定管制的其他能够使人形成瘾癖的麻醉药品和精神药品"。其中，"国家规定管制的其他能够使人形成瘾癖的麻醉药品和精神药品"就是属于准用型法律条文的构成要素[①]。根据该条规定，公安部、国家卫生和计划生育委员会、国家食品药品监督管理总局、国家禁毒委员会办公室联合颁布的《非药用类麻醉药品和精神药品列管办法》中所规定的应当管制的非药用类麻醉药品和精神药品在司法裁判时就可被引用涵摄于"毒品"概念之下。

（二）视为型准定义性规范

除了推定型准定义性规范，还有视为型这种重要的准定义性规范。一般而言，视为属于一种拟制，且明知该事实为甲，但因立法目的、精神、政策等价值性理由，将甲当作乙来处理[②]。比较而言，法律推定是以两事实之间的逻辑联系作为基础进行推理，而法律拟制则纯粹是一种立法技巧，它并非由一事实的存在推论出与之相关的另一事实的存在[③]。也就是说，法律拟制明知道不是如此，却被看成如此，为法律所认可，不能用反

---

① 舒国滢，王夏昊，雷磊. 法学方法论［M］. 北京：中国政法大学出版社，2018：130.

② 郑玉波. 法谚：（一）［M］. 北京：法律出版社，2000：39.

③ 张海燕. "推定"和"视为"之语词解读？：以我国现行民事法律规范为样本［J］. 法制与社会发展，2012（3），104-116.

证推翻；而法律推定则不知真假，在有反证时可被推翻①。从此意义上说，法律拟制创造了新的法律关系②。

例如，《中华人民共和国民法典》第十八条规定"成年人为完全民事行为能力人，可以独立实施民事法律行为。十六周岁以上的未成年人，以自己的劳动收入为主要生活来源的，视为完全民事行为能力人"，这里的第二款就是一条典型的视为型准定义性规范。十六周岁以上的未成年人本应属于未成年人，但根据立法者的价值判断，将"以自己的劳动收入为主要生活来源的十六周岁以上的未成年人"也视为"成年人"，从而扩充了"成年人"的法定外延而未改变其内涵。应当说，视为型准定义性规范是对定义性规范的一种重要补充，通过扩大法律概念的外延，从而更好地实现立法者的立法目的。

（三）除外型准定义性规范

此外，还有一种除外型准定义性规范。与视为型准定义性规范的作用相反，除外型法律规范主要是用来缩小法律概念的外延。其法条结构可表示为"除 X 外，Dp 就是 Ds"，其逻辑含义至少包含三层：①X 属于 Dp；②X 不属于 Ds；③非 X 的 Dp 都属于 Ds，并且 Ds 都属于非 X 的 Dp③。例如，《中华人民共和国民用航空法》第一百二十五条"本条所称航空运输期间，是指在机场内、民用航空器上或者机场外降落的任何地点，托运行李、货物处于承运人掌管之下的全部期间。航空运输期间，不包括机场外的任何陆路运输、海上运输、内河运输过程"。

同理，有时候其法条结构亦可表示为"除 X 外，Dp 都不是 Ds"，但这种表述方式在立法实践中极少使用。

第四节 定义性规范创设的具体规则

定义性规范创设的规则主要包括形式规则、实质规则和操作规则三大块内容。

---

① 刘风景. "视为" 的法理与创制 [J]. 中外法学, 2010 (2)：198-213.
② 张明楷. 如何区分注意规定与法律拟制 [N]. 人民法院报, 2006-01-11 (B01).
③ 张金兴. 试论法律定义的基本特征 [J]. 法学探索, 1993 (2)：22-25.

一、定义性规范创设的形式规则

定义性规范创设的形式规则是指在定义性规范立法的过程中，应充分尊重逻辑学关于定义的基本规则，同时也要结合相关法学理论，阐明法律定义制定中所应遵守的具体逻辑规则，保证法律定义的逻辑性、清晰性和准确性。

（一）定义应尽可能清晰准确

定义应该简明扼要且清晰确定，这是定义制定过程中应该遵守的一项重要规则①。法律文本是面向社会公众的，其表述得简洁准确既便于大众理解和记忆，也有利于执法或裁判人员的掌握与适用。在立法中，法律定义应力求言简意赅，以简驭繁，避免冗长、烦琐、累赘和不必要的重复。例如，《中华人民共和国母婴保健法》第三十八条规定"指定传染病，是指《中华人民共和国传染病防治法》中规定的艾滋病、淋病、梅毒、麻风病以及医学上认为影响结婚和生育的其他传染病"。这里既然已经明确列举了几种典型的传染病，并用"医学上认为影响结婚和生育的其他传染病"这个概括性概念来涵摄其他相似类型，就没必要再特别强调要依据《中华人民共和国传染病防治法》的规定。两种做法选择其一即可，都用则违背了定义应该简洁的规则。

通常而言，法律文本中立法定义是否清晰明确，是衡量立法水平的重要依据之一。定义本是用通俗易懂的话去解释一个不太让人明白的词语，如果定义项中出现模糊、晦涩或比喻的语言，无疑会增加法律定义的理解成本。例如，《中华人民共和国环境噪声污染防治法》第六十三条规定"'噪声排放'是指噪声源向周围生活环境辐射噪声"。这里用"噪声源""辐射"等词来进行定义，看似清晰实则晦涩难懂。此外，"噪声"同时出现在被定义项和定义项之中，又犯了循环定义的谬误。

因此，从"定义应尽可能清晰准确"这一规则还能引申出"定义不能用模糊、晦涩或比喻的语言来表述"的定义规则。

（二）定义联项必须是肯定的，不得否定

定义的主要目的在于揭示被定义概念的含义，厘清被定义概念的内涵

---

① 吕正春. 自然语言定义的种类和规则 [J]. 齐齐哈尔师范学院学报，1995（2）：68-71.

是什么，其所反映的客观事物的本质属性或特有属性是什么；或者揭示被定义概念的外延是什么，指出其所指涉的具体对象范围如何。因此，在下定义时，能够作为定义联项的必须是肯定的"是"（为、指等），而不能是否定的"不是"（不为，非等）；否则，就不能解释被定义概念的内涵或外延是什么，从而丧失定义的基本效果。

当然，这里需要区分"定义联项必须是肯定的，不得否定"与形式逻辑中"定义项一般不能用负概念"定义规则之间的区别。前者是讨论定义联项必须是肯定的"是"，后者则是讨论定义项应与被定义概念的正负类别之间的关系，即对正概念的定义必须确定其定义项中使用正概念、尽可能不使用负概念；而对负概念的定义则完全可以使用负概念。例如，"正当防卫就是不负刑事责任的行为"就违背了"定义项一般不能用负概念"的定义规则，不能正确揭示正当防卫的实质含义。而对于"非婚生子女"这个概念来说，则完全可以定义为"非婚生子女是指没有婚姻关系的男女所生的子女"。这里的被定义项就使用了"非"这个否定概念①。由于这两条规则极易混淆，因此特别加以说明。

（三）定义既不能过宽又不能过窄

定义的主要目的在于解释或说明被定义对象的本质特征为何，因而在具体定义时应注意定义不得包含任何多余特征且不能遗漏任何根本性特征，即定义既不能过宽又不能过窄②。例如，《中华人民共和国民法典》第五十七条规定"法人是具有民事权利能力和民事行为能力，依法独立享有民事权利和承担民事义务的组织"。此条规定就清晰地指出了"法人"概念的本质特征为"具有民事权利能力和民事行为能力"并且"依法独立享有民事权利和承担民事义务"，这两方面特征缺一不可，少一个特征都将不属于"法人"。

同时，法律定义也不能任意添加其他属性。例如，如果添加上"以取得利润并分配给股东等出资人为目的成立"的特征，那么此时的定义所揭示的就不再是"法人"的法律定义，而是"营利法人"的法律定义（参

① 相关内容参见：张继成. 实用法律逻辑教程［M］. 北京：中国政法大学出版社，2012.
② 柯匹，科恩. 逻辑学导论［M］. 13版. 张建军，等译. 北京：中国人民大学出版社，2018：121.

见《中华人民共和国民法典》第七十六条)。

从此意义上说,"定义既不能过宽又不能过窄"的定义规则实质上是为了保证被定义的法律概念与定义项之间在外延上具有同一性,违反词规则会导致定义不清的逻辑错误。

（四）被定义的法律概念不得包含"和""或"等命题联结词

包含命题联结词的被定义项被称为"分子式被定义项",它的定义式如 $A_x \wedge B_x =_{Df} C_x$ 类似的形式。如果被定义项是 $A_x \wedge B_x$,那么就需要对 A_x 和 B_x 分别进行定义,而不能直接用 C_x 来定义这两个需要被定义的概念;否则将会导致概念的混淆,因为我们无法确定 C_x 中哪部分适用于 A_x,哪部分又适用于 B_x[1]。例如,《中华人民共和国企业所得税法实施条例》第七十四条规定"企业所得税法第十六条所称资产的净值和第十九条所称财产净值,是指有关资产、财产的计税基础减除已经按照规定扣除的折旧、折耗、摊销、准备金等后的余额",就是对"净值和财产净值"所做的定义。这里的问题是:哪部分适用于"净值"?哪部分适用于"财产净值"?抑或"净值"与"财产净值"是同一个概念吗?那又为何《中华人民共和国企业所得税法》要使用两个不同的概念,而不单选其中任一作为法律概念呢?

类似的规定还见于《中华人民共和国刑法》第二百零五条第三款,即"虚开增值税专用发票或者虚开用于骗取出口退税、抵扣税款的其他发票,是指有为他人虚开、为自己虚开、让他人为自己虚开、介绍他人虚开行为之一的"。根据这个立法定义,我们很难理解"虚开增值税专用发票"和"虚开用于骗取出口退税、抵扣税款的其他发票"到底包括哪几种虚开行为。出现这样的情况,该立法定义显然是无效的。

（五）禁止循环定义

禁止循环定义规则是指被定义项不得直接或间接出现在定义项之中[2]。如果一个定义是循环的,那么就肯定无法实现定义的解释功能,因而是无效定义。它一般分为以下两种情况:

---

① 雷磊.定义论及其在法典编纂中的应用 [J].财经法学,2019（1）：15-32.
② 柯匹,科恩.逻辑学导论 [M].13 版.张建军,等译.北京:中国人民大学出版社,2018：121.

一是被定义概念不得直接出现在定义项之中。例如，《中华人民共和国担保法》第八十二条规定"本法所称留置，是指依照本法第八十四条的规定，债权人按照合同约定占有债务人的动产，债务人不按照合同约定的期限履行债务的，债权人有权依照本法规定留置该财产，以该财产折价或者以拍卖、变卖该财产的价款优先受偿"。这里，被定义的法律概念"留置"直接出现在定义项之中，因而犯了循环定义的逻辑谬误。类似的还有《中华人民共和国产品质量法》第二条规定，即"本法所称产品是指经过加工、制作，用于销售的产品"。这里的"产品"一词也同时出现在被定义项和定义项之中，因而导致定义无效。

二是被定义项概念不得间接出现在定义项之中。与前一种情况不同，因"被定义项间接出现在定义项之中"而无效的情况较为隐蔽，通常表现为在几个定义之间来回绕圈子，需要将相关概念全部罗列才可能发现谬误所在。例如，《中华人民共和国海商法》第四十二条规定："承运人"是指本人或者委托他人以本人名义与托运人订立海上货物运输合同的人；"托运人"是指"本人或者委托他人以本人名义或者委托他人为本人与承运人订立海上货物运输合同的人"，或者"本人或者委托他人以本人名义或者委托他人为本人将货物交给与海上货物运输合同有关的承运人的人"。这样，"承运人"的定义中包含"托运人"，而"托运人"又需要"承运人"来加以定义，这就犯了循环定义的谬误。

再如，《中华人民共和国外交特权与豁免条例》第二十八条规定："使馆工作人员"是指使馆外交人员、行政技术人员和服务人员；"使馆外交人员"是指具有外交官衔的使馆工作人员；"使馆行政技术人员"是指从事行政和技术工作的使馆工作人员；而"使馆服务人员"是指从事服务工作的使馆工作人员。将这四个定义放在一起，循环定义的谬误清晰可见。

（六）禁止重复定义

关于"禁止重复定义"的定义规则，现在的主要观点认为"禁止重复定义是指在统一法律体系内，被定义项不得被多次定义"[①]。然而，这样的看法并不符合立法的实际情形。在同一法律体系的不同法律文本中，立法

---

① 克鲁格. 法律逻辑 [M]. 雷磊，译. 北京：法律出版社，2016：144.

者有可能为了符合不同的立法目的而对相同概念下不同的定义。

例如，我国《最高人民法院关于贯彻执行〈中华人民共和国民法通则〉若干问题的意见（试行）》第12条①、《中华人民共和国刑事诉讼法》第一百零八条、《最高人民法院关于适用〈中华人民共和国行政诉讼法〉的解释》第十四条都对"近亲属"进行了定义，以至我国目前民事诉讼、刑事诉讼和行政诉讼三大诉讼中对"近亲属"的界定并不一致。而这样的做法是否会导致司法适用困难？对此，笔者的看法是，法律定义是连接表达法律概念之语词与其所指涉法律概念之规范意义的桥梁，任何法律定义的适用范围和规范意义都是由其所在的法律之调控范围和立法目的而定，而不同法律之间的立法目的和法益考量是有差异的。因此，如果强制要求不同法律使用同一概念时必须保持同词同义，将会造成某些法律的调控范围无限扩大，超出法律所能承载的负荷。对此种情况最好的解决办法就是添加限定词，如用"民法近亲属""刑法近亲属""行政近亲属"等来替代相同的"近亲属"概念，既符合法律的意旨，也能体现相互之间的区别。

当然，对于在法律体系内具有相同的规范目的和调控范围的不同法律，就有必要保持在法律术语上的一致性。此外，在同一部法律内，也不允许对同一法律概念进行多次重复定义。具体如下：

一是不同法律文本对具有相同规范目的和调控范围的同一法律概念不得进行重复定义。由于立法技术、方法及程序等方面的原因，有时候会出现不同法律对具有相同规范目的和调控范围的同一法律概念进行多次定义的现象，从而导致具有相同内涵和外延的法律概念出现法律定义上的不一致。例如，《中华人民共和国反不正当竞争法》第二条规定"本法所称的经营者，是指从事商品生产、经营或者提供服务（以下所称商品包括服务）的自然人、法人和非法人组织"；《中华人民共和国价格法》第三条规定"本法所称经营者是指从事生产、经营商品或者提供有偿服务的法人、其他组织和个人"；《中华人民共和国反垄断法》第十五条规定"本法所称经营者，是指从事商品生产、经营或者提供服务的自然人、法人和非法人组织"。从具体表述来看，《中华人民共和国反不正当竞争法》《中华人民

---

① 已部分失效，但《中华人民共和国民法典》并没有对"近亲属"做出新的定义，可认为该条仍有解释力。

共和国价格法》及《中华人民共和国反垄断法》对于"经营者"这一概念的规范目的和调控对象是一致的，但在表述上并不一致。这里就出现了立法定义上的不必要重复，以及对同一法律概念之立法定义表述上的不一致。

二是同一法律文本内不得重复定义相同法律概念。在同一部法律内，被定义的法律概念不得被多次定义。例如，《中华人民共和国防沙治沙法》第二条规定"土地沙化是指因气候变化和人类活动所导致的天然沙漠扩张和沙质土壤上植被破坏、沙土裸露的过程。本法所称土地沙化，是指主要因人类不合理活动所导致的天然沙漠扩张和沙质土壤上植被及覆盖物被破坏，形成流沙及沙土裸露的过程"，就违反了重复定义的规则。从法条本身的意义来理解，第一个"土地沙化"是指其一般含义，后面的"土地沙化"才是立法者所期望界定的"土地沙化"的法律含义。然而，从定义性质上看，第一个"土地沙化"的定义仍属于由立法者在法律文本中所做的定义，因而也是一个法律定义，并由此导致《中华人民共和国防沙治沙法》中关于"土地沙化"出现了不一致的重复定义，笔者建议应将第一个"土地沙化"概念删除。

类似的情况还出现在《中华人民共和国归侨侨眷权益保护法》第二条之规定"侨眷是指华侨、归侨在国内的眷属。本法所称侨眷包括：华侨、归侨的配偶，父母，子女及其配偶，兄弟姐妹，祖父母、外祖父母，孙子女、外孙子女，以及同华侨、归侨有长期扶养关系的其他亲属"。这里分别对"侨眷"作了内涵定义和外延定义，更好地表述应该是用"内涵加外延的方式"对其"侨眷"进行定义，以避免重复定义而出现立法定义不一致的情形。

二、定义性规范创设的实质规则

由于定义性规范的基本立法目的是给相关法律概念下定义，因而必须遵守法律定义的形式规则。除此之外，还必须注意的是，定义性规范本身是法律规范的一种类型，故其创设也必须充分尊重立法的基本原理，遵循法律制定的实质规则。

（一）定义性规范立法必须有充分恰当的立法理由支持

立法者应当给出立法理由已成为当前中国立法学界的一项共识①；同理，定义性规范立法也同样要求立法者提供相关的立法理由。法律定义的制定不是任意而为的，而附随着立法者的立法目的。而定义性规范的立法目的是否能够得以顺利实现，是需要通过立法理由来解释、指导和评价的。例如，为何要对某个法律概念加以定义？对其定义的必要性如何体现？又为何要如此定义？该定义是否揭示了被定义法律概念的本质特性，又或者是否直接指明了被定义法律概念的涵盖范围？诸如此类法律定义实质性问题，都需要立法者在定义性规范立法过程中给予充分恰当的立法理由予以支持。

（二）定义性规范立法必须考虑法律体系的体系性和完备性

定义性规范的立法不是随意的，而是在一国法律体系中进行的。这就意味着，定义性规范的立法过程应充分考虑整个法律体系的体系性和完备性。如前所述，我国目前民事诉讼、刑事诉讼和行政诉讼三大诉讼中对"近亲属"的界定并不一致。而"从法律体系来看，同一法律术语应尽量保持最大限度的同词同义，如在不同的法律领域有不同的含义，很容易引起法律概念的混淆，不利于法律的统一实施，影响立法的公信力和严肃性"②。在一个法律文本中或整个法律制度或法律体系中，法律术语应当尽可能标准化、规范化、统一化③。笔者所提及的最佳解决方法——通过添加限定词，如用"民法近亲属""刑法近亲属"和"行政近亲属"等来替代相同的"近亲属"概念，就是基于法律体系的体系性与完备性考量而提出的。

（三）定义性规范立法必须尊重语言的通俗性

由于自然语言的模糊性，将其转化为法律概念时在很多时候有必要对

---

① 例如，有学者认为，在立法中，应当对立法理由和立法规划进行充分的论证调研，对法律文本的内容、措辞、内容关联性、重复性以及冲突可能性等进行严格逻辑考量（冯玉军 等，2014）。亦有学者强调，为了更彻底地实现科学立法的要求，应当明确要求立法者给出立法理由并制定立法理由书，这是保障立法质量的具体体现；而立法理由书的撰写过程，本身就是立法科学性的凝练过程（李友根，2015）。

② 逯启顺. 刑诉法中证人近亲属应做扩大解释 [N]. 检察日报，2018-10-08（003）.

③ 汪全胜，张鹏. 法律文本中"定义条款"的设置论析 [J]. 东方法学，2013（2）：13-21.

其含义加以界定。事实上，在定义性条文的立法过程中，有不少的概念是直接从日常语言中汲取的。例如，"夜间"一词在日常语言中通常具有多种含义，既可以指"天黑了"，又可以指"晚6点以后""晚7点以后"或者"晚8点以后"等。但是，一旦将"夜间"由日常概念上升为法律概念后，这样的含糊词汇将造成法律条文所表述意思的多义性，如《中华人民共和国环境噪声污染防治法》第三十条规定"在城市市区噪声敏感建筑物集中区域内，禁止夜间进行产生环境噪声污染的建筑施工作业，但抢修、抢险作业和因生产工艺上要求或者特殊需要必须连续作业的除外"。这里如果不对夜间进行法律定义，将不能理解该条规定所规制的究竟是哪段时间，因而该法在第六十三条对"夜间"进行了法律定义，即"'夜间'是指晚二十二点至晨六点之间的期间"。如此，立法者清晰表述了其立法意图，执法者明确了执法内容，裁判者明白了裁判依据，守法者理解了法律要求。

这里，虽然作为法律概念的"夜间"与作为日常概念的"夜间"之间的含义并不一致且不可混淆，但是，"夜间"的法律定义也是在尊重其日常含义的基础之上加以限定的。也就是说，对由日常概念上升为法律概念的语词，对其定义应当要尊重其日常含义，不得随意界定，如将"夜间"界定为"白天9点至12点"，这样的做法就会严重影响人们对法律的理解、认知与遵循。相关的例子有《中华人民共和国刑法》关于"轻伤""重伤"的界定；还有各地方关于"轻微""重大""特别巨大"等程序性概念的界定标准，都应以当前我国或某地方的具体实际作为法律定义的依据，不能偏离其日常含义过远，从而不利于人们理解。

（四）定义性规范立法应当关注与全球化保持协调一致

随着全球化、一体化的不断推进，国内与域外之间的法律交流日益频繁，我国法律体系与不同国家或地区的法律体系之间的协同合作问题也逐渐突显。不同国家或地区的法律体系关于同一法律概念的法律定义可能存在很大差别。而随着国际交流的频繁，国家之间的法律法规也在逐渐接轨，因而如何确保国内外对"法律术语"的理解达成一致成为各国法律体系对话的关键前提。

在全球化时代，国内立法出现了两种新的发展趋势：一是"国际化的国内化"，即国际组织的条约、规章为国内所接受，转变为对国内具有法律约束力的规则；二是"国内法的国际化"，即在一个国家或地区范围内所流行的法律制度或法律思想由于某种原因转变为一种国际潮流，在受到它们影响的国家或地区乃至全球流行①。在全球化背景下，我国立法应当注重与全球化保持协调一致。具体到定义性规范立法上，就是要尊重国际上各国立法的通常用法或做法，借鉴与吸收其中的合理成分，在"法律术语"的法律定义上尽可能保持国内外的协同一致，为国内外的法律有效交流提供便利条件，而不至于国内外对相同法律概念的使用规制出现大的偏差。

三、定义性规范创设的操作规则

前述内容讨论的是定义性规范立法所应遵循的形式规则和实质规则，而对于定义性规范在法律文本中具体的立法表述问题，如定义性条文应该如何分布、其表述格式应该如何固定、具体的定义条文又应该如何表述等问题，都需要相应的操作规则来指导法律起草者如何进行定义性规范的起草工作。大体而言，有以下三方面应该通过法律规定或者立法起草手册加以确定：

（一）定义性条文的分布位置应明确

从定义性条文在我国法律文本中的分布位置来看，要明确定义性条文在我国法律文本中的分布位置，应注意以下三点：

一是在总则部分对法律文本的核心概念加以界定。在我国立法惯例中，立法者一般会在总则部分对该部法律的核心概念进行界定，如《中华人民共和国药品管理法》第二条就对核心概念"药品"给出了其法律定义；《中华人民共和国城市房地产管理法》第二条对"房屋""房地产开发""房地产交易"等核心概念给出了法律定义。当然，对于某部法律包括哪些核心概念、评价的标准以及定义的准确性等问题，都需要有较充分的立法教义学讨论。

二是对其他有必要定义的法律概念在分则（章）的第一条或者附则部分加以统一界定。例如，《中华人民共和国担保法》（已废止）在各分则第一条对作为担保方式的"保证、抵押、质押、留置和定金"等法律概念进

---

① 朱景文.比较法社会学的框架和方法：法制化、本土化和全球化 [M].北京：中国人民大学出版社，2001.

行定义，此外还在附则部分给出了"动产""不动产""担保合同"等法律概念的法律定义。这样的定义条款安排就很体系化，符合法律文本篇章结构之间的逻辑结构，具有非常好的效果。

三是对相关的法律概念在同一定义性条文中加以集中界定。例如，《中华人民共和国水污染防治法》附则第一百零二条对"水污染""水污染物""有毒污染物""污泥"和"渔业水体"五个法律概念进行了集中定义。这里的五个法律概念具有相关性，在同一定义性条文中加以集中定义不仅能体现这些法律概念之间的联系，还有利于法律文本的简洁性，以便于读者快速查阅。

（二）定义性条文的固定格式应明晰

在起草定义性条文的过程中，其固定格式有两方面应多加注意：一方面，被定义项和定义项的位置应予以固定，将被定义的法律概念置于定义联项的左边，以"本法所谓……""本章所称……""……是指"等形式加以标识；相应地，定义内容则置于定义联项的右边。例如，《中华人民共和国密码法》第二条规定"本法所称密码，是指采用特定变换的方法对信息等进行加密保护、安全认证的技术、产品和服务"，这里的被定义项和定义项分置于定义联项的左右两边。另一方面，定义三要素不可或缺。定义项、被定义项和定义联项在一个定义结构中缺一不可，缺少任一部分即可认为定义无效。这里所强调的是被定义项与定义项之间一定要由定义联项"是"或"是指"等定义标识词来连接。

（三）定义性条文的表述方式应明白

当前我国定义性条文的主要类型有内涵定义、外延定义和内涵外延定义三种方式。在定义性条文的起草过程中，应注意区分不同类型的定义性条文的表述方式，以清楚明白的法条表述出相应的定义条文类型。例如，在内涵型定义性条文的立法起草中，其主要方式可规定为是"A+是（指）+限制性语词+上位概念"的表述形式，以免在具体法律文本中出现如"……，是指（是）……""本法所称……，是指（即、是）……""……，为……"等多种不同形式的表达。同理，对于外延型定义性规范和内涵加外延型定义性规范的立法表述也应该加以确定，以优化完善法律文本的条理性、整体性和美观性。

第五节　本章小结

现代法治在本质上乃理由之治。在现代法治视域下，公共说理不仅对现代法治社会转型具有积极推动作用，还对维持和稳固法治国家的法律制度具有非常重要的意义①。公共说理在立法领域的具体体现即立法说理。立法说理是指立法者在立法过程中进行的旨在说服或增强他人接受其立法主张的一种说理活动，它一方面要求立法者公开进行理性商谈，另一方面亦要求立法者必须通过立法理由来证成其立法结论。作为公共说理的一种重要类型，立法说理在现代法治建设中必不可少。

那么，应如何进行立法说理呢？在笔者看来，立法说理是从明晰定义开始的。这是因为，定义的重要性就在于它可以剔除概念中暧昧含混的成分，从而使得概念的内涵或外延得以清晰明确。而一个清晰的概念对于任何一种理性、逻辑的说理都是必不可少的。因此，对于立法说理而言，其首要任务就是对重要的法律概念加以定义，而这项工作就是由本文所讨论的定义性规范来完成的。

可惜的是，尽管定义性规范在整个法律体系中具有极为重要的作用，但至今仍未有我国学者对定义性规范做系统化、专门化的理论性研究。基于此，本章从定义性规范的概念界定、基本特征、立法目的、主要类型和立法规则等数个方面系统阐释了定义性规范的立法原理。

---

① 李文倩. 公共说理为什么重要？[J]. 政治思想史，2015（4）：161-170.

第五章 立法分类的方法论建构

　　分类①是人类最基本的能力之一。借助分类，人们把各种人、事物、现象、意义分门别类，放置于不同的层级向度，从而获得秩序的感觉②。而秩序，作为理解法律制度的形式结构及其实质性目的所不可或缺的基本价值之一③，这种内在统一性将分类能力与法律建构紧密联系在一起。从此意义上讲，立法者建构法律体系的过程，实质上就是立法者依据其心目中理想的法律秩序，对现实生活中的各类人、事物、现象、意义进行甄别、比较、描述、衡量、命名、归类或排除的立法分类过程。通过最终将立法者认为有必要由法律来处理的各类事实、社会关系归摄为某个（些）法律类型谱系，并通过立法者的价值判断来赋予这个（些）法律类型谱系一定的法律效果，法律规范及以其为基础的法律体系得以形成。

　　既然立法分类对于法律体系的建构具有如此重要的基石性方法地位，那么其对于现代法治的意义亦不言而喻。借助一套科学合理、行之有效的立法分类方法，立法者在宏观层面上能够最大化地彰显立法的理性精神、凸显立法的科学态度、展现立法的价值依循、显现立法的合法权威；在微

---

　　① 根据逻辑学原理，分类是划分的特殊形式。所有的分类都是划分，但并非所有的划分都是分类。划分是揭示概念外延的逻辑方法，凡能区别对象的一般属性都可以作为划分的标准。而分类则是依据对象的本质属性特征所做的划分。由于分类以对象的本质属性为区分标准，因而分类能使关于某类对象的知识系统化，具有较强的稳定性。基于立法方法论的学科定位和功能属性，很显然，立法分类这种揭示立法对象本质属性特征的方法更值得研究。

　　② 王启梁. 法律是什么?：一个安排秩序的分类体系 [J]. 现代法学, 2004 (4)：8.

　　③ 博登海默. 法理学：法律哲学与法律方法 [M]. 邓正来，译. 北京：中国政法大学, 2010.

观层面上则能够实现厘清抽象法律概念的含义①、缓解法律所调整的无限生活事实与有限法律规范之间的冲突、保持法律体系的一致性和融贯性等立法目的。

遗憾的是，当前法学方法论领域关于分类（类型化思维）的研究似乎并没有为立法学发展带来应有的契机，以至于考夫曼慨叹"关于人们用来得到正确的法律的方法，过去和现在只字未提"②，甚至有学者认为"对于类型意义性的把握，只能诉诸直观感觉"③。从直观、感性的直觉经验中抽离出抽象、理性的逻辑法则，并提炼为可供法律人理解与适用的法律方法，是法律逻辑学者应当肩负的学术使命。只有符合逻辑规则、语法规则的法律规范命题才能正确表达法律自身的内在规律；反之，"违反定义规则、分类规则的做法必将无法实现法律概念的构建功能、识同别异功能、价值储存功能和交流思考功能，从而难以完成建构法律体系大厦的法治任务"④。基于此，本书将对立法分类的理据和方法做一番探究，以期对立法分类的逻辑机制加以揭示。

第一节　立法分类生成的逻辑原理

一般而言，立法分类生成的逻辑机制包括立法分类的前提和过程两个部分。其中，立法分类的前提是立法者基于立法的现实需要，对立法分类的必要性和可行性进行充分的论证和说明；立法分类的过程则是立法者基

---

① 有学者认为，概念没有类型是空洞的，类型没有概念则是盲目的。概念思维与类型思维之间虽然存在明显差异，但两者之间并非简单的相互排斥关系，而是处于一种相对独立、彼此配合、交互补充的关系之中。相关内容参见：考夫曼. 类推与"事物本质"：兼论类型理论 [M]. 吴从周，译. 台北：台湾学林文化事业有限公司，1999；拉伦茨. 法学方法论：第六版 [M]. 黄家镇，译. 北京：商务印书馆，2020.

② 考夫曼，哈斯默尔. 当代法哲学和法律理论导论 [M]. 郑永流，译. 北京：法律出版社，2013：155.

③ 相关内容参见：林立. 法学方法论与德沃金 [M]. 北京：中国政法大学出版社，2002；梁迎修. 类型思维及其在法学中的应用：法学方法论的视角 [J]. 学习与探索，2008（1）：105-109.

④ 张继成. 逻辑规则何以能够作为立法质量的评价标准：法律与逻辑的内在关系 [J]. 社会科学论坛，2020（6）：117-128.

于其理想的法律秩序图景，对现实生活中的各类人、事物、现象、意义进行甄别、比较、描述、衡量、命名、归类或排除的过程。接下来，笔者将首先阐释论证立法分类必要性的充分理由应该涵盖哪些核心要素；其次讨论说明立法分类可行性的法理依据应该包括哪些重要内容，在此基础上将进一步描述"事实归纳为类型再不断迈向概念"和"概念开放为类型再不断涵摄事实"的法律概念建构与重构的循环往复过程；最后从立法逻辑的视角揭示立法类型形成的评价机制与一般类型形成机制不同——立法者需要经过双重评价机制才能确定立法类型的最终形态。

一、论证立法分类必要性的充分理由

并非所有的法律概念都需要对其进行立法分类，立法者必须依循其立法目的甄选出必须进行分类的法律概念。以《中华人民共和国民法典》第九百九十条对人格权的分类为例，即"人格权是民事主体享有的生命权、身体权、健康权、姓名权、名称权、肖像权、名誉权、荣誉权、隐私权等权利。除前款规定的人格权外，自然人享有基于人身自由、人格尊严产生的其他人格权益"，这里，立法者对人格权分类的必要性理由阐释如下[①]：

本条第一款仅是对民事主体所享有的人格权利的具体类型进行了列举，而并未对人格权做出概括式的定义。理论界对人格权的概括式定义存在多种不同观点，但都难免挂一漏万。

对于人格权类型的具体列举，通过法律明确人格权的类型、保护对象、内容等，有助于法律适用的统一和便利。但是，随着社会的发展，自然人的人格权保护需求必然会更为多元化，立法中难以穷尽，不断会有新的人格权益纳入法律的保护范围，具体的列举必然会导致人格权保护的漏洞。据此，本条第二款规定能够回应社会发展所产生的新型人格权益的保护需求，避免具体列举人格权所产生的封闭性，有助于使得人格权益保护的体系更为健全，保护的范围也更为周延，适应社会的不断发展，发挥对人格权益进行兜底性保护的功能，保持人格权制度发展的开放性。

分析上述关于人格权分类的立法理由，可以抽离出如下论证过程：

---

① 黄薇.中华人民共和国民法典释义及适用指南：下 [M].北京：中国民主法制出版社，2020：1470.

（1）应当充分保障民事主体的人格权利；

（2）只有厘清人格权的概念（对人格权进行内涵定义或外延分类），才能充分保障民事主体的人格权利；

（3）采取内涵定义的方式不能厘清人格权概念的含义；

（4）采取外延分类的方式能够厘清人格权概念的含义；

（5）应当对人格权进行立法分类。

由此可见，在充分论证立法分类必要性时，一般需要给出以下四类支持性理由：

（一）阐述立法分类之目的的理由

任何法律规范命题都蕴含着立法者的价值判断，立法分类亦不意外。立法者基于各种立法目的划分出不同的立法类型，每种立法类型的生成都必须依循立法者的规范目的。

（二）阐述"厘清法律概念"与"实现立法目的"之间必要联系的理由

并非所有的法律概念都需要进行准确界定，只有那些关键性或足够重要的法律概念才需要对其进行准确界定；否则将会导致执法者、司法者、守法者对法律的理解、适用和遵守出现困难，使法律失去其存在的意义[①]。

（三）阐述立法内涵定义不能的理由

厘清法律概念的含义通常采用内涵定义或外延分类的方法。依据大部分学者的观点，分类（类型思维）通常是定义（概念思维）的辅助性手段[②]。因此，只有当立法内涵定义不能满足厘清法律概念的任务时，采用立法分类的方式才有其必要性基础。

（四）阐述立法外延分类可能的理由

并非所有概念都可以进行外延分类。基于人类的有限理性，某些法律概念既无法进行内涵定义也不可以进行外延分类，如"夜间""多次""重大"等表示时间、频率、程度的副词类法律概念。因此，只有那些能够进行分类的法律概念，才具有立法分类的现实可能性。

---

① 魏德士. 法理学 [M]. 丁晓春，吴越，译. 北京：法律出版社，2007：89-90.

② 关于类型思维的发展脉络，参阅：吴从周. 类型思维与法学方法 [D]. 台北：台湾大学法律研究所，1993.

二、说明立法分类可行性的法理依据

仅对立法分类的必要性进行论证是不够的，我们还需要对立法分类的可行性进行充分的法理阐释。这是因为"必要性"加"可能性"并不必然蕴含着"可行性"，所以还需要进一步说明立法分类可行性的法理依据。比如，在上述人格权立法分类理由说明中，立法者还进行了补充，即"所有的人格权都以人身自由和人格尊严为价值基础，是这两种价值的具体表现，是以维护与实现人身自由和人格尊严为目的。人身自由和人格尊严是人格权获得法律保护的价值依据，也是认定新型人格权益的根本标准"。

由此可见，人格权立法分类是以"人身自由"和"人格尊严"作为分类的根本标准，并且"人身自由"和"人格尊严"也符合当前学界对人格权本质属性特征的认识，正是基于"维护与实现人身自由和人格尊严"的目的才需要对人格权进行法律保护。因此，这种分类标准既能揭示被分类对象的本质特征属性，又具备充分的现实意义。

（一）揭示分类对象本质特征属性

从当前的立法实践来看，对法律概念进行立法分类的标准通常分为事实型分类标准、价值型分类标准、混合型分类标准三大类，并且这三大类标准通常分别对应着描述性法律概念、评价性法律概念和论断性法律概念①。

1. 事实型分类标准

描述性法律概念是指描述自然事实、社会事实或制度事实的法律概念。含有描述性概念的语句有真假之分，如"张三酒后驾车"中判断"张三是否喝了酒"有着明确的检测标准。一般而言，对描述性法律概念进行分类需要以事实型标准为依据。例如，《中华人民共和国民法典》第十七条规定"十八周岁以上的自然人为成年人"，这里就是用"年满十八周岁"作为"成年人"与"未成年人"这对描述性法律概念的事实型分类标准。

2. 价值型分类标准

评价性法律概念是指包含立法者对事实或者事物的价值判断的法律概

---

① 关于法律概念分类的相关理论，参见：舒国滢，王夏昊，雷磊. 法学方法论前沿问题研究 [M]. 北京：中国政法大学出版社，2020.

念，如"善意""恶意""重伤""轻伤"等。由于含有评价性概念的语句总是涉及主体的主观价值判断，因而没有真假之分，只有妥当与否。一般而言，对评价性法律概念进行分类需要以价值型标准为依据，如以"善""恶"来区分意图；以"严重""轻微"来区分伤害程度。当然，在司法实践中，为了准确适用法律规范，通常会将主观判断客观化，也就是将某些典型案件事实或涉案事物归属于评价性法律概念的外延类型。但这种处理方法仅适用于简单案件，在处理疑难案件时往往需要经过立法教义学充分讨论才可能达到某种程度的共识。

3. 混合型分类标准

论断性法律概念是指通过确认某个事实来认定或论断另一个事实存在的法律概念。一般而言，对论断性法律概念进行分类需要以事实型标准和价值型标准为依据。这是因为，论断性法律概念通常适用于法律拟制这种立法技巧之中——立法者基于其价值判断，将本不属于某概念的类型纳入其外延范围。例如，《中华人民共和国民法典》第十八条规定"成年人为完全民事行为能力人，可以独立实施民事法律行为。十六周岁以上的未成年人，以自己的劳动收入为主要生活来源的，视为完全民事行为能力人"。该条第二款规定以"年满十六周岁"（事实型标准）和"以自己的劳动收入为主要生活来源"（价值型标准）作为"完全民事行为能力人"的一种类型判定标准。

（二）展示立法分类重要实践价值

上述简要概述了对法律概念进行分类时的三种不同类型标准及适用情形，但要充分说明立法分类可行性的法理依据，还需要论证不同的立法类型能够实现立法者的规范目的，这是因为立法分类只是实现立法目的的手段，而手段必须为实现立法目的所服务。总之，说明立法分类可行的法理依据包含"揭示本质属性特征"和"展示实践价值"两方面重要内容。

例如，以"人身自由和人格尊严"为标准将"人格权"分为"生命权""身体权""健康权""姓名权""名称权""肖像权""名誉权""荣誉权""隐私权"等类型，而这样的立法分类结果能够满足"维护和实现人身自由和人格尊严"的立法目的，即具备重要的实践价值。如此这般既能揭示人格权的本质属性特征又能展示人格权类型重要实践价值的做法，才能充分说明"人格权"立法分类可行性的法理依据。

三、事实、类型与概念之间的归摄往复

论证立法分类的必要性和可行性，是立法者进行立法分类的前提。在此之后，立法者将进行具体的立法分类流程。一般而言，立法者进行分类的过程，就是根据生活事实的特征进行类别、属性的区分，把具有类似事实属性或价值属性的法律事实，依据事实型、价值型或混合型标准划分为一类，再根据不同类型的具象性、层级性、开放性和意义性①来构建一个统一的立法类型体系。

然而，"不可能有一种封锁最终原则的法律体系存在，而顶多只能够是一种开放观点的集合论点式体系"②。法律实践千变万化，法律体系也随之必须保持开放性、包容性特征。这就意味着立法分类不可能一劳永逸，而必须以事实为基础，不断创新立法类型③。因此，立法者进行立法分类并不是一个"生活事实—立法类型—法律概念"的封闭式单线性发展过程，而是"生活事实—立法类型—法律概念"和"法律概念—立法类型—生活事实"循环的开放式流动发展过程。在这个过程中，立法者以生活事实为基础，不停地开展从类型到概念，再从概念到类型的循环往复过程，直至得到符合立法者需求的立法类型或法律概念为止。

（一）生活事实归纳为立法类型，并不断迈向法律概念的抽象化过程

生活事实归纳为立法类型的过程，是一个法律概念不断建构的抽象化过程。法律概念的形成并非一蹴而就，而是通过对经验生活素材的不断提炼和抽象，并以语言文字的形式穷尽所欲描述对象的特有属性。例如，某些事物都具有若干类似的特殊属性 a、b、c，于是人们将 a、b、c 提炼并抽象出来，命名为概念 X。如此，所有具有特殊属性 a、b、c 的事物获得了共同的命名 X。这个过程，就是对生活事实的特殊属性进行不断归纳，

---

① 类型思维具有双向中等抽象的综合性、流动比较的层级性、类型要素之间的开放性和弹性价值评价的意义性等特征。详见：杜宇. 类型思维与刑法方法 [M]. 北京：北京大学出版社，2021. 据此而言，立法者可以从具象表征、影响层级、要素开放、价值意义等方面来认识和运用每种立法类型，从而保持法律体系的一致性、层级性和开放性。

② 考夫曼. 法律哲学 [M]. 刘义章，译. 北京：法律出版社，2004：190.

③ 杨建军. 事实的类型化与法律推理 [J]. 法律方法，2005 (1)：387-414.

进而形成法律概念的立法过程。

立法类型在这个过程中起到的作用是过渡——"类型成为一种介于抽象概念与具体事实之间的桥梁"①。一方面，类型思维的中等抽象特征更适用于对生活现象或社会关系的抽象和归纳，能够避免概念思维始终强调个别、孤立特性而忽视整体意义脉络的弊端，从而获得对生活事实整体形象和意义联系的准确把握。另一方面，类型的具体化、演绎化思考特征，能够有力地为抽象概念提供实在的内容支撑，舒缓抽象概念的空洞化效果。正是在这层意义上，拉德布鲁赫睿智地指出"类型只是一种被追求的分类概念的先前形态，是一种从类型概念导向分类概念之逻辑操作的起点"②。由此，立法分类的起点就是一个"事实归纳为类型再不断迈向概念"的法律概念建构过程。

（二）生活事实涵摄于法律概念，并不断开放立法类型的具象化过程

然而，人类的认识是不断发展的，因此作为反映人类认知事物特有属性的概念也在不断发展。随着时代发展，人们对 X 的认识也不断精进，原有的 a、b、c 特殊属性也许需要被限缩为 a、b 或者扩展为 a、b、c、d，概念的封闭性弊端亦由此显现。由于概念的"非此即彼"思维方式，不具有 a、b、c 属性的事物就不能涵摄于 X 的外延之下，这就使得极度抽象化的概念与社会生活中的事实难以契合，由此产生的法律体系撕裂感亦可能动摇人们的法律认同。

立法总是面向未来、面向社会的，它为人们从事正当活动提供了法律依据③。一部良善的法律，既能立足于主体的实际，又能为主体指出较高的理想追求目标，从而使"理想"不断转换为"现实"，同时还能在新的"现实"的基础上，提出更高的追求目标，以促进人与社会不断得以提升、发展④。因此，虽然立法者基于立法安定性的考虑，总是希望用内涵定义的方式将类型抽象概念化。但是，立法的发展性又要求立法者必须不断将法律概念开放为立法类型，并由开放的立法类型来描摹生活事实的整体图

① 杜宇. 类型思维与刑法方法 [M]. 北京：北京大学出版社，2021：26.

② 吴从周. 类型思维与法学方法 [D]. 台北：台湾大学法律研究所，1993.

③ 张继成. 从案件事实之"是"到当事人之"应当"：法律推理机制及其正当理由的逻辑研究 [J]. 法学研究，2003（1）：64-82.

④ 孙伟平. 事实与价值 [M]. 北京：中国社会科学出版社，2000：132.

像，从而使不断发展的生活事实能够涵摄于不断开放的立法类型之中①。从这层意义上看，立法分类的中间点是一个"概念开放为类型再不断涵摄事实"的法律概念重构过程。

（三）以生活事实为根据，抽象化与具象化不断循环的立法类型思维

必须指出的是，"法律概念的对象命名是一回事，法律概念意义的确定则是另一回事"②。法律概念的意义是通过在法律实践中使用该法律概念而获得的。因此，在以法典化为主要渊源的法律体系中，立法者会随着法律制定与适用的新变化而不断创制、修订或删除法律概念。这个过程是立法者基于现实社会实际，不断循环往复"事实归纳为类型再不断迈向概念"和"概念开放为类型再不断涵摄事实"的法律概念建构与重构的过程。

总之，以立法目的为导向，以生活事实为根据，以立法类型为过渡，以法律概念为归宿，立法者通过不断抽象化与具象化的循环往复过程，最终获得最具性价比的法律概念或立法类型。

综上所述，立法分类的前提是立法者依据不同的规范目的，对生活事实的事实属性和价值属性提炼出不同的分类标准，并充分论证分类的必要性和可行性；立法分类的过程是立法者通过在生活事实、立法类型与法律概念之间归摄往复，最终确定每个立法类型的逻辑结构、规范功能、事实或价值属性。然而，目前将类型化思维应用于立法领域讨论的文献还不太多，因为篇幅和主题的限制，笔者也只是从宏观视角运用法律逻辑的方法检视了立法分类的生成机制。笔者相信，随着法典化时代的到来，立法类型思维在法典化中的重要作用将不断显现，未来关于立法类型思维的讨论必将更加丰富。

---

① 这也是在厘清法律概念时，除了通常的立法内涵定义方法外，还需要辅助立法分类方法的决定性理由。

② 舒国滢.法哲学沉思录：增订注释版［M］.桂林：广西师范大学出版社，2021：177.

第二节　立法分类编撰的基本规则

在本部分，笔者将探讨立法者在编撰立法分类过程中所应遵守的基本规则，主要包括形式逻辑规则和实质立法原理。只有遵守这些逻辑规则和立法原理，才能保证立法分类编撰的科学化，从而制定出科学的立法类型。

一、立法分类编撰的形式规则

立法分类编撰的形式规则是指在立法分类编撰过程中，立法者应充分尊重逻辑学中的定义规则、分类规则，同时也要结合立法学原理，阐明立法分类编撰中所应遵守的具体逻辑规则，从而保证立法分类的科学、协调、准确和简洁。

（一）立法分类应尽可能准确简洁

立法分类应该清晰准确且简明扼要，这是立法分类编撰过程中应该遵守的一项重要规则。法律文本总是面向社会公众的，因而法律语言要能够准确传达立法者所欲表达的立法意图①。只有用准确精当的法律语言来表述每个法律文本，才能便于大众对法律的理解和记忆，同时也有利于后续的执法与司法环节。

在立法分类编撰过程中，立法者编制每个立法类型时，还应力求言简意赅，以简驭繁，避免冗长、烦琐、累赘和不必要的重复。值得注意的是，简洁性是以准确性为前提的，不能为了追求法律文本简洁而损耗其准确性、可理解性；否则就是舍本逐末，丧失了立法语言的核心要义。

（二）立法分类结果要求相应相称

根据分类规则，立法分类结果必须相应相称，也即立法分类子项的外延之和必须等于分类母项的外延范围；否则，将会犯"立法分类多出子项"或"立法分类遗漏子项"的逻辑瑕疵。不论是哪种立法分类逻辑瑕

---

① 梅林科夫.法律的语言 [M].廖美珍，译.北京：法律出版社，2014：340.

疵，都可能导致法律概念的含义难以厘清、法律概念之间的关系难以识别、法律概念承载的立法意图难以实现、法律概念的理解适用难以沟通等影响法律体系大厦构建的"卡脖子"难题。因此，在立法分类完成后，立法者一定要重新审查分类子项的外延之和是否等同于分类对象的外延范围。若是，则该立法分类结果符合相应相称的形式规则；若否，则可能导致法律规范命题不一致或出现法律漏洞的严重后果。

（三）立法分类子项必须相互排斥

此条分类形式规则是指立法分类的子项必须互相排斥，不得存在相容关系。如果立法分类的子项彼此可以相容，就会出现某事物同时可以归属于彼此相容的不同类型，从而违背了区分概念外延的分类基本目的。

在法律体系中，立法分类子项彼此相容，还可能造成法律规范命题在司法实践中的适用困难。这是因为，不同立法类型可能被立法者基于其规范目的的不同而赋予不同的法律效果。若存在可以相容的立法类型，就可能会造成立法者赋予了同一事物不同的法律效果，这也是造成法律冲突的根源之一。因此，当立法分类存在多重解释乃至可能相互矛盾时，这样的立法很难评价为科学立法，甚至会对当前的法律体制造成严重的伤害①。

（四）立法分类标准不得层次混淆

立法分类的方法包括一次分类和多次分类。一次分类是仅揭示某一属法律概念的一个层次的全部种法律概念的分类方式，如"民事主体分为自然人和组织"。多次分类是揭示某一属法律概念的两个或两个以上层次的全部种法律概念的分类方式，如"民事主体分为自然人和组织。组织分为法人组织和非法人组织。法人组织分为营利法人组织和非营利法人组织。非法人组织包括个人独资企业、合伙企业、不具有法人资格的专业服务机构等"。

根据逻辑学的分类规则，在每次分类中只能按照同一标准进行分类。此外，在多次分类中，每次分类的子项应该是该次分类母项的邻近种概念。此即是说，在立法分类过程中，立法分类的标准必须具有同一性和层次性，既不能用不同的标准对分类对象进行同一次分类（在同一次分类

---

① 富勒.法律的道德性［M］.郑戈，译.北京：商务印书馆，2005：78.

中，不能同时使用 A 标准和 B 标准，并把所有的类型都作为分类结果），也不能打乱分类的层次顺序随意分类（如不能先对民事主体进行分类，接着就对非法人组织进行分类）。

总之，违背了"立法分类标准不得层次混淆"的形式规则就会造成立法分类标准混淆的逻辑瑕疵，从而可能导致立法分类自相矛盾或自我推翻的立法瑕疵，使得立法质量评价不尽如人意。

（五）禁止不一致的重复立法分类

在统一法律体系之内，同一分类对象不得被多次重复分类①。从立法实践来看，对分类对象进行重复分类一般出现在不同的相关法律法规之中，如我国民事诉讼、刑事诉讼和行政诉讼中的"近亲属"类型并不一致②。"近亲属"作为诉讼法中的重要参与人，三大诉讼制度对其外延范围及典型类型进行具体规定极为必要。问题在于，是否应当对不同诉讼制度中的"近亲属"加以限定以区分彼此？否则，将会导致同一法律概念在不同法律语境内却具有不同的含义，不利于法律的统一实施。因此，如果以"民诉近亲属""刑诉近亲属""行政诉近亲属"加以区分，这样无疑更有利于法律概念的规范表达和理解适用。但是，从法律逻辑的角度来看，上述仅添加限定词的做法并不符合立法分类的层级性要求和"子项必须相互排斥"的分类规则，所以更好的表述应当是"我国诉讼法中的近亲属包括典型近亲属和扩展近亲属。其中，扩展近亲属又可分为民诉扩展近亲属、刑诉扩展近亲属和行政诉扩展近亲属"。如此，"民诉近亲属"的外延就包括"典型近亲属"和"民诉扩展近亲属"的范围，"刑诉近亲属""行政诉近亲属"的外延范围亦同。

除了上述情形外，还有一种情形是，立法者对同一分类对象做了重复的立法分类，虽然分类标准一致，但由于立法语言的表述不当，法律概念也不一致。以我国法律对"经营者"的规定为例：

---

① 克鲁格. 法律逻辑 [M]. 雷磊，译. 北京：法律出版社，2016：144.
② 我国三大诉讼法中的"近亲属"范围规定不同：民事诉讼中的近亲属包括配偶、父母、子女、兄弟姐妹、祖父母、外祖父母、孙子女、外孙子女。刑事诉讼中的近亲属包括夫、妻、父、母、子、女、同胞兄弟姐妹。行政诉讼中的近亲属包括配偶、父母、子女、兄弟姐妹、祖父母、外祖父母、孙子女、外孙子女和其他具有扶养、赡养关系的亲属。由此可见，民诉、刑诉和行政诉对"近亲属"分类的标准是不一致的。

《中华人民共和国价格法》第三条　本法所称经营者是指从事生产、经营商品或者提供有偿服务的法人、其他组织和个人。

《中华人民共和国反不正当竞争法》第二条　本法所称的经营者，是指从事商品生产、经营或者提供服务（以下所称商品包括服务）的自然人、法人和非法人组织。

《中华人民共和国对外贸易法》第八条　本法所称对外贸易经营者，是指依法办理工商登记或者其他执业手续，依照本法和其他有关法律、行政法规的规定从事对外贸易经营活动的法人、其他组织或者个人。

对比可知，我国法律对"经营者"的类型划分有"法人、其他组织和个人""自然人、法人和非法人组织""法人、其他组织或者个人"三种不同的表述。从逻辑规则和语义规则来看，当对法律概念进行分类时，分类之后的类型之间是并列关系，因而应该用"和"而非"或"；"法人、其他组织和个人"与"自然人、法人和非法人组织"的表述也没有本质差异，而是立法语言未能保持统一，较好的做法是直接适用《中华人民共和国民法典》关于民事主体的"自然人、法人和非法人组织"分类表述，以此保持法律体系语言系统的一致性。

二、立法分类编撰的实质规则

立法分类编撰的实质规则是指在立法分类编撰过程中，除了充分尊重形式逻辑规则外，还必须遵循实质立法原理，不仅为立法分类的必要性和可行性提供充分的理由论证，还要重视在法律体系中保持立法类型的一致性。

（一）立法分类必须有充分的立法理由支持

立法者应当给出立法理由已成为当前中国立法学界的一项共识[①]。就立法分类而言，任何立法类型都蕴含着立法者的立法目的，具有其独特的逻辑结构，并在法律体系中承担着概念建构、价值传递、思想交流等规范

[①]　例如，有学者认为，在立法中，应当对立法理由和立法规划进行充分的论证调研，对法律文本的内容、措辞、内容关联性、重复性以及冲突可能性等进行严格逻辑考量（冯玉军 等，2014）。亦有学者强调，为了更彻底地实现科学立法的要求，应当明确要求立法者给出立法理由，制定立法理由书，这也是保障立法质量的具体体现，而立法理由书的撰写过程本身，就是立法科学性的凝练过程（李友根，2015）。

功能。因此，立法分类绝不可任意而为，立法者同样需要提供充足的支持性理由，尤其是对立法分类的必要性必须进行充分的理由论证。如前所述，立法者通过阐述立法分类之目的的理由、"厘清法律概念"与"实现立法目的"之间必要联系的理由、立法内涵定义不能的理由、立法外延分类可能的理由，能够充分论证立法分类的必要性和现实可能性，为立法者进行立法分类提供必要的理由支持。

（二）立法分类必须有可行的科学分类依据

论证立法分类必要性和现实可能性仅能说明立法者为何必须要进行立法分类，要实现科学的立法分类，立法者还需要进一步说明在立法实践中如何来进行立法分类。立法分类的标准决定着最终的立法类型是否具有现实可行性。如前所述，立法者只有从生活事实的事实属性和价值属性中提炼出分类对象的本质特征属性，并确定具体的事实型分类标准、价值型分类标准或混合型分类标准，才能保证分类的科学性。

此外，由于分类对象的本质特征可能不止一种，因而符合科学分类标准的结果类型亦可能不只一套，如"人"既可以分类为"男人和女人"，也可以分类为"成年人和未成年人"。因此，立法分类除了要基于科学标准分类外，还需要具备合目的性，即立法者不仅要充分说明立法分类可行性的科学依据，还需要论证不同的立法类型能够实现立法者的规范目的。

（三）立法分类必须保持法律体系的一致性

任何立法活动都不能离开其本国法律体系语境，尤其在当前的法典化时代，立法者需要在立法实践中更加重视法典内各部分的协调一致和不同法典之间的法法衔接。也就是说，法典化时代，法治化发展对法律体系的一致性提出了更高的要求。

具体到立法分类，立法者对法律概念进行分类时除了考虑其必要性和可行性之外，还必须保持法律体系内对该法律概念的分类标准和类型表述保持一致。例如，前面提及过《中华人民共和国价格法》《中华人民共和国对外贸易法》《中华人民共和国反不正当竞争法》对"经营者"的分类冲突，事实上，《中华人民共和国反垄断法》修订前对"经营者"类型表述为"自然人、法人和其他组织"，在2022年修订后则改为"自然人、法人和非法人组织"，同《中华人民共和国民法典》保持一致。法典化时代需要立法者转变之前的单行法思维，从碎片化思维向体系化思维转变，从分散思维向统一思维转变①。保持法律体系的一致性正是立法者施行法典化思维的应有之义。

第三节　本章小结

立法者建构法律体系的过程，实质上就是立法者依据其心中理想的法律秩序，对现实生活中的各类人、事物、现象、意义进行甄别、比较、描述、衡量、命名、归类或排除的立法分类过程。作为厘清法律概念的重要方法，任何立法类型都蕴含着立法者的立法目的，具有其独特的逻辑结构，并在法律体系中承担着概念建构、价值传递、思想交流等规范功能。

"精准定义、分门别类、各得其所"是立法者所应遵守的立法基本职业伦理。其中，立法类型起着承前启后的关键作用，既要辅助厘清法律概念的精准内涵，也要准确描绘法律规范的权利义务内容。从此意义上看，当前学界对立法类型思维的研究可谓任重而道远，还需要长足的努力钻研。本章仅从宏观视角探讨了立法分类生成的逻辑原理以及编撰的形式规则和实质规则。此外，还可以从中观视角摹刻立法类型生成的逻辑推导机制，从微观视角来探索"应当"类规则、"禁止"类规则等重要法律规则类型的科学分类和立法原理，这都是以后有待进一步研究的空间。

---

① 王利明. 论《民法典》实施中的思维转化：从单行法思维到法典化思维 [J]. 中国社会科学，2022（3）：4-22.

第六章　立法论证的方法论建构

立法论证是指立法机关主导下，在专家学者、社会公众、行业团体等其他相关主体参与下，通过了解和吸纳各方面的信息，对立法涉及的制度内容的证成，其目的在于提高立法的认同度和可接受性①。任何立法都需要论证，立法论是立法过程的重要组成部分，是立法决策的重要部分和核心部分。立法论证的质量决定着立法的质量，良好的立法论证是科学立法、民主立法、依法立法的有效实施途径。本章主要是从法律规范推理的角度来探讨立法论证方式的方法论构建。

第一节　法律规则的逻辑结构概述

一、国内关于法律规则逻辑结构研究的基本理论脉络

法律规则的逻辑结构是一个重要的法理学问题②。总的来说，我国法理学界关于法律规范逻辑结构的研究经历了从传统"三要素"说到"二要素"说再到新"三要素"说的数次转换。

传统"三要素"说提出于 20 世纪 80 年代初，其主要观点是：法律规范由三个部分组成，即假定、处理和制裁。其中，假定是规则中指明的适

① 王锋. 立法论证研究 [M]. 北京：商务印书馆，2019：8.
② 中国学界长期对"规则"与"规范"未加以区分使用，直到最近十年才开始引介西方规范理论，将法律规则作为法律规范之一种来对待。参见：雷磊. 法律规范的逻辑结构 [J]. 法学研究，2013（1）：66-86. 就本书而言，更倾向于使用法律规则，但后文的法律规范推理也是一个惯例，很少有学者说法律规则推理，故笔者这里对"法律规则"和"法律规范"做了不区分处理。

用该规则的条件和情况的部分；处理是行为规则本身，也就是法律规则中指明的允许做什么、禁止做什么或要求做什么的部分，是法律规则最基本的部分；制裁是法律规则中规定的违反该规则时将要承担法律后果的部分①。

作为我国法理学界一度占据统治地位的学术观点，传统"三要素"说主要继受于苏联法学理论，如"逻辑性规范是通过逻辑的途径表现的一般规范，它体现规范性命令之间的有机联系，并且具有揭示规范性命令的行使国家权力的、起调整作用的全部属性……逻辑性规范的组成中包括三个基本因素：假定、处理、制裁"②。据此，有学者主张，法律规则分为调整性规则和保护性规则，前者由假定和处理构成，后者则由假定和制裁构成，两者结合起来发挥作用，就表现为逻辑性规则。逻辑性规则包括假定、处理、制裁三要素，体现了法律规则专有的特点③。也有学者指出，虽然法律规则由假定、行为模式、法律后果三部分构成，但假定只是在适用法律后果的条件的意义上才能独立成为一个要素（"假定+法律后果"），而当它是适用行为模式的条件时与行为模式不可区分（行为模式)④。这就意味着，所谓三要素实际上是两种不同情形的综合而已。

概括而言，在传统"三要素"说的背后隐含着一种国家本位和阶级论的法概念主张：法律被认为是一种阶级统治和社会治理的工具，作为微观层次的法律规则同样要显现国家强制力这一"本质特征"。而这种"国家与法律的一元论"受到了"二要素"说的猛烈批评。在"二要素"说学者看来，"三要素"说主张的是一种以国家本位为根基的权力式法律观，在这种权力式法律观下，法律不能脱离国家而存在，且必须时刻体现出国家的色彩。然而，即使法在概念上必须呈现国家强制力的"本质特征"，也并不意味着处于微观层面的法律规则就必须在其逻辑结构中体现这点。此外，国家与法律的关系远比这种一元的法律工具论复杂得多，特别是在法治背景下，法律与国家确实可以且应该相对分离；否则，"把权力关进

---

① 孙国华，朱景文．法理学［M］．北京：中国人民大学出版社，1999：279．
② 阿列克谢耶夫．法的一般理论：下［M］．黄良平，丁文琪，译．北京：法律出版社，1991：406-422．
③ 孙国华．法理学［M］．北京：法律出版社，1995：277．
④ 王子正．关于法律规范的结构和分类［J］．当代法学，1988（3）：40-43．

制度的笼子里"就成为空谈。

基于对传统"三要素"说的强烈批判，20世纪80年代末90年代初"二要素"说应运而生。其主要观点是：法律规则在逻辑上由行为模式和法律后果两部分构成。行为模式是从大量实际行为中概括出来作为行为的理论抽象、基本框架或标准，可以分为三类：①可以这样行为；②应该这样行为；③不应该这样行为。前者赋予权利，后两者施加义务。"应该"行为模式设定积极的行为义务，"不应该"行为模式设定消极的行为义务。法律后果是指法律对于具有法律意义的行为赋予某种后果，也可以被分为两类：①肯定性法律后果，即法律承认这种行为合法、有效并加以保护以至奖励；②否定性法律后果，即法律不予承认、加以撤销以至制裁①。

对比可知，"二要素"说与传统"三要素"说的最重要差异在"制裁"这一要素。不少学者认为，即使将国家强制力作为法或者法律规则的本质特征，也无须甚至不能用"制裁"作为其对应要素。在法律规则中还存在着"大量具有奖励、表彰之类的法律后果"，而"突出法律的制裁功能，不利于全面执法，也不利于法治的正确施行"②。此外，国家强制力未必一定显现为法律规则中的"制裁"部分，它也可能表现为当一个法律规则授予的权利被侵害时对相关人追究责任和实施制裁。归根结底，国家强制力属于法的实施层面，而非法律规则的逻辑存在问题③。因此，"二要素"说对传统"三要素"说的最大修正在于，将失之偏颇的"制裁"扩展为"法律后果"，从而既包含了否定性法律后果，也纳入了肯定性的法律后果④。至于"处理"这一表述被变更为"行为模式"，其实质内涵却基本没有变化，这种表述上的些许差异是可以接受的⑤。

真正存在争议并引起广泛讨论的部分是在"二要素"说对于"假定"这一要素的处理上。在"二要素"说学者看来，"实际法律条文中常常没

---

① 沈宗灵. 法理学 [M]. 3版. 北京：北京大学出版社，2009：28-30.

② 沈宗灵. 法理学研究 [M]. 上海：上海人民出版社，1990.

③ 周占生. 关于法律规范结构：对一种传统陈述方式的检视 [J]. 浙江社会科学，2004 (3)：6.

④ 邹爱华. 法律规范的逻辑结构新论 [J]. 湖北大学学报（哲学社会科学版），2004 (6)：715-721.

⑤ 王子正. 关于法律规范的结构和分类 [J]. 当代法学，1988 (3)：40-43.

有假定部分，或者已在法律总则中做了规定，又或者将假定包括在处理部分之中……假定看来是多余的"①。此外，当假定作为行为模式的适用条件或方式限度时与行为模式是不可区分的，人为地分割成两个要素，使得"有关权利义务的规定就成为不可思议的东西"②。因此，"二要素"说将假定从法律规则的逻辑要素中排除出去。

对此做法，不少学者提出了质疑，认为取消"假定"是站不住脚的：其一，法律条文中常常没有假定部分并不能推出假定作为法律规则的要素就是多余的。假定在法律条文中可以被省略，但省略并不代表不存在，表述中的缺位与逻辑上的必不可少并不矛盾。例如，《中华人民共和国婚姻法》（已废止）第二十四条规定"夫妻有相互继承遗产的权利"，这个条文没有表述出规则适用的条件即假定部分：夫妻一方死亡并留有合法的个人财产。但从逻辑角度而言，这个条件是规则的必要组成部分，缺失了它规则就无法适用。其二，"二要素"说注意到假定作为行为模式的适用条件或方式限度时与行为模式是不可区分的，却忽视了假定可以在适用法律后果的意义上成为一个独立要素。也就是说，"在逻辑上，任何具有一定法律后果的行为模式都是在一定的条件下的行为模式。只在一定条件下的行为模式才具有这样的法律后果，离开了特定条件，某一行为模式就不一定有这样的法律后果"③。基于此，行为模式离不开一个作为规则要素的假定。

经过数次范式转换，发轫于20世纪90年代的新"二要素"说取代"二要素"说成为主流，目前仍然占据着我国法理学界的通说地位。新"三要素"说的主要观点认为，法律规则在逻辑上由三个部分构成：假定、行为模式、法律后果。假定是法律规则中有关适用该规则的条件和情况部分，包括两个类别：①法律规则的适用条件，即法律规则在什么时间、什么地域以及对什么人生效；②行为主体的行为条件，包括行为主体的资格构成和行为的情境条件。行为模式是法律规则中规定人们如何具体行为或

① 沈宗灵. 法理学研究［M］. 上海：上海人民出版社，1990：34.
② 张洪涛. 法律规范逻辑结构的法社会学思考：以我国刑法和民法规范为主［J］. 东南学术，2007（1）：113-119.
③ 舒国滢. 法理学导论［M］. 北京：北京大学出版社，2012：102.

活动之方式的部分，可分为三类：①可为模式；②应为模式；③勿为模式。可为模式又称权利行为模式，应为模式与勿为模式合称义务行为模式。法律后果是法律规则中规定人们在假定条件下做出符合或不符合行为模式要求的行为时应承担相应的结果的部分，可分为两种：①肯定性的法律后果，即规定人们按照行为模式的要求而在法律上予以肯定的后果，表现为对人们行为的保护、许可和奖励；②否定性的法律后果，规定人们不按照行为模式的要求而在法律上予以否定的后果，表现为对人们行为的制裁、不予保护、撤销、停止或要求恢复、补偿等①。

二、对新"三要素"说的质疑及批判

目前，占据统治地位的新"三要素"说是否完美阐释了法律规则的逻辑结构，答案应该是否定的，有不少学者对新"三要素"说提出了质疑。其中一种重要观点认为，以往关于法律规则逻辑结构的讨论混淆了"规则的结构与规则间的结构"②。法律规则的逻辑结构指的是"一个规则"内部各要素之间的关系，它是一种内部结构，不能将其混同为法律规则之间的逻辑结构，后者是一种外部结构或体系结构。造成这种误差的根源在于忽略了法律规则的相对独立的"最小单元"性质，错误地把两个有关联的法律规则（调整性规则和保护性规则）当成一个法律规则③。那么，如何评价这个观点？

传统"三要素"说主张，法律规则分为调整性规则和保护性规则，前者由假定和处理构成，后者则由假定和制裁构成，两者结合起来发挥作用，就表现为逻辑性规则。逻辑性规则包括假定、处理、制裁三要素，体现了法律规则专有的特点④。而新"三要素"说在实质上只是将"处理"变为"行为模式"以囊括"权利行为模式"，将"制裁"变为"法律后果"以囊括"肯定性法律后果"。因此，在对法律规则基本单元的认识与传统"三要素"说并无差异。

---

① 舒国滢. 法理学导论 [M]. 北京：北京大学出版社，2012.
② 雷磊. 法律规范的逻辑结构 [J]. 法学研究，2013 (1)：66-86.
③ 刘杨. 法律规范的逻辑结构新论 [J]. 法制与社会发展，2007 (1)：152-160.
④ 孙国华. 法理学 [M]. 北京：法律出版社，1995：277.

在（新旧）"三要素"说看来，调整性规则就是直接体现法对社会关系调整职能的规则。它为社会关系参加者规定了权利和义务，提供了各种合法行为的模式和尺度，其使命在于用法律权利和法律义务的手段确认和调整社会关系。而保护这些社会关系正常存在和发展的正是保护性规则，它规定的是违法行为所应承担的法律责任和法律制裁措施（包括保护权利的措施)[1]。此即是说，（新旧）"三要素"说所预设的法律规则基本单元实质上是一种偏正结构：当调整性规则被违反时，就由保护性规则来发挥作用[2]。

从实效角度来看，法律要完整发挥规制行动的效果，这种正反结合是必不可少的。然而，从效力角度来看，保护性规则其实也是一种调整性规则。所谓调整性规则和保护性规则的分化，实际上是赋予了两类法律主体不同的法律义务，两者同样是对行为模式的法律规制。所不同的是，调整性规则直接调整社会主体，而保护性规则面向的是司法者与执法者的行为调整。从这个角度来看，保护性规则并不依赖于调整性规则而存在。即使坚持调整性规则必须有"保护"才能产生效力，但依此逻辑，保护性规则同样需要"保护"才能发生效力，这样就形成了一个无休止的保护性规则链条[3]。就算将这个链条的终点设定在"法律具有国家强制力"这一本质特征上，如此似乎连立保护性规则的必要也一并消除。因此，那种企图在调整性规则与保护性规则之间建立因果联系的做法并不成立，必须将保护性规则提升到与调整性规则同样的本体性地位，即保护性规则并非仅仅为了调整性规则而存在，它自身同样也是对司法者与执法者行为的调整[4]。这样，法律规则的结构就将不再是一个偏正结构，而是一个并行结构。赞同此观点的学者不在少数，但鉴于"调整性规则""保护性规则"的提法在我国法理学史上具有其独特的内涵，延续使用容易引起表述及理解上的

---

① 孙国华，朱景文. 法理学 [M]. 北京：中国人民大学出版社，1999：283.

② 如张恒山教授将法律规则逻辑结构分为主体规则与辅助规则两部分，主体规则包括规则适用的条件和义务、权利规定；辅助规则包括违反义务的行为即关于违反义务的处理规定。前者是为调整，后者是为保护。相关内容可参见：张恒山. 法理要论 [M]. 3 版. 北京：北京大学出版社，2015.

③ 魏治勋. 法律规范结构理论的批判与重构 [J]. 法律科学，2008（5）：37-44.

④ 同③.

混乱，更为妥当的做法是将法律规则的逻辑结构分为行为规则和裁判规则两部分①。

如前所述，行为规则与裁判规则的分类标准是依据规则适用对象之不同而划分的。当法律规则的对象是一般的行为人，并对这些人的行为产生约束效果时，便是行为规则；当法律规则的对象是要求裁判法律上争端之人或机关，为裁判之标准进行裁判时，则是裁判规则②。行为规则所适用的对象涵盖一切法律主体（包括自然人、组织以及国家机关等），其功能在于使某些特定群体负有相应的法律义务，指示他们从事特定的行为，从而达到调整和塑造特定生活领域的目的。而裁判规则的功能则在于，为裁判者预先规定具有法律约束力的评价标准，裁判者依据裁判规则就可以做出判决，因此裁判规则的约束对象仅是作为裁判者的法官③。行为规则是一次判断规则，行为人以之来指引自身的行为并可用以判断自身的行为合法与否。从这点来说，行为规则并非为法律规则所独有，其他社会规范亦有可能为人们设定行为规则④。裁判规则是二次判断规则，裁判者须以一次判断规则即行为规则为前提，在依据行为规则判断行为人的行为是合法抑或违法的基础上施加法律上的评价性后果（确认性、否认性和制裁性）。其中，制裁性裁判规则对不法行为与法律后果的归结体现出法律规范的本质属性⑤。据此，有学者断定"任何法律规则在结构上都是行为规则与裁判规则的结合。其中，行为规则承担着法的秩序调整功能；裁判规则承担着法的秩序保护功能"⑥。

但是，行为规则与裁判规则的这种理想——对应关系在法律实践中却可能并不存在，原因如下：

（1）法律可能只规定了行为规则或裁判规则中的一个。此时，它们之间存在着单向推导关系，即从单独存在的裁判规则可以推导出相应的行为规则；而从单独存在的行为规则，却无法推导出相应的裁判规则。例如，

---

① 舒国滢. 法哲学沉思录 [M]. 北京：北京大学出版社，2014.
② 黄茂荣. 法学方法与现代民法 [M]. 北京：法律出版社，2007.
③ 魏德士. 法理学 [M]. 丁小春，吴越，译. 北京：法律出版社，2005.
④ 舒国滢. 法哲学沉思录 [M]. 北京：北京大学出版社，2014：96.
⑤ 同④：95.
⑥ 同④：98.

从"杀人者，处十年以上有期徒刑、无期徒刑或死刑"这个裁判规则可以推导出"不得杀人"这个行为规则，而"禁止借婚姻索取财物"这个行为规则却无法推导出一个相应的裁判规则。

（2）行为规则与裁判规则可能合二为一。裁判规则可以分为确认性、否认性和制裁性。其中，否认性、制裁性的裁判规则一般表现为某种不利后果，容易为人们认知；而确认性裁判规则因只是确认某事项合法有效，一般不给予额外奖励，易被人们所忽视，且实践上也无单独列出的必要，故此时的行为规则与裁判规则是同一的。如"公司股东依法享有资产收益、参与重大决策和选择管理者等权利"就不必再规定"公司股东享有资产收益、参与重大决策及选择管理者等，受法律保护"的裁判规则。当然，并非所有确认性裁判规则与行为规则都是同一的，这可通过第（3）点来体现。

（3）法律有时只规定裁判规则，而既无法律明确表述的行为规则，也不可能推导出相应的行为规则。如"公民以他的户籍所在地的居住地为住所，经常居住地与住所不一致的，经常居住地视为住所"的规定就是一个推定确认的裁判规则，但不包含行为规则。此时的裁判规则可能只是针对某种具有法律意义的事态赋予法律后果而已，它不涉及任何人的行为，如"继承从被继承人死亡时开始"就是一个典型的例子。

基于以上三点，笔者认为，将法律规则在逻辑结构上视为行为规则与裁判规则之结合的做法是有问题的，行为规则与裁判规则究其本质是两种不同类型的法律规则，在适用对象、设立目的、具体作用和规范模态等方面存在着明显差异。若是强行用"三要素"说或是其他单一逻辑结构来融合这两种规范形态，实质上就是将规则之间的逻辑结构误作为规则的逻辑结构。这样的做法将会导致"对法律规范的逻辑结构的分析可以无限制地扩展下去"①，如有学者就将法律规则依主体要素的不同分为立法规则、用法规则和司法规则三类，由此提出了由三种行为主体和三种行为模式所构成的"三重行为规则"，即法律规则的逻辑结构为三种行为规则合一的结

---

① 刘杨.法律规范的逻辑结构新论［J］.法制与社会发展，2007（1）：152-160.

构①。而以此逻辑，我们还可以把用法规则分为执法规则和守法规则，这就是"四重结构"。继续分析，还可能有"五重结构""六重结构"……继而往复，没有尽头。

行文至此，似乎可以确证"以往关于法律规则逻辑结构的讨论混淆了'规则的结构与规则之间的结构'"的观点是有说服力的。然而，认识到混淆了"规则的结构与规则之间的结构"是一回事，而阐释清楚"法律规则的逻辑结构"是另一回事。在笔者看来，两者之间的关联是：之所以许多学者对逻辑结构的认知存在偏离，根本原因在于没有正确区分法律规则的逻辑结构与语义结构。此即是说，讨论什么是法律规则的逻辑结构，必须重新审视的前提是：什么是逻辑结构。

三、法律规则逻辑结构的特征

结构是一个为多个学科所使用的重要分析概念，与之密切相关的一个概念是结构主义。结构主义作为一种哲学，并未提出关于世界本体的新论断，而主要是作为一种方法论运用②。在结构主义者看来，结构具有真实存在的客观性，通过结构来解释事物的元素，可以加深对事物的认识③。对于什么是结构，学者大多是从结构主义或系统论的角度进行定义。这里采用一个简要定义，即"结构"是指作为一个系统或整体而存在的事物组成要素及其相互关系④。依此，法律规则的结构是指法律规则的诸组成要素及其相互关系。

对于任何结构理论而言，有两个重要问题需要解决：一是要素如何划分；二是要素如何联结⑤。这两个问题彼此关联，要素的划分是讨论要素如何联结的前提，而要素之间的联结方式往往又决定着要素应该如何划分，不同的要素联结方式会导致不同的要素划分后果⑥。以上两个问题对

---

① 韩立收. 对法律规范结构的再认识 [J]. 辽宁公安司法干部管理学院学报，2003（1）：5-8.

② 葛恒云. 结构主义人类学的哲学倾向 [J]. 国外社会科学，1999（4）：4.

③ 高鹏程. 试论结构的概念 [J]. 学术交流，2010（2）：35-38.

④ 皮亚杰. 结构主义 [M]. 倪连生，王琳，译. 北京：商务印书馆，1984.

⑤ 同④.

⑥ 雷磊. 法律规则的逻辑结构 [J]. 法学研究，2013（1）：66-86.

于讨论法律规则的结构而言同样重要。在之前讨论中可以看到，同一个法律规则能够被划分为不同的要素组合（如"行为规则"与"裁判规则""三重行为规则"的划分），而这样的结果往往又是由不同的要素联结方式所造成的（如依适用对象、行为主体等划分）。就法律规则而言，其最重要的要素联结方式有两种：逻辑上联系和语言上联系，分别对应的是法律规则的"逻辑结构"和"语义结构"①。比较而言，法律规则的逻辑结构与语义结构有以下四点区别：

（一）法律规则的逻辑结构

前文区分并比较了法律规则的逻辑结构和语义结构，但核心问题"什么是法律规则的逻辑结构"仍未得到解决。通过比较，我们可以得出"法律规则的逻辑结构是一种共时性、形式的静态结构，不涉及法律规则的任何实质内容"的结论。以此为基准，可以探寻到一种强有力的法律规则逻辑结构理论，即法律规则的逻辑结构由构成要件、当为要求和法律效果三个要素构成。其中，构成要件是法律规则的适用条件（前件），它为案件事实提供了一种可资比较的事实原型，并以特征化的方式表述出来；法律效果是法律规则的实现（后件）；当为要求则用以表述构成要件与法律效果之间的逻辑关系，通常用"规范模态词"（必须、不得、可以）来表示。

国外学者大多持有此观点。如考夫曼认为，一个完整或独立的法律规范，由构成要件、法律效果以及把法律效果归入构成要件（效力规定）所组成。简单地说，就是 T（构成要件）→（包含）R（法律效果），或者每一个 T 案例都应适用 R；不完整的或非独立的法律规范，则不具有全部的三个部分，其或者欠缺构成要件，或者欠缺法律效果，因而也欠缺把法律效果归入构成要件②。拉伦茨则认为，完全法律条文所表示的法律规范在逻辑上意指：只要构成要素 T 在具体案件事实 S 中被实现，对 S 即应赋予法效果 R③。魏德士亦指出，一个完整的法律规范首先要描写特定的事实类型，即所谓法定的事实构成，其次才赋予该事实构成某个法律后果；任

---

① 逻辑结构与语义结构的区分十分重要，却往往容易被人忽视。皮亚杰（1984）对此强调，不管结论如何，语言学结构和逻辑结构之间的关系问题，对于一般结构主义来说，是一个根本性问题。

② 考夫曼.法律哲学［M］.刘幸义，等译.北京：法律出版社，2003：153.

③ 拉伦茨.法学方法论［M］.陈爱娥，译.北京：商务印书馆，2003：150.

何完整的法律条文都是由当为要求（命令、禁止或允许）、对所要求的行为的确定（法律后果）和对适用前提（构成要件）的描述组成①。阿尔尼奥则强调，法律规范（规则）的结构在任何地方都一样：一系列既定条件的描述与诸多法律后果的描述被结合在一起。实践法律科学的基本任务就是阐明事实或条件与法律后果（$F \to G$）之间的关系；法律规范（规则）的结构可以表示为法律事实（F）、当为要素（O）与法律后果（G），用公式表示则是 N_i（x）（$Fx \to OGx$）②。

国内也有学者赞同此观点。如"法律规范（规则）的逻辑结构（构成）＝法律事实+规范模态词+法律效果（后果）"③。其中，法律事实即由法律规定的，能引起法律关系形成、变更或消灭的客观情况或状态；规范模态词则反映了法律规范的本质属性——规范性，并为法律规范分类提供了基础和根据。权利性法律规范是以"可以""允许"等规范模态词表征的；义务性法律规范又可分为两类，即命令性法律规范和禁止性法律规范，前者是以"应当""应该""必须"等规范模态词为表征，后者则是以"不得""不许""禁止"等规范模态词为表征④。

对这种结构理论，国内亦有学者提出了质疑，争议点在于"当为要素"或称"规范模态词"（O）是否应该作为独立的逻辑要素单独列出。在该类学者看来，联结法律规则之前件与后件的关联关系同自然事物之间的关联关系具有属性上的不同，其联系词不是"必然"或"是"，而是"应当"。但是，这里的"应当"并不构成独立之构成要素，从某种意义上说，它所体现的是法律后果不同于自然结果的特性。为了展现这种特性，在法律逻辑上一般用 OR 来表示"法律后果"，其中 O 表示广义上的"应当"。它意图表示的是，法律后果是应当的后果，而不是事实上的结果或者说自然结果。因此，$T \to OR$ 的正确理解是（T）→（OR），而不是（T）（$\to O$）（R）⑤。因此，法律规则的逻辑结构可直接表示为 $T \to OR$。其中，T

---

① 魏德士. 法理学 [M]. 丁晓春，吴越，译. 北京：法律出版社，2005.

② AARNIO. The rational as reasonable：a treatise on legal justification [M]. Dordrecht：Reiedal Publishing Company，1986：61-67.

③ 刘杨. 法律规范的逻辑结构新论 [J]. 法制与社会发展，2007（1）：152-160.

④ 龙卫球. 民法总论 [M]. 北京：中国法制出版社，2002：42.

⑤ 雷磊. 法律规则的逻辑结构 [J]. 法学研究，2013（1）：66-86.

表示"构成要件"，OR 表示"法律后果"，→表示不构成独立逻辑要素的"包含或条件关系"。

　　但是，在笔者看来，上述两种逻辑结构忽视了一个重要的理论问题，即"从单独的'是'是推不出'应当'的"[①]。所谓应当，就是通过主体的需要、欲望、目的，从客体的事实属性（"是"）中产生和推导出来的，是主体的需要、欲望、目的与客体的事实属性相互比较的必然结果：客体的事实属性对主体的需要、欲望、目的的实现、满足，达成正价值、善、应当；客体的事实属性有损于主体的需要、欲望、目的的实现、满足，达成负价值、恶、不应当[②]。也就是说，"当为要素"或"规范模态词"（O）的推出必然蕴含着立法者的价值判断，任一法律规则的逻辑构成都必然包含着价值要素。缺少了这一价值要素，"当为要素"或"规范模态词"将不再有存在的理由。因此，法律规则的逻辑结构应表示为：$T \wedge V \rightarrow \mathrm{OR}$。其中，$T$ 表示"构成要件"，V 表示"立法者的价值判断"，$\wedge$ 表示不构成独立逻辑要素的"联结关系"，意指事实构成要同时符合立法者的价值判断，OR 表示"法律后果"，→则表示不构成独立逻辑要素的"包含或条件关系"[③]。

　　关于法律规则的语义结构，最为著名的是芬兰哲学家冯赖特所提出的

[①]　此即著名的休谟命题："关于事实的知识不告诉我们关于事实的价值"。休谟指出："在我所遇到的每一个道德学体系中，我一向注意到，作者在一个时期中是照平常的推理方式进行的，确定了上帝的存在，或是对人事做了一番议论；可是突然之间，我却大吃一惊地发现，我所遇到的不再是命题中通常的'是'与'不是'等联系词，而是没有一个命题不是由一个'应该'或一个'不应该'联系起来的，这个变化虽是不知不觉的，却是有极其重大的关系。因为这个'应该'或'不应该'既然表示一种新的关系或肯定，所以就必须加以论述和说明；同时对于这种似乎完全不可思议的事情，即这个新关系如何能由完全不同的另外一些关系推出来的，也应当举出理由加以说明。不过作者们通常不是这样谨慎从事，所以我倒想向读者们建议要留神提防；而且我相信，这样一点点的注意就会推翻一切通俗的道德学体系，并使我们看到，恶和德的区别不是建立在对象的关系上，也不是仅仅被理性所察知的。"参见：休谟. 人性论：下 [M]. 关文运，译. 北京：商务印书馆，1980.

[②]　张继成. 从案件事实之"是"到当事人之"应当"：法律推理机制及正当理由的逻辑研究 [J]. 法学研究，2003（1）：64-82.

[③]　这里还需回应的一个可能批评是：这个结构是否违反了法律规则的逻辑结构不涉及实质内容的性质？对此的简要回答是，这里的 V 并不涉及任何具体的法律价值，它所表明的是：只有当行为主体的行为事实既符合法律构成要件，又符合立法者的价值判断时，该主体才应当承担特定的法律后果。构成要件、价值判断、法律后果三个逻辑要件共时同构，缺一不可。

"六要素"说。在冯赖特看来，任何法律规范都具有六个要素：性质、内容、适用条件、设立权威、规范行为主体和时机，其中性质、内容和适用条件是规范结构的核心。另外，还有两个实质上属于每个规定，但与上述六个要素在意义上并不等同的要素，即颁布和制裁。规范的性质是指取决于某事应当、可以、不必须或必须被做所造成的效果；规范的内容大致是指应当、可以、不必须或必须去做的事态；适用条件是指实施既定规范内容所必须具备的机会；设立权威是指制定或发布规定的机关；规范行为主体是指设立权威命令、允许或禁止做或者忍受特定事情的人；时机是指适用规定的时间、空间和地点①。

以禁止性行为规范为例，该类法律规范的性质是"不应当"，而非"应当"或"允许"；内容是所禁止的行为或行为类型；设立权威是国家；如果没有特别规定，规范行为主体为所有人民或公民；时机是指规范有效之时空条件，在国家法律的问题上是指其时间与空间的效力；适用条件是指规范内容所指行为得以被实现的情况，如"教室内禁止吸烟"，适用条件即"教室内"，当处于教室内时，此一规范的适用条件即告出现②。

参照冯赖特的做法，拉兹也提出了四种语义结构要素：道义算子、规范主体、规范行为、适用条件。其中，作为道义模态（"应当""必须""可以"等）或规范谓词（"是义务""有权利"）对象的规范内容或规范行为，即某人在某种情形下实施的某种行为是法律规范的核心③。

比照这两种学说可以发现，无论是冯赖特还是拉兹，都没有强调这些要素就足以构成法律规范的完整结构。其实，如前所述，法律规则的语义结构是一种历时性的、实质的动态结构。它以法的内容的设定及其实现为中心，反映的是人们对法律规则的理解和阐释，揭示了各个语义结构要素在法律适用中顺次展开、依次出场的整个运行过程。因此，法律规则的语义结构在表现上必然是一种规则间的糅合，如立法规则、执法规则、守法规则和司法规则中的结构要素的融合。从这层意义上看，可以认为，法律

---

① WRIGHT. Norm and action：a logic enquiry［M］. London：Routledge and Kegan Paul Ltd，1963：70-83.

② 颜阙安. 规范、论证、行动：法认识论论文集［M］. 元照出版有限公司，2004：231.

③ RAZ. Practical reason and norms［M］. Oxford：Oxford University Press，1999：50.

规则的语义结构是一种开放的、不断变化的结构，对其研究必须从具体的法律规则出发，从具体的规范形态中抽象出法律规则的语义结构要素。

然而，无论如何，法律规则的核心内容是不变的，变与不变也是法律的本质特征之一。因此，笔者认为，法律规则的语义要素可以归纳为以下三大类组合：一是行为事实类要素，包括自然事实、作为行为结果的法定事实、行为主体、作为（不作为）、行为客体、法律后果造成者、法律后果接受者等；二是立法价值类要素，包括道义模态、既定价值、立法目的、立法政策等；三是制度规范类要素，包括立法机关、立法权限、立法程序、立法行为、立法结果、制度后果等。这三大类要素在不同的法律规则中呈现不同的形态分布，对其研究需要具体问题具体分析。

（二）法律规则的逻辑结构属于法认识论范畴

法律规则的逻辑结构理论是从逻辑的角度来研究法律规则的结构，属于法认识论范畴。这是因为，逻辑本身是人类认识事物的特殊工具，其服务目的在于分清有效论证和无效论证①，从而区分正确推理和不正确推理②，在本质上属于认识论领域③。同理，法律逻辑也不是法律的实质内容来源，而是一种法律思维的工具，它要求法律人进行法律推理时必须接受特定模式的规制，从而正确地进行法律推理④。而法律规则的逻辑结构，作为一种对法律规则的认知工具，必然也需要围绕构筑正确的法律推理形式这一理性目的而展开。总之，法律规则的逻辑结构所反映的是人类规制自身活动与相互关系的法律认知⑤，要解决的是认识论问题，而非概念论或本体论的范畴。

新旧"三要素"说与"二要素"说围绕"行为模式"这一"不可缺省的核心要素"⑥来建构法律规则的逻辑结构的做法，实质上是试图将法

①　哈克. 逻辑哲学 [M]. 罗毅，译. 北京：商务印书馆，2006：8.
②　柯匹，科恩. 逻辑学导论 [M].11 版. 张建军，等译. 北京：中国人民大学出版社，2007：5.
③　陈波. 逻辑哲学研究 [M]. 北京：中国人民大学出版社，2013：419.
④　塔麦洛. 现代逻辑在法律中的应用 [M]. 李振江，等译. 北京：中国法制出版社，2012：141，148.
⑤　雷磊. 法律规则的逻辑结构 [J]. 法学研究，2013（1）：66-86.
⑥　舒国滢. 法理学导论 [M]. 北京：北京大学出版社，2012：103.

的概念投射到法律规则的逻辑结构上①。而这种投射其实是一种不当投射，即"传统三分说直接以'规范'的'完整结构'为前提，对照出形态的不完整、不独立，获得两类规则联结的理由，而联结的结果却又为承诺或预设之'完整结构'，显然是由前提推出结论，又以结论返证前提，前提与结论同一、自我相关，乃典型的循环论证"②。也就是说，传统的法律规则逻辑结构理论将法概念论的问题迁移到法认识论领域，这就犯了混淆概念、转移论题、循环论证的谬误。因此，无论此种理论的论证多么完美，能解决的问题依然只是规则之间的结构关系，而对阐释何谓"一个抽象法律规则的逻辑结构"所效甚微。

然而，这并不是说以往关于法律规则结构的讨论就毫无价值，换个视角就能发现，从法概念论范畴来讨论的其实是法律规则的语义结构，其背后所反映的是关于法概念研究的语义转向。长期以来，我国关于法律规则的权威定义是"规定法律上的权利、义务、责任的准则、标准，或是赋予某种事实状态以法律意义的指示、规定"③。这里暂且不论法律规则的设立权威是否仅限于国家，法律规则的内容是否仅限于权利、义务和责任等实质问题，而单就这种定义方式本身来看，这种权威定义实际上是在没有界定其属概念（准则、标准、指示、规定）的前提下进行的，除了描述一些表面上的特征，归根结底并没有告诉我们什么是"法律规则"④。这也是种属差定义法的难点所在，"如果我们对于家族的性格只有含糊或混乱的观念，则告诉我们某个东西是族群之成员的定义显然对我们没有帮助"⑤。因此，这种试图通过观察规范现象来概括规范本质属性的主观反映客观的反映论进路是一种艰难且并不十分有效的定义方式⑥。要更好地理解法律规则概念，关键在于把视线从"作为研究对象的法律规则"转移到"作为研

---

① 舒国滢.法哲学沉思录 [M].北京：北京大学出版社，2014：75.
② 韩立收.对法律规范结构的再认识 [J].辽宁公安司法干部管理学院学报，2003 (1)：5-8.
③ 张文显.法理学 [M].3 版.北京：高等教育出版社，2007：117.
④ 张恒山.法律要论 [M].3 版.北京：北京大学出版社，2015：35.
⑤ 哈特.法律的概念 [M].2 版.许家馨，李冠宜，译.北京：法律出版社，2011：14.
⑥ 袁勇.法律规范的权威定义及结构理论之质疑 [J].黑龙江省政法管理干部学院学报，2008 (6)：10-13.

究结果的法律规则"①。也就是说，我们可以通过法律文本内的规范语句所表述的意义来定义法律规则②。

这种法律规则定义的语义学进路有着深厚的语言哲学根基。人是具有语言的生物，语言直接构成人类的存在方式，"我们只能在语言中进行思维，我们的思维只能寓于语言之中"③。无论是人们思维还是表示思想，都离不开语言。从语义学的观点来看，规范是指规范性语言所组成的规范语句所表示的意义（内容）④。其中的规范语句，就是表述当为观念的语句⑤。而法律规则，作为人类思维活动的产物，"并非在讲是什么或不是什么的叙述文句，而是在讲应该是什么或不应该是什么的效力规定或评价规范"⑥。它具有"法律语句"（法条）的语言形式，在语言上只能以语句（或多数语句的综合体）的形式表达⑦，并寓于特定种类的语句之中⑧。在此基础上我们可以认为，所谓法律规则，即为法律文本中规范语句所表述的意义。例如，《中华人民共和国警察法》第十一条规定"为制止严重违

---

① 陈波先生在讨论有关逻辑的话题时提出，区分"作为研究对象的逻辑"与"作为研究结果的逻辑"是特别必要的。作为研究对象的逻辑是外部世界和人类思维所遵循的逻辑，但它究竟是个什么样子，却是一个见仁见智的事情，根本没有办法说清，很难有一个公共平台和出发点；而作为研究结果的逻辑是逻辑学家对前者所做的艰辛探索的结果，具体表现为各种逻辑学说或逻辑系统，是对前者的反映、刻画或重构，它们在本质上是"发现"而非"发明"，因此就有真假对错之分。参见：陈波. 逻辑哲学研究 [M]. 北京：中国人民大学出版社，2013：415-416. 同理，"作为研究对象的法律规则"的本质属性也是一个见仁见智的理论问题，对其把握还是要从"作为研究结果的法律规则"即法律文本入手。

② 阿列克西教授在界定宪法权利规范时认为，与其把宪法权利规范的概念建立在实质结构的基准上，采用注重法规种类和外观的形式基准更为有用。根据形式基准，只要是《德国基本法》"宪法权利"部分明确规定的条文，以及基本法附随这些规定的条文都是宪法权利条文。宪法权利规范就是由这些条文的语句所直接表述的规范。这种关于宪法权利规范的"弱"定义有四个好处：一是它和宪法条文有着尽可能密切的关系；二是不排除其他更为一般化的观点；三是对于任何实体性或结构性论题没有什么预先的偏见；四是基本上包括了一般讨论中对宪法权利有重要意义的全部条款。参见：ALEXY. A theory of constitutional rights [M]. Trans By Julia Rives. Oxford：Oxford University Press，2002.

③ 加达默尔. 哲学解释学 [M]. 黄镇平，译. 上海：上海译文出版社，1994：62.

④ ALCHOURRON. Conflicts of norms and the revision of normative systems [J]. Law and philosophy，1991，10（4）：415.

⑤ ALEXY. A theory of constitutional rights [M]. Trans By Julia Rives. Oxford：Oxford University Press，2002.

⑥ 考夫曼. 法律哲学 [M]. 刘幸义，等译. 北京：法律出版社，2003：153.

⑦ 拉伦茨. 法学方法论 [M]. 陈爱娥，译. 北京：商务印书馆，2003.

⑧ 魏德士. 法理学 [M]. 丁晓春，吴越，译. 北京：法律出版社，2005.

法犯罪活动的需要，公安机关的人民警察依照国家有关规定可以使用警械"，其意义就是针对人民警察的一条行为规则。

然而，这里还有一个重要的问题需要说明：法律文本中的"法律"需不需要事先确定？对这个问题，一个简要的回答是：所有试图厘清法律文本中"法律"一词含义的努力都是在研究"作为研究对象的法律规则"是什么，而如前所述，这种尝试是艰难且低效率的。这里需要的是将研究视角转向"作为研究结果的法律规则"，即只需要存在一个关于法律规则正式渊源的基本共识（典型如制定法），即可在此基础上分析法律文本中的规范语句，进而分析相关的法律规则问题，关于法律规则的结构亦属其中。

法律规则的语义结构是指法律规则表现于法律规范语句中的抽象结构，它蕴含的是法律规则的制定者赋予法律规则的意义、目的和功能意向①。法律规则是法律文本中规范语句所表述的意义，而法律规范语句则是法律规则的载体和表现形式，它的抽象结构反映了人们对法这个概念的理解和阐释，属于法概念论范畴。如新旧"三要素"说背后所隐含的就是围绕"权利—义务"的核心内容要素所支撑起的实质法概念论："行为模式"无非是关于权利义务的规定，规定权利的是权利行为模式，规定义务的是义务行为模式；"假定"无非是权利义务产生、变化、消亡的条件和情形；"法律后果"无非是权利义务合乎要求地实施的后果或未合乎要求地实施的后果。

（三）法律规则的逻辑结构是一种共时性结构

共时性与历时性是一对既相互联系又相互对立的重要范畴②，但对其重要性的发掘始于现代语言大师索绪尔。索绪尔深刻批判了在语言学研究中共时性与历时性的混淆，对共时性与历时性的区分做出了重要贡献，从而开创了影响巨大的结构主义语言学③。有学者评价："索绪尔强调共时性的重要性，以区别于对语言的历时性研究，这具有重大意义，因为这样就

---

① 舒国滢. 法哲学沉思录 [M]. 北京：北京大学出版社，2014.

② 皮亚杰. 结构主义 [M]. 倪连生，王琳，译. 北京：商务印书馆，1984.

③ 索绪尔. 普通语言学教程 [M]. 高明凯，译. 北京：商务印书馆，1999.

承认了语言既具有它的历史范围，也有其当前的结构的属性"①。自索绪尔之后，共时性研究与历时性研究的区分就成为社会科学研究的一种重要的分析方法和验证手段，揭示了不少社会科学研究的误区或歧途②。这对于研究法律规则的逻辑结构具有十分重要的意义。

法律规则的逻辑结构是一种共时性结构。这是因为，逻辑本就属于静态的范畴，它研究的是在一个无时间维度的空间内各个事物之间的推导与蕴含关系，要求的是以一种共时性视角来界定某种存在，而非存在的过程③。此即是说，法律规则各个逻辑要素之间是一种共在关系，其逻辑结构之要义就在于各逻辑要素之间的共时性同构④。而传统法律规则结构理论强调三个要素之间有"逻辑上的必然因果联系"：如果发生了规范的"假定"部分规定的事实状态，则主体之间就会产生"处理"部分所规定的权利与义务关系，而如果义务主体不履行义务侵犯了权利主体的权利时，"制裁"部分的规定就会起作用，违法者承担法律责任以保护主体权利⑤。这种从因果关系来解说法律规则逻辑结构的做法实质上是从"历时性"过程推论"共时性"结构，并未保持逻辑思维的连贯一致而发生了思维的跳跃⑥。

从历时性视角来看，适用于描述和界定事物的整个运行过程的结构是事物的语义结构。它"不是表达手段的结构，而是被表达其意义的事物本身的结构，也就是种种现实的结构，这些现实本身，就包含有它们的价值

① 霍克斯. 结构主义和符号学［M］. 瞿铁鹏，译. 上海：上海译文出版社，1997.
② 如前提与理由的混淆。在探讨道德价值的本质时，有一种主张认为道德的本质可以还原为道德赖以产生的发生学基础，还有一种主张认为道德观点可以归结为物质利益的决定。这两种主张就存在着把价值的经验基础和实证表征（时间在先的前提）同价值本身的内在规定（逻辑前设的理由）相混淆。价值和道德一旦被还原为物质和利益，就必然丧失其自足和自律的性质，从而导致在实践上消解人的道德责任。有学者认为，前提与理由并不等价，至少存在三个方面的区别：一是前提是"先在的"，在时间上先行存在；而理由是"逻辑前设的"，预先赋予事物存在的逻辑合法性，两者同时并存。二是前提是外在的，是事物的支撑者和载体，不具有内在的意义；而理由作为使事物"是其所是"的合法性来源，同事物之间具有必然联系。三是前提是使事物成为现实的条件，理由则是使事物成为可能的根据。参见：何中华. 哲学：走向本体澄明之境［M］. 济南：山东人民出版社，2002. 笔者认为，这里的前提与理由的混淆，实质上是提供理由的事实与理由事实之间的混淆。
③ 雷磊. 法律规则的逻辑结构［J］. 法学研究，2013（1）：66-86.
④ 韩立收. 对法律规范结构的再认识［J］. 辽宁公安司法干部管理学院学报，2003（1）：5-8.
⑤ 孙国华，朱景文. 法理学［M］. 北京：中国人民大学出版社，1999.
⑥ 同④.

和正常的能力"①。就法律规则而言，它的语义结构所反映的是法律调整生活的整个运行，所表现出的是各个语义结构要素在法律适用中顺次展开、依次出场的历时性过程。

（四）法律规则的逻辑结构是一种形式的静态结构

如前所述，法律规则的逻辑结构是一种共时性的，反映人类规制自身活动及一切社会关系的法律认知结构。它关注的是法律规则各个逻辑要素之间的静态结构关系，要求从形式上构筑出法律规则的各个部分，从而使法律推理有效进行。也就是说，法律规则的逻辑结构理论，在本质上是一种对法律规则的认知工具，其目的在于构筑起形式有效的法律推理②。

所谓法律推理，简要说，就是遵守和适用法律规则的过程，即依据大前提认定小前提之效果的过程。因此，任何一种逻辑结构理论要想使法律推理过程形式有效，就必须将规则划分为前件与后件两个部分：一是与小前提所共享的部分，只有具备这个部分，才能认定一个案件事实是否属于规则所针对的案件类型；二是小前提原本没有而需通过推理被赋予的部分，即法律上的评价或效果，这是推理的目标所在。前者是规则遵守和适用的前提，后者是遵守和适用的满足或实现③。此即是说，法律规则逻辑结构理论只需描绘出法律规则的各个部分在形式上的静态关联，而不必显现任何关于法律规则的实质内容。以往学说的最大错误就在于定位上的偏差，即让原本形式的逻辑结构理论承担了内容的重负④。

试图在结构中展现法律规则实质内容的是其语义结构，它关注的是法律规则与主体之间的动态关系，试图展现法律规则对人们行为的指引、评价和规范。也就是说，任何语义结构理论必然以法的内容的设定及其实现为中心。如传统结构理论围绕"行为模式"这一"不可缺省的核心要素"⑤ 来建构法律规则结构的做法，其背后隐含的是"权利—义务"的重要内容范畴。而由于法的内容及其实现并非一成不变的，因此法律规则的语义结构也必然会表现为一种实质的、动态的开放结构。

---

① 皮亚杰.结构主义 [M].倪连生，王琳，译.北京：商务印书馆，1984：55.

② 克卢格.法律逻辑 [M].雷磊，译.北京：法律出版社，2016：2.

③ 雷磊.法律规则的逻辑结构 [J].法学研究，2013（1）：66-86.

④ 同③.

⑤ 舒国滢.法理学导论 [M].北京：北京大学出版社，2012：103.

第二节　法律规范推理中的事实判断：双重因果关系

一、因果关系的两种类型："作用因" VS "目的因"

如前所述，法律规则的逻辑结构为"$T \wedge V \rightarrow OR$"，其中 T 表示"构成要件"；V 表示"立法者的价值判断"；$\wedge$ 表示不构成独立逻辑要素的"联结关系"，意指事实构成要同时符合立法者的价值判断；OR 表示"法律后果"；$\rightarrow$ 表示不构成独立逻辑要素的"包含或条件关系"。具体的展开式为[①]$\forall_x (F_x \wedge V_x) \rightarrow OR_x$，转化为法律语言就是：对任一行为主体而言，当其行为事实具备法律构成要件中的事实要件 F，并且符合法律规范中所蕴含的价值判断 V 时，就应当承担 R 的法律效果。

结合之前所讨论的内容，这里法律构成要件中的事实要件 F 实质上是一个实践差异制造事实。因此，在法律规则的逻辑结构中，实际上包含着两次因果关系判断：一是行为者的行为与行为结果之间的因果关系判断；二是行动者的行为与应承担的法律效果之间的因果关系判断。这两个因果关系判断的性质是不一样的，这点值得注意。

在《判断力批判》中，康德区分了两种先验的因果关系："作用因"与"目的因"。康德认为，"因果联系就其只是通过知性被思维而言，是一种构成（原因和结果的）一个不断下降的系列的联结；而那些作为结果的物是以另外一些作为原因的物为前提的，本身不能反过来，同时又是另外这些物的原因。这种因果联系我们称之为作用因（nexus effectivus）的因果关系。但与此相反，也有一种因果联系却是可以按照某种理性概念（目的概念）来思考的，这种因果联系当我们把它看作一个系列时，将既具有一种下降的依赖关系，又具有一种上溯的依赖关系，在其中，一度被表明是结果的物却在上溯中理应得到它成为其结果的那个物的原因的称号……这样一种因果关系可以称之为目的因（nexus finalis）的因果关系"[②]。

---

① 张继成. 从案件事实之"是"到当事人之"应当"：法律推理机制及正当理由的逻辑研究 [J]. 法学研究，2003（1）：64-82.

② 康德. 判断力批判 [M]. 邓晓芒，译. 北京：人民出版社，2002：221-222.

（一）作用因果关系的特征

作为"作用因的因果关系"具有三个特征：①原因与结果之间的秩序不能颠倒，从逻辑上来说必须是原因在前结果在后，即原因 A→结果 B。②对于任一事件 B 的原因只能在与之不同的另一事件 A 中去寻找，从理论上讲这一追根溯源的过程可以是无限的，但对于任一事件的原因追溯到什么程度要取决于当时的理论兴趣以及技术水平等因素。③这种因果关系具有强烈的"还原论"色彩，即对于任何给定的事件 B 都可以或者把它的存在还原为与之不同的 A 的存在（"本体论的还原"），或者把它的规律或理论还原为与之不同的 A 的规律或理论（"理论的还原"）。

（二）目的因果关系的特征

作为"目的因果关系"则具有如下特征：原因与结果之间的关系是可逆的，既可以是 A→B 也可以是 A←B，它之所以是可逆的并不是由于 B 反过来直接导致了 A，而是由于在 A 与 B 之间的关系中加入了对于"作用因的因果关系"本质上来说并不存在的另一种因素——人的表象能力或欲望能力，即关于 B 的表象（或概念等）把 A 用作达到或实现 B 的手段，所以康德又把这种因果关系称为"理想原因的联结"，而把"作用因"称为"实在原因的联结"①。

（三）作用因果关系与目的因果关系之间的区别

在康德看来，自然科学对自然现象所做出的因果解释就是以作用因的因果模式作为其先验的根据，而人的有意识、有目的的活动则是由目的因构成的。相对于目的因而言，作用因就是"机械性"的，相对于作用因而言，目的因就是"技术性"的。

具体而言，作用因果关系与目的因果关系之间有如下区别②：

（1）作用因关乎主体与客体之间的关系，目的因涉及的是主体与主体之间的关系。前者如常人与天气变化之间的侦查关系，后者如警察与恐怖分子之间的关系。

（2）作用因主要靠的是对外部现象的知觉，而目的因往往需要通过语言（意向性表述）来进行。前者要依赖于对现象的观察，如天气的变化情

---

① 康德.判断力批判 [M].邓晓芒，译.北京：人民出版社，2002：224.

② 陈嘉明."理解"的知识论 [J].哲学动态，2016（11）：69-75.

况等；后者则是通过邮件、电话、登记表、车船票等来获得必要的信息，掌握所需要的证据。

（3）作用因把握的是必然性，目的因针对的是规范性。对前者的研究目的就是把握其规律，如自然科学研究；对后者的研究目的在于告诉人们应当如何做。

（4）作用因仅仅关涉事实，目的因则关乎目的、价值与意义。对于自然事件而言，由于这样的对象并没有高级的意识，因此不会产生目的与价值之类的问题；而人的行动则直接与其目的、价值和意义相关联。

二、行为事实与行为结果之间的作用因果关系

法学是一门实践性很强的学科，法律规范所规制的是人的行为。准确地说，在法律规范判断中包含着两类事实判断，其中之一就是对行为事实和行为结果之间的因果关系判断，这种行为事实与结果之间的因果关系是一种作用因果关系。行为事实和行为结果之间的因果关系逻辑结构可以表示为 $p \Rightarrow q$。此即是说，主体的行为 p 是结果 q 出现的原因[①]。

在现实生活中，结果 q 有四种可能的表现形式[②]：出现（$\neg q \rightarrow q$）；保持（$\neg q \rightarrow \neg q$；$q \rightarrow q$）；消失（$q \rightarrow \neg q$）。因此，主体行为 Sp 与结果 P 之间就可能有以下四种类型的作用因果关系：

（一）行为使结果从无到有

行为使结果从无到有，即 $p \Rightarrow (\neg q \rightarrow q)$。此即是说，在时间相继、空间相近的条件下，主体通过行为 p 使结果 q 出现或者妨碍结果 $\neg q$ 保持。例如，张三本来身体健康，但李四砍了张三一刀使其重伤，李四的行为使得张三受伤的结果出现，或者说妨碍了张三保持身体健康。

（二）行为使结果无法出现

行为使结果无法出现，即 $p \Rightarrow (\neg q \rightarrow \neg q)$。此即是说，在时间相继、

---

① 这里所应用的因果观仍然是传统因果观，在大数据背景下，现代因果观更注重因素之间相互作用过程及其效应之间的关联。也就是说，对因果关系的刻画应该注重展现现有因素及可能因素之间的相互作用以及这些因素所导致的结果（过去、现在或未来）。现代因果观具有更强的解释力，相应的在逻辑刻画上也更为复杂，这里仅为传统因果关系刻画，因此系统也就是相应简洁，但之后应当重新改写。参见：王天思. 大数据中的因果关系及其哲学内涵 [J]. 中国社会科学，2016（5）：22-42.

② 张继成. 法律价值推理的方法及其公理 [J]. 东岳论丛，2005（1）：93-100.

空间相近的条件下，主体行为 p 使结果 $\neg q$ 保持或妨碍了结果 q 的出现。例如，张三在警察执行公务的时候拒不配合，并强烈反抗，张三的不配合行为使得警察在很长时间难以执行公务。

（三）行为使结果从有到无

行为使结果从有到无，即 $p \Rightarrow (q \to \neg q)$。此即是说，在时间相继、空间相近的条件下，主体行为 p 使结果 $\neg q$ 出现或妨碍了结果 q 的保持。例如，张三驾驶车辆在主干道上超速行驶引发车祸，张三的交通肇事行为就使得车祸出现，妨碍了交通秩序的保持。

（四）行为使结果持续存在

行为使结果持续存在，即 $p \Rightarrow (q \to q)$。此即是说，在时间相继、空间相近的条件下，主体行为 p 使结果 q 保持或者妨碍了结果 $\neg q$ 出现。例如，张三在发生火灾时英勇救火，保存了国家财产，没有使国家财产遭受损失。

三、行为结果与立法目的之间的目的因果关系

在行为事实和行为结果之间的作用因果关系之外，法律规范判断包含的另一类因果关系判断是行为结果 q 与立法目的 G 之间的目的因果关系。这里所评价的是行为结果 q 的某种属性 X 与立法者的立法目的 G 之间的关系，同样包含着以下四种类型：

（一）行为结果符合立法目的追求的结果

行为结果符合立法目的追求的结果，即 $Xq \Rightarrow (\neg G \to G)$。此即是说，行为结果 q 具有某种性质 X，它能够满足立法目的 G 所提出的要求，促进立法目的实现。例如，对生活废弃物进行分类放置，能够减少日常生活对环境造成的损害，从而满足保护环境的立法目的要求，塑造美好的生活环境。

（二）行为结果不符合立法目的追求的结果

行为结果不符合立法目的追求的结果，即 $Xq \Rightarrow (\neg G \to \neg G)$。此即是说，行为结果 q 具有某种性质 X，它能妨害立法目的 G 的实现。例如，持械伤人的行为会损害他人生命健康，危害我国刑法保护人民生命财产安全的立法目的的实现。

（三）行为结果使立法目的所期望的状态持续

行为结果使立法目的所期望的状态持续，即 $Xq \Rightarrow (G \rightarrow G)$。此即是说，行为结果 q 具有某种性质 X，它能够使立法目的 G 所期望达到的状态持续。例如，对污染环境、破坏生态的行为进行阻止或检举揭发，有利于减少环境污染、维护社会公共利益，能够使立法目的所追求的社会绿色环保状态持续。

（四）行为结果妨害立法目的所期望的状态持续

行为结果妨害立法目的所期望的状态持续，即 $Xq \Rightarrow (G \rightarrow \neg G)$。此即是说，行为结果 q 具有某种性质 X，它能够妨害立法目的 G 所期望达到的状态持续。例如，乱扔乱倒生活废弃物，严重影响日常生活环境，妨害立法目的所追求的社会绿色环保状态持续。

第三节　法律规范推理中的双重价值判断

一、第一重价值判断：法律应当规制何种行为事实

（一）由事实到价值的判定公理

现代价值论认为①，凡是能满足主体需要、目的、欲望的属性，就是正价值（Vp）；凡是有损于主体需要、目的、欲望的满足、达成、实现的事实属性就是负价值（$\neg Vp$）；凡是既不利于也无损于主体需要、目的、欲望的满足、达成、实现的属性就是零价值（Ip 或称之为中立价值）。

因此，结合之前的内容，具有正价值（Vp）的有：$Xq \Rightarrow (\neg G \rightarrow G)$、$Xq \Rightarrow (G \rightarrow G)$；具有负价值（$\neg Vp$）的有：$Xq \Rightarrow (G \rightarrow \neg G)$、$Xq \Rightarrow (\neg G \rightarrow \neg G)$。行为结果既不能实现或妨碍 G，或者不能使 G 持续或消失，就是具有零价值（Ia）。

（二）由价值到善恶再到规范的转换公理

这里包含着两个转化公理②：

---

① 张继成. 法律价值推理的方法及其公理 [J]. 东岳论丛，2005（1）：93-100.

② 同①.

一是由价值到善恶的转换公理，即具有正价值的就是善的（$Vp = Kp$），具有负价值的就是恶的（$\neg Vp = Ep$）。

二是由善恶到规范的转换公理，即具有正价值的就是应当的，就是在法律上应当肯定、保留、维护、增进的，也就是 $Kp = Op$（O 表示"应当"的规范模态）；具有负价值的就是禁止的，就是在法律上应当否定、消除、贬抑、阻止的，也就是 $Ep = Fp$（F 表示"精致"的规范模态）。

（三）法律应当规制何种行为事实的推导公式

根据上述讨论，我们可以推导出 14 个相关公式。

1. $[p \Rightarrow (\neg q \rightarrow q) \wedge Xq \Rightarrow (\neg G \rightarrow G)] = Vp = Kp = Op$

此即是说，行为事实 P 使得结果 q 出现，并且 q 的属性 X 能够促使立法目的 G 的实现；那么，行为事实 P 就是正价值的，就是善的，就是法律上应当肯定、保留、维护、增进的行为。

2. $[p \Rightarrow (\neg q \rightarrow q) \wedge Xq \Rightarrow (\neg G \rightarrow \neg G)] = \neg Vp = Ep = Fp$

此即是说，行为事实 P 能使结果 q 出现，并且 q 的属性 F 能够妨害立法目的 G 的实现；那么，行为事实 P 就是负价值的，就是恶的，就是法律上应当否定、消除、贬抑、阻止的行为事实。

3. $[p \Rightarrow (\neg q \rightarrow q) \wedge Xq \Rightarrow (G \rightarrow G)] = Vp = Kp = Op$

此即是说，行为事实 P 使得结果 q 出现，并且 q 的属性 X 能够使立法目的 G 所期望的状态保持；那么，行为事实 P 就是正价值的，就是善的，就是法律上应当肯定、保留、维护、增进的行为。

4. $[p \Rightarrow (\neg q \rightarrow q) \wedge Xq \Rightarrow (G \rightarrow \neg G)] = \neg Vp = Ep = Fp$

此即是说，行为事实 P 使得结果 q 出现，并且 q 的属性 X 能够损害立法目的 G 所期望的状态；那么，行为事实 P 就是负价值的，就是恶的，就是法律上应当否定、消除、贬抑、阻止的行为事实。

5. $[p \Rightarrow (\neg q \rightarrow \neg q) \wedge Xq \Rightarrow (\neg G \rightarrow \neg G)] = Vp = Kp = Op$

此即是说，行为事实 P 使得结果 $\neg q$ 保持，并且 q 的属性 X 能够妨害立法目的 G 的实现；那么，行为事实 P 就是正价值的，就是善的，就是法律上应当肯定、保留、维护、增进的行为。

6. $[p \Rightarrow (\neg q \rightarrow \neg q) \wedge Xq \Rightarrow (G \rightarrow \neg G)] = Vp = Kp = Op$

此即是说，行为事实 P 使得结果 $\neg q$ 保持，并且 q 的属性 X 能够损害

立法目的 G 所期望的状态；那么，行为事实 P 就是正价值的，就是善的，就是法律上应当肯定、保留、维护、增进的行为。

7. $[p \Rightarrow (q \rightarrow \neg q) \land Xq \Rightarrow (\neg G \rightarrow G)] = \neg Vp = Ep = Fp$

此即是说，行为事实 P 使得结果 q 消失，并且 q 的属性 X 能够促使立法目的 G 的实现；那么，行为事实 P 就是负价值的，就是恶的，就是法律上应当否定、消除、贬抑、阻止的行为事实。

8. $[p \Rightarrow (q \rightarrow \neg q) \land Xq \Rightarrow (\neg G \rightarrow \neg G)] = Vp = Kp = Op$

此即是说，行为事实 P 使得结果 q 消失，并且 q 的属性 X 能够妨害立法目的 G 的实现；那么，行为事实 P 就是正价值的，就是善的，就是法律上应当肯定、保留、维护、增进的行为。

9. $[p \Rightarrow (q \rightarrow \neg q) \land Xq \Rightarrow (G \rightarrow G)] = \neg Vp = Ep = Fp$

此即是说，行为事实 P 使得结果 q 消失，并且 q 的属性 X 能够使立法目的 G 所期望的状态保持；那么，行为事实 P 就是负价值的，就是恶的，就是法律上应当否定、消除、贬抑、阻止的行为事实。

10. $[p \Rightarrow (q \rightarrow \neg q) \land Xq \Rightarrow (G \rightarrow \neg G)] = Vp = Kp = Op$

此即是说，行为事实 P 使得结果 q 消失，并且 q 的属性 X 能够损害立法目的 G 所期望的状态；那么，行为事实 P 就是正价值的，就是善的，就是法律上应当肯定、保留、维护、增进的行为。

11. $[p \Rightarrow (q \rightarrow q) \land Xq \Rightarrow (\neg G \rightarrow G)] = Vp = Kp = Op$

此即是说，行为事实 P 能使结果 q 保持，并且 q 的属性 X 能够促使立法目的 G 的实现；那么，行为事实 P 就是正价值的，就是善的，就是法律上应当肯定、保留、维护、增进的行为。

12. $[p \Rightarrow (q \rightarrow q) \land Xq \Rightarrow (\neg G \rightarrow \neg G)] = \neg Vp = Ep = Fp$

此即是说，行为事实 P 能使结果 q 保持，并且 q 的属性 X 能够妨害立法目的 G 的实现；那么，行为事实 P 就是负价值的，就是恶的，就是法律上应当否定、消除、贬抑、阻止的行为事实。

13. $[p \Rightarrow (q \rightarrow q) \land Xq \Rightarrow (G \rightarrow G)] = Vp = Kp = Op$

此即是说，行为事实 P 能使结果 q 保持，并且 q 的属性 X 能够使立法目的 G 所期望的状态保持；那么，行为事实 P 就是正价值的，就是善的，就是法律上应当肯定、保留、维护、增进的行为。

14. $[p \Rightarrow (q \rightarrow q) \land Xq \Rightarrow (G \rightarrow \neg G)] = \neg Vp = Ep = Fp$

此即是说，行为事实 P 能使结果 q 保持，并且 q 的属性 X 能够损害立法目的 G 所期望的状态；那么，行为事实 P 就是负价值的，就是恶的，就是法律上应当否定、消除、贬抑、阻止的行为事实。

除了上述 14 种情况之外，还有两种待定的行为，即 $[p \Rightarrow (\neg q \rightarrow \neg q) \land Xq \Rightarrow (\neg G \rightarrow G)]$ 和 $[p \Rightarrow (\neg q \rightarrow \neg q) \land Xq \Rightarrow (G \rightarrow G)]$。这也反映了法律对善恶的态度：鼓励扬善，并坚决除恶。

二、第二重价值判断：行为事实应当赋予何种法律效果

（一）三种行为类型：边际行为、中性行为和容忍行为

前者讨论了法律应当规制何种行为事实，在法律规范判断中，我们还要继续进行第二重价值判断，即行为事实应当赋予何种法律效果。对此，笔者认为，应当先对行为事实予以分类，根据行为事实对立法目的的效用，可以将其分为以下三种行为模式[①]：

一是边际行为 Bp，它是实现立法目的的最低标准。对其作为对实现立法目的至关重要，不作为将导致立法目的不能实现，因此法律规范制定者要求大多数行为主体对其作为。

二是中性行为 Zp，它是实现立法目的的中性标准。对其作为有利于实现立法目的，不作为亦不至于阻碍立法目的的实现，因此法律规范制定者仅要求部分行为主体对其作为。

三是容忍行为 Rp，它是实现立法目的的最高标准。对其作为有利于实现立法目的，不作为亦能为立法者所容忍。

（二）四种法律效果：肯定、奖励、否定、制裁

法律规范的法律效果可以简要地分为肯定性法律效果（Hk）、奖励性法律效果（Hj）、否定性法律效果（Hf）和制裁性法律效果（Hz）四种。其中，肯定性法律效果（Hk）是指法律对该行为表示认可；奖励性法律效果（Hj）是指法律在对该行为表示认可的情形下，对其予以奖励；否定性法律效果（Hf）是指法律对该行为表示否定；制裁性法律效果（Hz）是指

---

① 田君，康巧茹. 从语言逻辑角度对法律规范词"必须"与"应当"的界定 [J]. 自然辩证法研究，1997（增刊）：128-131.

法律在对该行为表示否定的情形下，对其予以制裁。

（三）行为事实应当赋予何种法律效果的基本定理

1. 行为转化为边际行为（Bp）、中性行为（Zp）和容忍行为（Rp）的基本定理，即 $n（p，q，G）\rightarrow Bp、Zp、Rp$

此即是说，将行为归属于边际行为（Bp）、中性行为（Zp）和容忍行为（Rp），需要对行为事实、行为结果和立法目的之实现三者之间的关系进行综合考量。其中，n 是一个新引入的用来权衡 Fq 与 G 之间的联系力度的系数，其值由立法者赋予。此外，对边际行为（Bp）、中性行为（Zp）和容忍行为（Rp）三者所对应的系数区域也有立法者划分。

2. $Bp \rightarrow Hk + Hj$

此即是说，对边际行为 Bp，法律应当对其予以肯定的法律效果，要予以奖励。

3. $\neg Bp \rightarrow Hf + Hz$

此即是说，对边际行为 $\neg Bp$，法律应当对其予以否定的法律效果，要加以制裁。

4. $Zp \rightarrow [Hk + (Hj \vee \neg Hj)] \wedge \neg [Hk + (Hj \vee \neg Hj)]$

此即是说，对中性行为 Zp，法律应当对其予以肯定的法律效果，但是否予以奖励取决于立法者的决策。

5. $\neg Zp \rightarrow [\Diamond Hf \vee \Diamond (Hf \wedge Hz)] \wedge \neg [\Diamond Hf \wedge \Diamond (Hf \wedge Hz)]$

此即是说，对中性行为 $\neg Zp$，法律可能对其予以否定的法律效果，同时还可能在否定的基础之上对其予以制裁。

6. $Rp \rightarrow [Hk + (Hj \vee \neg Hj)] \wedge \neg [Hk + (Hj \vee \neg Hj)]$

此即是说，对容忍行为 Rp，法律应当对其予以肯定的法律效果，但是否予以奖励取决于立法者的决策。

7. $\neg Rp \rightarrow \neg Hf \wedge \neg Hz$

此即是说，对容忍行为 $\neg Rp$，法律既不会对其进行否定，也不会予以制裁。

第四节 立法目的论证的基本形式

一、立法目的论证的重要意义

在本章最后，笔者将以立法目的论证的基本形式探讨作为样例，论述立法论证的方法形式构建是如何进行的①。立法目的在立法过程中起着十分重要的作用。这是因为，相比任何其他人类活动，立法可能更具有目的性②。目的是全部法律的创造者③，每条法律规则的产生都源自某种立法目的，每一种类型的法律都是在诱导或阻遏人们做出某种特定类型的行为④。也就是说，立法是一种有目的性的活动⑤，立法目的不仅是立法的起点，而且贯穿于整个立法过程，并最终体现于立法实效中⑥。

然而，立法目的究竟是如何影响立法者立法活动的，却少有学者论述。笔者认为，知道立法目的的重要性是一回事，知晓立法目的是如何发挥作用的则是另一回事。就本书的研究视角而言，"立法目的是一种重要的立法理由"的观念并不新鲜，不少学者在呼吁给出立法理由时就要求立法者必须对立法目的加以说明，如"立法理由说明，是对于整个立法从立法精神到立法目的，从学说理论到规则来源，从意见分歧到最后立场选择等的全面阐释说明"⑦；但是，立法者是如何从立法目的推导出具体法律规范的，这个重要的立法问题却长期被学者们所忽视，没有很好地回答。就笔者而言，立法目的是以立法理由的形式发挥作用的。此即是说，立法目的一方面作为一种重要的立法理由约束着立法者的立法行动，另一方面又

---

① 除了立法目的论证之外，还有立法事实论证、立法价值论证、权利论证、义务论证、责任论证等重要论证形式需要讨论。这里限于本书篇幅有限，笔者将在后续论著中加以详细讨论。

② 维诺格拉多夫. 历史法学导论 ［M］. 徐震宇，译. 北京：中国政法大学出版社，2012：150.

③ 博登海默. 法理学：法律哲学与法律方法 ［M］. 邓正来，译. 北京：中国政法大学出版社，1999：109.

④ 富勒. 法律的道德性 ［M］. 郑戈，译. 北京：商务印书馆，2005：72-73.

⑤ ESKRIDGE，FRICKEY. Legislation scholarship and pedagogy in the post-legal process era ［M］. Pittsburgh：University of Pittsburgh Press，1986（48）：695.

⑥ 郭道晖. 当代中国立法 ［M］. 北京：中国民主法制出版社，1998：61.

⑦ 米健. 附个立法理由如何 ［N］. 法制日报，2005-08-24（11）.

为立法者的立法主张提供了合理性支持。

要想更好地说明立法目的是如何以立法理由的形式影响立法者立法行动的，我们需要在立法推理的语境中加以讨论。这是因为，任何理由总是为支持某种主张或结论所服务的，而理由对结论的这种支持关系又总是在推理或论证的过程中展现的。立法推理既然被冠以"推理"的名义，就必然不只是一个结论或推断，而肯定会借助立法理由的规范性来证明立法行动的合理性、正当性。因此，无论是立法目的，还是其他各种立法理由，都必然是通过立法推理的方式来影响立法者的立法行动。

二、立法目的论证的一般形式

由于立法推理的结论是规制人的行为，指导人们应该如何去做。因此，从本质上看，立法推理是一种特殊的实践推理。实践推理是指通过理性反思的方式来决定什么是应当做的思维过程，它有两个一般性特点：①它的主题（subject matter）是应该做什么，其目的是要引起一个行动；②实践推理涉及各种理由，实践推理过程必然表现为对各种理由的平衡或选择①。就立法推理②而言，它的特殊性在于其结论是两个"应然"行为。这是因为，法律规范从逻辑结构上看，乃行为规则与裁判规则的结合③。行为规则针对的是现行行为和将行行为，它是规定行为人"应当这样做或那样做"的行为模式之规则；裁判规则针对的则是已行行为，它是规定国家裁判机关应当为行为人违反行为规则的行为附加上一定法律后果④。因而，我们在立法推理实践中所进行的是关于两个"应然"行为的推理：关于行为规则的立法推理和关于裁判规则的立法推理。

然而，仅有上述区分仍然不够，因为就立法而言，其包含着前瞻性立法与弥补性立法两种模式。前瞻性立法是指立法者针对某些社会现象进行了科学预判，为防止可能出现或突发的各种社会问题，而提前对这些社会现象予以规制；但立法并不总是现行的。实际上，立法在大部分时候总是

---

① 徐显明. 法理学原理 [M]. 北京：中国政法大学出版社，2009：176.
② 这里所谈论的是实质性的立法推理，关于程序性立法推理，大致上与一般实践推理的形式相同。
③ 舒国滢. 法哲学沉思录 [M]. 北京：北京大学出版社，2014：94.
④ 张恒山. 法理要论 [M]. 3 版. 北京：北京大学出版社，2015：36-37.

滞后于社会关系或社会现象的发展，为了规制这些已经造成一定社会影响的社会现象，就必须进行弥补性立法，以保障社会的持续稳定发展。由此，也可以看出立法者在前瞻性立法与弥补性立法模式中所进行的立法推理过程是不同的，我们可以称之为事前立法推理和事后立法推理两种形式。

此外，还必须加以说明的是，实践推理可以分为两种不同的基本类型：目的论的实践推理（teleological conceptions of practical reasoning）和行动导向的实践推理（action-oriented conceptions of practical reasoning）。目的论的实践推理旨在通过表明行动、政策和品格等对于特定目的是构成性或工具性的，从而证明它们是合理的[①]。就立法目的推理而言，其一般推导形式如下：

一是基于立法目的的事前立法推理的一般形式。

行为规则的推导过程：

前提一：存在立法目的 G[②]。

前提二：S 做行动 P 是实现 G 的一个手段（理论上成立的实践思虑特性）。

前提三：S 做行动 P 有损于 G 的实现（理论上成立的实践思虑特性）。

结论：S 应当（不应当）做 P。　　　　　　　　　　　（结论6-1）

裁判规则的推导过程：

前提一：存在 S 应当（不应当）做 P 的行为规则。

前提二：存在 S 不做（做）P 的行为事实，即存在 S 违反行为规则的事实。

前提三：对 S 赋予法律效果 N 是实现立法目的 G 的一个手段。

结论：应当对 S 赋予法律效果 N。　　　　　　　　　　（结论6-2）

结论6-1和结论6-2共同表达了基于立法目的的事前立法推理的一般形式。就结论6-1而言，它表明的实质上是一种价值判断的推导过程。价

---

① NEIL. Towards justice and virtue：a constructive account of practical reasoning ［M］. Cambridge：Cambridge University Press，1996：49.

② 在实际立法实践中，可能存在很多立法目的 $G1$，$G2$，…，Gn，这里的 G 表示其中最有分量的那个。虽然关于分量如何确定存在着广泛争议，但如本书之前所做的限定，这里预设立法者关于最具分量的 G 有了一个短暂的共识。

值论原理告诉我们，善与恶其实就是客体的事实属性对主体需要、目的、欲望的效用性①。因此，只有符合立法者之立法目的的行为才是善的、好的，是我们应当去做的；而损害立法目的实现的行为则是恶的、坏的，是我们不应当去做的。这里还需要注意的是，由于事前立法推理发生在前瞻性立法中，是对尚未发生的行为予以规制，故此，这里对行为人之行为事实的价值判断仅需具有理论上成立的实践思虑特性即可。此即是说，由于行为人的行为还未发生或影响还未显现出来，具有如何的社会影响尚难把握。此时，立法者只要能通过经验、科学技术等手段在理论上推导出行为人的行为事实符合或有损于立法目的，就可以规定行为人应当或不应当做某种行为。

结论 6-2 表明了裁判规则所针对的是行为人已发生的违反行为规则的事实。在立法实践中，法律效果 N 可分为确认性法律效果、否认性法律效果和制裁性法律效果②。裁判者应当为行为人赋予何种法律效果，还是要依据何种手段更有利于立法目的的实现而决定。由此也可以看出，立法目的在立法过程中具有价值评价与整合的功能，引导着立法者齐心协力向共同目的迈进。

二是基于立法目的的事后立法推理的一般形式。

行为规则的推导过程：

前提一：S 做（不做）P 会造成后果 M（实践上成立的实践思虑特性）。

前提二：M 具有某种性质 F。

前提三：F 符合（有损于）立法目的 G。

结论：S 应当（不应当）做 P。   （结论 6-3）

裁判规则的推导过程：

前提一：存在 S 应当（不应当）做 P 的行为规则。

前提二：存在 S 不做（做）P 的行为事实，即存在 S 违反行为规则的事实。

① 张继成.从案件事实之"是"到当事人之"应当"：法律推理机制及其正当理由的逻辑研究 [J].法学研究，2003（1）：64-82.

② 舒国滢.法哲学沉思录 [M].北京：北京大学出版社，2014.

前提三：对 S 赋予法律效果 N 是实现立法目的 G 的一个手段。

结论：应当对 S 赋予法律效果 N。 （结论6-4）

结论6-3和结论6-4共同表达了基于立法目的的事后立法推理的一般形式。从结论6-3可以看到，与事前立法推理不同，这里对于行为人之行为事实的价值判断需要具有实践上成立的实践思虑特性。这是因为，事后立法推理是发生在弥补性立法模式中，此时行为人的行为事实具有什么样的社会影响，立法者可以在社会实践中得到一个直观的判断：当行为人的行为事实符合立法目的时，法律才会认可行为人应当如此去做；当行为人的行为事实有损于立法目的的实现时，法律就会禁止行为人如此去做。

从结论6-1和结论6-4可以看出，基于立法目的的事前立法推理与事后立法推理在推导裁判规则的过程中，具有相同的逻辑推导过程。这是因为，裁判规则是法律规范有别于宗教规范、道德规范等其他规范的本质性差异，也是法律强制性的重要体现。法所规范的是具有重大社会效用的行为，这就决定了法不能不具有各种强制性：从最弱的舆论强制到最强的肉体强制①。事前立法推理与事后立法推理的不同主要在于行为事实是发生在立法之前还是在立法之后。而无论行为规则如何制定，一旦行为人违反了行为规则，就必须承担相应的法律后果。因此，无论在何种立法推理形式中，关于裁判规则的推导都依循着相同的推导过程。

三、立法目的论证的扩展形式

前面我们讨论了基于立法目的的立法推理之一般形式，但那仅是关于基于立法目的的立法推理的极为简化的过程，在实际的立法实践中，我们需要讨论更复杂一些的推理形式，即基于立法目的的事前立法推理的扩展形式。

目标前提：存在立法目的 G。

价值前提：G 被立法者价值集 V 支持。

备选前提：行动（P_1，P_2，…，P_n）对于实现 G 是充分（或必要）的。

选定前提：对于守法者 S 而言，P_i 是可以接受的。

---

① 王海明. 新伦理学（修订版）：上册 [M]. 北京：商务印书馆，2008：334.

实践前提：S 做 P_i 可能实现。

权衡前提：对立法者而言，实现 G 比 S 不做 P_i 更有价值。

结论：S 应当做 P_i。　　　　　　　　　　　　　　　　　（结论 6-5）

就结论 6-5 而言，我们可以看到，任一立法目的都是由一定的价值集所支持，如公平、正义、民主等，这些价值理由体现了立法理由具有多样性的特征；而备选前提指的是对于某个立法目的，存在着多种实现手段。这种手段的选取，一方面必须是行为人可以接受的，另一方面也必须是在实践中可能实现的（具备理论上的实践思虑特性），这里体现了立法理由的可比较性与现实可能性的特征。权衡前提则表示某一行为事实可能符合某一立法目的但有损于另一个立法目的，此时，只有通过立法者的权衡取舍，才能决定到底是应该规定行为人当为，还是可为，或者禁为。这里也体现了立法理由可被权衡的特性。

基于立法目的的事后立法推理的扩展形式：

实践差异前提：S 做 P 会造成实践差异事实 M_1，M_2，…，M_n。

目标前提：存在立法目的 G。

价值前提：G 被立法者价值集 V 支持。

备选前提：实践差异事实（M_1，M_2，…，M_n）对于实现 G 是充分（或必要）的。

选定前提：对于立法者而言，M_i 是可以接受的。

权衡前提：对立法者而言，实现 G 比 S 不做 M_i 更有价值。

结论：S 应当做 P。　　　　　　　　　　　　　　　　　（结论 6-6）

结论 6-6 表示的是基于立法目的的事后立法推理的扩展形式。与结论 6-5 相比较，差异就在于结论 6-5 是基于理论上可能出现的实践差异事实而推导，而结论 6-6 则是基于实践中的实践差异事实而推导。因此，它们的另一个显著差异就在于结论 6-5 的行动需要具有现实可能性，且能被守法者所接受；而结论 6-6 则要求行为人的行为事实所造成的实践差异事实能被立法者所接受。可接受性是法律取得实际效用的根本保证，也是法律生命力的根本所在[①]。不能被守法者所接受的法律规范，不可能得到守法

---

① 张继成. 可能生活的证成与接受：司法判决可接受性的规范研究 [J]. 法学研究，2008（5）：3-22.

者的认同和遵循；而不能被立法者所接受的行为事实，则不可能具有成为法律的可能性。

四、进一步讨论空间

上述几个结论展示了基于立法目的的立法推理的一般推导过程和复杂推导过程，但这里的讨论实质上并未完成，因为我们还未涉及各种类型的立法理由，如规范性立法理由与驱动性立法理由，表见性立法理由、初步正当化立法理由和完美立法理由，一阶立法理由与二阶立法理由等。在笔者看来，几乎每一种类型的立法理由都对应着一种或多种其他基于立法目的的立法推理形式，这里基于篇幅所限，不能一一展开，只能留待以后进行。

第五节　本章小结

本章通过对法律规则逻辑结构和语义结构的对比分析，基本上澄清了法律规则结构与法律规则之间结构的差异。法律规则的逻辑结构属于法认识论范畴，是一种共时性、静态的形式结构，不涉及法律规则的任何实质内容，反映的是法律规则本质上的抽象结构。具体而言，法律规则的逻辑结构为"$T \wedge V \rightarrow OR$"。这里的 T 表示"构成要件"；V 表示"立法者的价值判断"；$\wedge$ 表示不构成独立逻辑要素的"联结关系"，意指事实构成要同时符合立法者的价值判断；OR 表示"应然的法律后果"；$\rightarrow$ 表示不构成独立逻辑要素的"包含或条件关系"。

从法律规则的逻辑结构可以看出，法律规范判断包含了双重因果关系判断和双重价值判断。其中，行为人行为事实与行为结果之间的法律规范判断属于作用因果关系判断，这也是第一次事实判断，它包括四种主要类型：①行为使结果从无到有；②行为使结果无法出现；③行为使结果从有到无；④行为使结果持续存在。法律应当规制何种行为事实则是第一次价值判断，它包含了两条公理：由事实到价值的判定公理；由价值到善恶再到规范的转换公理。行为事实与法律效果之间的法律规范判断属于目的因果关系判断，这也是第二次事实判断，它亦包括四种主要类型：①行为结果符合立法目的追求的结果；②行为结果不符合立法目的追求的结果；③行为结果使立法目的所期望的状态持续；④行为结果妨害立法目的所期望的状态持续。而对行为事实应当赋予何种法律效果则是第二次价值判断，它主要包括了对边际行为、中性行为和容忍行为三种行为类型赋予四种法律效果（肯定、奖励、否定、制裁）的推导定理。在把握此双重事实判断和双重价值判断的基础之上，笔者初步构建了一个关于立法理由推导的公理系统，并在第四节简要探讨了立法目的论证的一般形式和扩展形式，对于立法事实论证、立法价值论证、权利论证、义务论证、责任论证等重要论证形式留待以后继续讨论。

第七章　立法后评估的实践方法

　　立法评估是我国现行立法体系的有机组成部分，是提高立法质量与效率的制度和机制保障；是推进科学立法、民主立法、依法立法，以良法促进发展、保障善治的重要手段；是推进依法行政、加快建设法治政府，充分保障公民、法人和其他组织合法权益的有力保障；是加强普法宣传，营造良好法治氛围的重要途径。立法评估一般分为立法前评估、立法中评估和立法后评估三种类型，其中立法后评估在立法实践中应用最为广泛。在本章，笔者将以自己主持的《衡阳市南岳区综合管理条例》（以下简称《条例》）立法后评估项目为实例，简要论述立法后评估方法在具体立法实践中是如何运用的。

第一节　《条例》的立法基本情况简介

一、《条例》的立法背景

　　五岳独秀的南岳衡山，既是国家级风景名胜区，又是全国重要的宗教圣地。然而，随着南岳区旅游经济的快速发展，各种问题和矛盾也不断涌现。2015 年 10 月，湖南省衡阳市人大立法调研组赴南岳实地调研了解到，衡山景区内仍然住着 2 000 余名村民，许多村民从事住宿、餐饮行业，并超面积、超高度违规建房，破坏了景区整体风貌和地表植被。2013 年 9 月建成的兴隆水库是南岳区的主要饮用水水源，但在水库上游的山岭沟壑之间却陆续开办了 30 余家"农家乐"。这些"农家乐"直排的餐厨垃圾、污水等严重影响了兴隆水库的水质，威胁着南岳区全体居民的用水安全和身体健康。此外，其他诸如建房私搭乱建、车辆违章通行、商家违规经营、损害游客权益、随意污染环境等治理问题亦层出不穷，再加上执法体制不畅、执法力量薄弱等因素掣肘，已经严重制约了南岳区的旅游、经济、人文、环境等发展。

2016 年衡阳市统计局的问卷调查结果显示，广大民众对损害南岳形象的各类违法违规行为意见很大，强烈要求立法予以规范。顺应民众的呼声，在 2016 年举行的衡阳市第十四届人大五次会议上，南岳区代表团提出了关于加强南岳旅游区综合管理的建议，市人大常委会主任会议报经市委同意，遂将该建议列入 2016 年的立法计划。

二、《条例》的出台历程

根据《中华人民共和国立法法》第八十一条"设区的市的人民代表大会及其常务委员会根据本市的具体情况和实际需要，在不同宪法、法律、行政法规和本省、自治区的地方性法规相抵触的前提下，可以对城乡建设与管理、生态文明建设、历史文化保护、基层治理等方面的事项制定地方性法规，法律对设区的市制定地方性法规的事项另有规定的，从其规定。设区的市的地方性法规须报省、自治区的人民代表大会常务委员会批准后施行"的规定，衡阳市人大制定了《条例》。《条例》是衡阳市建市以来制定的第一部地方性法规，体现了衡阳对南岳旅游发展的高度重视，也体现了"依法治区、依法治旅"的内在要求，对南岳的全域旅游发展和优化旅游环境有着良好的促进作用。

2016 年 2 月中旬，南岳区成立了《条例》起草工作领导小组，于当年 5 月底完成了起草工作，并向市政府报送了《条例》文本初稿。在政府起草、审查和审议《条例》过程中，市人大法制委和城环资委、市政府法制办、南岳区起草组始终坚持问题导向，做了大量走访调查、调研论证工作。先后调研走访南岳区餐饮经营户和景区居民 100 余人，实地察看 5 次，通过衡阳市党政门户网、衡阳市人大网 2 次向社会公开征求意见，在全市范围内开展 1 次问卷调查，召开 1 次立法听证会、2 次专家论证会、80 余次座谈会，对 2 000 余个对象开展了民意调查，对《衡阳市南岳旅游区综合管理条例（草案）》（以下简称《条例（草案）》）文本进行了 20 余次修改，从而使《条例（草案）》内容不断得到完善。2016 年 7 月 14 日，衡阳市人民政府向市人大常委会提出了《关于提请审议条例（草案）的议案》。

2016 年 8 月 31 日上午，衡阳市第十四届人大常委会第二十九次会议首次审议了衡阳市第一部地方性法规——《衡阳市南岳旅游区综合管理条例（草案）》，标志着衡阳市首部地方性法规正式进入了市人大的立法审议程序。市第十四届人大常委会组成人员分成两组进行审议，就《条例（草案）》的名称和适用范围、规范农民建房、饮用水源保护、环境污染防治、车辆通行管理、经营活动管理、宗教场所管理等一系列问题，广泛展开讨论。市人大常委会法工委根据一审审议意见，进一步广泛征求各方意见和建议，进行了多次修改完善，将名称修改为《衡阳市南岳区综合管理条例（草案）》，完整了体例，形成二次审议稿。

2016 年 9 月 22 日，衡阳市第十四届人大常委会举行第三十次会议，审议市人大法制委员会关于《条例（草案）》修改情况。会上，衡阳市第十四届人大常委会组成人员就规范农民建房、饮用水源保护、景区车辆管理、法律责任等一系列问题进行审议并展开讨论。会后，市人大法制委对《条例（草案）》做了进一步修改和完善，形成了三次审议稿。

2016 年 10 月 28 日，市第十四届人大常委会第三十一次会议对《条例（草案）》进行了第三次审议，并表决通过了《条例（草案表决稿）》。10 月 31 日，市人大常委会将《条例》提请省人大常委会审查批准。

2016 年 12 月 2 日，《条例》经湖南省第十二届人民代表大会常务委员会第二十六次会议审查批准通过，并于 2017 年 3 月 1 日起正式施行，这标志着衡阳建市以来的第一部地方性法规正式诞生。

三、《条例》的规范结构

《条例》属市级地方性法规，总共 6 章，分为 34 条，涉及南岳区行政区域内的行政执法体制、村（居）民建房、集中供水饮用水水源保护、葬坟、防火安全、车辆管理、市场秩序、环境卫生、绿植保护 9 个方面内容，针对该区现行管理工作中的突出问题，规定了相应的解决措施，具有鲜明的地方特色，实用性较强。

第一章"总则",共五条,即第一条至第五条,主要从宏观方面规定了《条例》的立法目的、适用范围和适用原则等。

第一条为立法目的。《条例》旨在加强和规范衡阳市南岳区的综合管理工作,提高管理水平。

第二条为适用范围。《条例》适用于南岳区行政区域内的规划建设、城乡管理和环境保护等活动,符合《中华人民共和国立法法》对市级立法范围的要求,也对南岳区综合管理事务进行了定位和细分。

第三条为适用原则。明确了南岳区综合管理的基本原则,即以人为本、优化管理、统筹协调、公众参与。以人为本原则要求:南岳综合管理首先要以游客为本,对有损游客利益,危害游客人身财产安全的事项必须是综合管理的首要事项;其次还要以南岳村居民为本,在规划建设、城乡管理和环境保护中,村居民反映较多的事项,也应当是综合管理的重点。优化管理原则要求:在全域旅游、大众旅游和新型城镇化的时代大背景下,游客及市民对旅游环境和城市环境的要求越来越高,传统的管理手段和管理方式已不能完全满足发展的需要,这要求综合管理部门在管理过程中不断优化管理理念,充分利用云计算、大数据和互联网等现代科技手段,不断优化管理方式。统筹协调原则要求:由于综合管理覆盖了南岳"城景乡"三个区域,每个区域的管理重点与难点各不相同,需要在管理过程中科学分析三个区域的特点,实事求是、精准发力,确保三个区域管理协调推进。此外,综合管理涉及规划建设、城乡管理和环境保护三个事项,也需要统筹兼顾,不能眉毛胡子一把抓。公众参与原则要求:综合管理与游客和本地村居民息息相关的身边事,充分调动游客和村居民参与管理的积极性,从而形成"人人参与、人人尽力、人人共享"的局面。

第四条为监管主体。衡阳市人民政府统筹规划、科学指导、领导和监督南岳区综合管理工作。南岳区人民政府建立和完善综合管理协调机制,督促相关部门依法履行职责,共同做好南岳区综合管理工作。

第五条明确了综合管理中行使行政处罚权的单位为南岳区行政管理综合执法局,同时也明确了该局行使行政处罚权的范围。该局获得行政处罚权法律依据为《中华人民共和国行政处罚法》第十八条"国务院或者省、自治区、直辖市人民政府可以决定一个行政机关行使有关行政机关的行政处罚权。限制人身自由的行政处罚权只能由公安机关和法律规定的其他机关行使"，即行政处罚权相对集中。文件依据为《湖南省人民政府关于在南岳区开展相对集中行政处罚权工作的批复》。

第二章"规划建设"，共四条，即第六条至第九条，主要规定了南岳行政区内的土地规划制度。

第六条对南岳衡山风景名胜区的土地规划做了重点保护，严禁任何单位和个人擅自变更禁止建设范围和控制建设范围，防止破坏历史文化资源和自然资源。

第七条规定南岳衡山风景名胜区禁止建设范围内的禁止性规定和例外规则。同时，基于景区旅游经济规划要求，赋权管理部门调整景区禁止建设范围和控制建设范围内现存建（构）筑物的行政权力，并明晰了行政补偿措施和行政处罚措施。

第八条规定了控制建设范围内建设项目的行政许可、用地范围、建设限定标准等事项。

第九条规定了南岳区内的建（构）筑物、公共设施的建设和修缮，应当保持历史文化风貌，与景观环境相协调，体现地方特色。

第三章"城乡管理"，共八条，即第十条至第十七条，主要规定了南岳行政区内交通、宗教、经营、旅游、停车、殡葬及养宠等管理制度。

第十条规定了南岳区道路交通的一般要求和禁止事项，禁止摩托车、电动车和其他非营运车辆从事客运经营活动。其主要依据《中华人民共和国道路运输条例》第六十三条"违反本条例的规定，有下列情形之一的，由县级以上地方人民政府交通运输主管部门责令停止经营，并处罚款；构成犯罪的，依法追究刑事责任……（二）未取得道路运输经营许可，擅自从事道路客运经营，违法所得超过 2 万元的，没收违法所得，处违法所得 2 倍以上 10 倍以下的罚款；没有违法所得或者违法所得不足 2 万元的，处 1 万元以上 10 万元以下的罚款……"。

第十一条规定了景区车辆通行证制度，对景区内的公共交通空间进行统筹规划，减少景区内车辆承载负荷，从而保障游客的旅行安全，并加强其南岳旅游体验。

第十二条规定了景区内宗教活动场所的注意事项，重点保障场所的消防安全和文物保护等事项。

第十三条规定了风景名胜区内的餐饮、住宿、商品销售、摄影摄像等经营服务网点必须符合相关规划，按照核准登记的经营范围和地点进行经营活动的义务。

第十四条对南岳区内的旅游秩序进行了法律保护，禁止了五类严重损害游客合法权益的行为，具有极强的针对性，很好地保护了游客的合法权益，维护了南岳的旅游秩序。

第十五条规范了南岳区内公共泊车位、休憩场所等公共资源的使用规则，规制的行为包括临街门店或流动人员强占公共停车位或人行道等公共设施，收取停车费或者驱赶不买香的游客车辆，妨碍公众对公共资源的正当使用的行为；临街门店在道路或公共区域私划停车泊位，侵占公共资源，影响公共秩序的行为。如个体工商户私占公共资源的行为同时违反了《旅游景区个体工商户监督管理办法》，仍可按照该办法给予处罚。

第十六条规范了南岳区内的殡葬事宜，一方面禁止在风景名胜区、集中供水饮用水水源保护区建坟、修墓、立碑；另一方面则要求南岳区人民政府应当在风景名胜区和集中供水饮用水水源保护区范围之外划定公墓区，妥善安置辖区内的殡葬活动。

第十七条规范了南岳区内的饲养宠物事宜，重点对犬类宠物的饲养和活动范围进行了规制。

第四章"环境保护"，共六条，即第十八条至第二十三条，主要规定了南岳行政区内环境保护相关制度。

第十八条对南岳区内的水源进行法律保护，明确要求南岳区人民政府及水行政主管部门履行水保护职责。

第十九条集中规范了被管理人在集中供水饮用水水源保护区内的遵守义务，禁止了四类可能污染饮用水水体的行为。

第二十条规定了南岳风景名胜区内的森林防火制度，重点对公民吸烟行为进行了规制。

第二十一条规范了南岳区内可能产生有毒有害气体、噪音、废水、废气或固体废弃物等危害环境生态的经营行为，此外还规定宗教活动中的燃香类产品应当明码标价并符合国家标准和湖南省地方标准，禁止哄抬物价、扰乱市场秩序。

第二十二条规定了机动车清洗和维修场所的经营义务，一是必须依法批准设立；二是必须配置污水、废液沉淀处理设施；三是禁止向市政污水管网和路面排放污水、废液。

第二十三条对城市公共景观资源做了法律保护，禁止任何单位和个人擅自破坏城市公共绿化环境资源。

第五章"法律责任"，共十条，即第二十四条至第三十三条，主要规定了南岳行政区内违反《条例》所应承担的法律责任以及执法主体。

第二十四条规定了违反《条例》第七条第一款、第八条规定的法律责任和执法主体、执法依据等事项。

第二十五条规定了违反《条例》第十一条第一款规定的不同法律制裁方式，伪造、变造景区车辆通行证行为和转让、转借车辆通行证行为两者的行为危害程度不同，因而相应的法律责任也分别设置。

第二十六条规定了违反《条例》第十四条，损害游客合法权益、破坏景区旅游秩序的五类违法行为所应承担的法律责任。

第二十七条规定了违反《条例》第十五条，违法使用南岳区内公共泊车位、休憩场所等公共资源的违法行为所应承担的法律责任。

第二十八条规定了违反《条例》第十六条第一款规范殡葬行为相关规定的法律责任和行政处罚事项。

第二十九条规定了违反《条例》第二十条森林防火制度相关规定的法律责任和行政处罚事项。

第三十条规定了违反《条例》第二十二条违规经营机动车清洗与维修场所的法律责任和行政处罚事项。

第三十一条规定了违反《条例》第二十三条城市公共绿化环境资源保护制度相关规定的法律责任和行政处罚事项。

第三十二条规定了南岳区综合管理人员依法行政、依法治区的法律责任，同时赋予了行政相对人的救济权利，在合法权益受侵害后可以依法要求国家赔偿。

第三十三条规定了行政处罚法律冲突协调和一事不再罚规则，一是对于其他法律、法规已有处罚规定的行为，依其处罚；二是对于已经依照相关法律、法规处罚的行为，不再依照《条例》进行处罚。

第六章"附则"，即第三十四条，规定了本《条例》的合法性来源及正式生效的时间。

第二节 《条例》立法后的评估量化指标体系建设

一、《条例》立法后量化评估的总体安排

以习近平新时代中国特色社会主义思想为指导，深入学习贯彻习近平法治思想，全面贯彻落实党中央决策部署和省委、市委工作要求，坚持科学立法、民主立法、依法立法，切实提升立法质量和效率，根据衡阳市人大常委会2022年工作安排，衡阳师范学院法学院地方立法研究中心于2022年5月接受衡阳市人大常委会法制工作委员会的委托启动了《条例》立法后评估工作。《条例》经湖南省第十二届人民代表大会常务委员会第二十六次会议审查批准通过，并于2017年3月1日起正式施行，在推进衡阳市依法治市、补齐旅游经济短板、建设"五个新衡阳"等重要领域起到关键的促进作用，在衡阳市民主法制建设进程中刻下深深的历史烙印。然而，随着社会经济文化环境的发展，根据党中央和国务院的最新部署要求与政策精神，《条例》中现有的相关制度规定是否适应衡阳市整体发展状况和南岳区旅游经济文化环境的当前需要，还有待深入评估和考察。

经过评估小组多次商议，本次《条例》立法后评估工作将分为立法后分项具体量化评估和立法后总体情况量化评估两步进行。首先根据《条例》内容制定出分级分项具体量化评估指标体系，以此来仔细梳理《条例》立法文本以及立法后实施过程中存在的问题并剖析原因。在立法后分级分项具体量化评估的基础之上，评估组将进一步对《条例》立法后的整体实施情况做综合性评估，从立法目的的实现程度、主要规定的落实情况、对社会管理的促进作用、社会的认可度四个方面对《条例》的立法后实效进行总体评价，从而准确地评价《条例》立法后的具体评估等级，并依据具体情况给出科学客观的修订建议。

二、《条例》立法后分项具体量化评估指标体系说明

地方立法后评估量化指标体系是指基于立法学基本原理而设计出来的评估模型，是具有一定的逻辑顺序和一定层次结构的有机整体，是根据评估所需要的精确度逐级分解赋权而形成的具有一定的逻辑结构，包括指标的遴选、指标的分层、指标的权重分配等一整套技术参数的标准体系。简要而言，地方立法后评估指标体系是对地方立法后评估指标的细化探索和体系建构。因此，地方立法后评估指标体系的确立，必须遵循地方立法评估的基本原则及其内在的特有规律，同时还必须符合法律体系内部的逻辑性、体系性。

从当前相关文献研究情况的梳理来看，我国目前并没有统一的地方立法后评估标准，因而也就没有放之四海而皆准的地方立法后评估指标体系。就此而言，在地方立法后评估指标体系的构建过程中必须要保留一定的开放性和灵活性，以便根据评估对象的特点和实践需要做出相应的调整和细化。具体而言，地方立法后评估指标体系的设计，必须从实际出发，充分考虑具体评估要求和显示条件约束，包括综合考虑评估成本、评估难度、评级人员的技术成熟度、信息采集需要耗费的时间人力资源等因素。

在此次《条例》立法后评估过程中，评估小组根据各地制度实践经验，结合衡阳市地方立法后评估实际，经过小组全体成员多次商议，确定以合法性、合理性、协调性、规范性、操作性、实效性6个指标作为本次《条例》立法后评估的一级标准。在此基础上，评估小组对上述6个一级指标进一步细化为26项二级指标和73项三级指标，以完成本次《条例》立法后评估指标体系的构建。

具体而言，此次《条例》的立法后评估核心指标按百分制量化，各部分的权重为：合法性15%、合理性25%、协调性5%、规范性5%、操作性25%、实效性25%，满分为100分。一般来说，评估分值低于60分的，被评估的法规规章应当提请地方立法机关及时进行全面修改或废止；评估分值90分以上的，被评估的法规规章应当维持或提请地方立法机关对个别条款进行修改；评估分值在60~90分的，被评估的法规规章应当提请地方立法机关适时进行部分修改。

三、《条例》立法后总体评估量化等级以及标准说明

在此次《条例》立法后评估过程中，评估小组根据各地制度实践经验，结合衡阳市地方立法后评估实际，经过小组全体成员多次商议，确定从立法目的的实现程度、主要规定的落实情况、对社会管理的促进作用、社会的认可度四个方面进行总体评价，具体评估等级及标准如表7-1所示。

表7-1 《条例》立法后评估等级及标准

评估项目	总体评价				
立法目的的实现程度	已经实现 □	基本实现 ☑	实现度不高 □	基本没有实现 □	没有实现 □
主要规定的落实情况	全部落实 □	多数落实 ☑	少数落实 □	少数基本落实 □	没有落实 □
对社会管理的促进作用	积极的规范促进作用 ☑	一定的规范促进作用 □	较少的规范促进作用 □	基本没有规范促进作用 □	没有规范促进作用 □
社会的认可度	高 □	较高 ☑	不高 □	较低 □	很低 □
评估结论	优秀 □	良好 ☑	一般 □	较差 □	差 □
处理建议	无须修订 □	适时修订 ☑	尽快修订 □	废止 □	制定新法 □

备注：若《条例》评估过程中的立法目的的实现程度、主要规定的落实情况、对社会管理的促进作用、社会的认可度四项中存在一项或多项的具体评价较差，则评估结论为较差或差。造成此种情况之原因主要是当前相关上位法的制定、修改或废止，社会发展情况变化，机构职能划转等客观因素。这并不意味着法案起草者需要承担责任，仅是法案现已难以适应现实社会发展实际需要，特此说明。

第三节 《条例》的合法性量化评估

一、合法性评估指标设置

一般而言，合法性标准可以细化为立法依据合法、立法权限合法、立法内容合法、立法程序合法等具体指标。其中，立法依据合法标准主要评估法规规章的依据是否发生变化；立法权限合法标准主要评估法规规章是否在立法主体的立法权限之内；立法内容合法标准的范围相对广泛，主要评估与上位法的原则和精神是否一致，有无与上位法相冲突的具体内容，以及所依据的上位法已修改，是否及时更新等；立法程序合法标准主要评估法规规章制定程序是否合法，地方立法后评估一般不做考察。

在实际评估中，评估小组既要在宏观层面考察有关地方立法有没有与宪法、法律及行政法规的立法精神和具体条文产生抵触，也要在微观方面分析创设的行政许可、行政处罚、行政强制等行政措施是否符合相关法律规定，未超越地方立法权限；是否增设了违反上位法的行政许可、行政强制条件；是否突破了上位法规定的行政处罚幅度；创设的行政事业收费项目是否合法等。同时，根据中央、国务院、湖南省委关于反腐倡廉各项政策文件规定，还有必要对《条例》进行制度廉洁性评估，审查《条例》是否符合党和国家反腐倡廉各项工作部署要求，是否将防止腐败的要求贯穿于制度建设之中，是否存在违法、违规扩权免责，增减公民、法人和其他组织权利义务的情况，是否存在公共权力部门化、部门权力利益化、部门利益合法化等情况。

经过评估小组全体成员多次商议，此次《条例》合法性一级评估指标（共15分）下设4个二级指标和14个三级指标，具体如表7-2所示。

表 7-2 《条例》合法性评估指标

合法性评估指标				
一级指标	二级指标	三级指标	分值	评分
合法性 （15分）	《条例》的制定是否超越地方立法权限，制定过程是否符合地方立法程序（5分）	《条例》制定主体是否符合《中华人民共和国立法法》规定	1分	
		《条例》第二条规定适用范围为南岳行政区域内的规划建设、城乡管理和环境保护等事务，该规定是否超越地方立法权限	1分	
		《条例》第五条规定南岳行政管理综合执法部门行使南岳区相对集中行政处罚权，是否违法	1分	
		《条例》立法起草过程是否征求了衡阳市市民意见或举行听证会	1分	
		《条例》签署公布后是否在政府公报、主流媒体和衡阳市发行的报纸及时刊登	1分	
	《条例》内容是否与上位法律法规相抵触（3分）	《条例》是否与《中华人民共和国宪法》《中华人民共和国立法法》《中华人民共和国行政处罚法》《中华人民共和国行政许可法》等上位法律相抵触	1分	
		《条例》是否与《城市管理执法办法》《风景名胜区管理条例》《历史文化名城名镇名村保护条例》《殡葬管理条例》等上位法规规章相抵触	1分	
		《条例》是否与《湖南省地方立法条例》《湖南省城市综合管理条例》《湖南省行政执法条例》《湖南省南岳衡山风景名胜区保护条例》《湖南省森林防火若干规定》等湖南省地方法规规章相抵触	1分	
	《条例》是否违法创设行政处罚、行政强制、行政许可（5分）	《条例》第七条、第十九条第一款规定的迁出、拆除或关闭等行政行为是否符合《中华人民共和国行政强制法》《中华人民共和国土地管理法》《中华人民共和国城市规划法》的规定	1分	
		《条例》第八条规定控制建设范围内的建设项目应当符合规划要求，并报相关行政主管部门批准，是否符合设定行政许可的规定	1分	
		《条例》第十一条规定由南岳区公安交通管理部门核发景区车辆通行证，是否符合设定行政许可的规定	1分	
		《条例》第二十条规定在某些特殊情况下经由法定程序批准，可以在森林防火区野外用火，是否符合设定行政许可的规定	1分	
		《条例》第二十四条至第三十三条规定的行政处罚是否属于无权设定、违反上位法或者突破了上位法规定的行政处罚幅度	1分	
	《条例》所构建的行政制度是否符合立法廉洁性要求（2分）	《条例》是否将防治腐败的要求贯穿于制度建设之中	2分	

二、合法性评估指标评析

立法合法性是指立法必须符合立法权限、符合立法程序、不违背上位法律法规的规定等。《条例》合法性主要分析《条例》制定过程是否超越地方立法权限及是否符合地方立法程序（5分），《条例》内容是否与上位法律法规相抵触（3分），《条例》是否违法创设行政处罚、行政强制、行政许可（5分），《条例》所构建的行政制度是否符合立法廉洁性的要求（2分）四个方面。在评估内容上共列有4个二级指标和14个三级指标。根据评估小组对《条例》合法性指标评分统计，合法性评估的平均分值为14.2分，说明《条例》的合法性得到充分肯定。从图7-1不难看出，4项二级指标的得分率都非常高，尤其是在立法权限、立法程序、立法内容等方面体现了极强的合法性，仅在制度的廉洁性要求方面由于立法时并没有相应的政策指示精神指导，故未能重点突出妥善安排，需要在制度上加以改进。

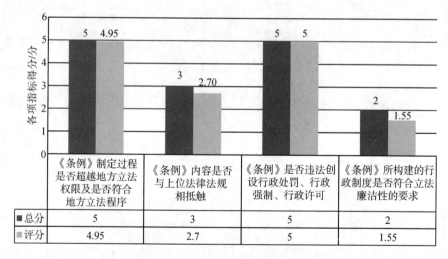

	《条例》制定过程是否超越地方立法权限及是否符合地方立法程序	《条例》内容是否与上位法律法规相抵触	《条例》是否违法创设行政处罚、行政强制、行政许可	《条例》所构建的行政制度是否符合立法廉洁性的要求
■总分	5	3	5	2
▨评分	4.95	2.7	5	1.55

图7-1　合法性各项指标得分情况

具体而言，本次《条例》合法性评估的结论体现为以下四个方面：

（一）《条例》的立法主体合法

根据《中华人民共和国立法法》第八十一条"设区的市的人民代表大会及其常务委员会根据本市的具体情况和实际需要，在不同宪法、法律、行政法规和本省、自治区的地方性法规相抵触的前提下，可以对城乡建设与管理、生态文明建设、历史文化保护、基层治理等方面的事项制定地方性法规，法律对设区的市制定地方性法规的事项另有规定的，从其规定。设区的市的地方性法规须报省、自治区的人民代表大会常务委员会批准后施行"的规定，衡阳市人大根据衡阳市具体实际需要，制定了《条例》。

《条例》是衡阳市建市以来制定的第一部地方性法规，体现了衡阳对南岳旅游发展的高度重视，也体现了"依法治区、依法治旅"的内在要求，对南岳的全域旅游发展和优化旅游环境有着良好的促进作用。

（二）《条例》的立法权限合法

《条例》第二条规定适用范围为南岳行政区域内的规划建设、城乡管理和环境保护等事务，亦符合《中华人民共和国立法法》第八十一条对地方立法权限的规定。第五条规定南岳区行政管理综合执法部门行使南岳区相对集中行政处罚权，亦符合《中华人民共和国行政处罚法》《中共中央国务院关于深入推进城市执法体制改革改进城市管理工作的指导意见》《中共中央关于深化党和国家机构改革的决定》《深化党和国家机构改革方案》以及《中共中央办公厅 国务院办公厅印发〈关于进一步深化文化市场综合执法改革的意见〉的通知》《中共中央办公厅 国务院办公厅印发〈关于深化农业综合行政执法改革的指导意见〉的通知》《中共中央办公厅 国务院办公厅关于深化市场监管综合行政执法改革的指导意见》《中共中央办公厅 国务院办公厅印发〈关于深化交通运输综合行政执法改革的指导意见〉的通知》《中共中央办公厅 国务院办公厅关于深化生态环境保护综合行政执法改革的指导意见》等文件的相关规定和指示精神。

（三）《条例》的立法程序合法

2016年2月中旬，南岳区成立了《条例》起草工作领导小组。在政府起草、审查和审议《条例》过程中，立法工作组先后调研走访南岳区餐饮经营户和景区居民100余人，实地察看5次，通过衡阳市党政门户网、衡阳市人大网2次向社会公开征求意见，在全市范围内开展1次问卷调查，召开1次立法听证会、2次专家论证会、80余次座谈会，对2 000余个对象开展了民意调查。2016年7月14日，衡阳市人民政府向市人大常委会提出了《关于提请审议条例（草案）的议案》。2016年8月31日上午，衡阳市第十四届人大常委会第二十九次会议首次审议了衡阳市第一部地方性法规——《衡阳市南岳旅游区综合管理条例（草案）》，标志着衡阳市首部地方性法规正式进入了市人大的立法审议程序。2016 年 9 月 22 日，衡阳市第十四届人大常委会举行第三十次会议，审议市人大法制委员会关于《条例（草案）》的修改情况。2016 年 10 月 28 日，市第十四届人大常委会第三十一次会议对《条例（草案）》进行了第三次审议，并表决通过了《条例（草案表决稿）》。10 月 31 日，市人大常委会将《条例》提请省人大常委会审查批准。2016 年 12 月 2 日，《条例》经湖南省第十二届人民代表大会常务委员会第二十六次会议审查批准通过，并于 2017 年 3 月 1 日起正式施行，这标志着衡阳建市以来的第一部地方性法规正式诞生。

总体而言，《条例》的调研、起草、听证、论证、审议、修订、表决、施行等立法过程都符合《中华人民共和国立法法》和《湖南省地方立法条例》的规定及要求，立法程序合法合规。

（四）《条例》的立法内容合法

立法内容的合法性要求《条例》关于权利与义务的具体规定应符合宪法、法律、法规等上位法律规定。经与《中华人民共和国宪法》《中华人民共和国立法法》《中华人民共和国行政处罚法》《风景名胜区管理条例》《湖南省城市综合管理条例》和《湖南省南岳衡山风景名胜区保护条例》等上位法律法规章比较分析，未发现《条例》与之冲突或相悖的情况，但由于《条例》制定后又有大量新的上位法律法规颁布施行，因此《条例》相关内容还需进一步修订以与新法相衔接。

综上所述，在合法性方面，评估小组认为《条例》在立法主体、立法权限、立法程序和立法内容等方面皆合法依规，合法性不容置疑。但是，对《条例》制定过程中的民众参与程度（公开征求意见、开展座谈、举行听证等）存在些许质疑声音，该问题也是地方性立法存在的普遍性问题。此外，在立法内容方面，《条例》制定时符合南岳区"依法治区、依法治旅"的实际需求，施行后对南岳区的全域旅游发展和优化旅游环境有着良好的促进作用。然而，随着社会经济文化环境的发展，根据党中央和国务院关于进一步深化"放管服"改革和反腐倡廉各项工作的部署要求，《条例》在内容上存在些许管理空白和立法盲点，与上位法相关的一些最新规定尚需衔接。因此，《条例》存在一些有待修订的内容，在立法合法性上存在一些瑕疵。例如，《条例》的制度廉洁性建设需要与时俱进，为推进衡阳地区反腐败地方立法提供有力的支持。

第四节 《条例》的合理性量化评估

一、合理性评估指标设置

一般而言，合理性标准具体包括价值合理性标准、情势合理性标准和制度合理性标准三个方面。

首先，任何地方立法都必然涉及价值问题，地方立法后评估必须坚持价值合理性标准。对于价值性标准的考量，主要可以从以下两个层面进行：其一，社会主义核心价值观。地方立法是社会主义核心价值观的重要载体，立法通过表达最重要、最直接、最广大的利益相关者的公民、法人和其他组织的期待与诉求来践行社会主义核心价值观。因此，在立法后评估中，也应当将立法是否充分体现国家的价值目标、社会的价值取向、公民的价值准则，是否在保障民生发展、弘扬传统美德、强化法治意识、促进公民公序良俗等方面发挥积极的作用，作为重要的评估内容和评估标准。其二，社会认同度。公民通过各种途径、方式对地方立法的内容、质量有着亲身感受、认知，会对被评估的立法的操作性、实效性、针对性等品质形成自己的判断；同时，对其中存在的问题也会有比较深刻的认识，对此可以从对基本制度的知晓度、对具体立法制度的认可度、对行政执法效果的评价、对公民守法情况的评价等多个具体指标来评估。

其次，大部分地方性法规规章在制定时都会对其必要性、可行性进行充分论证，但法规规章自其诞生之日起便趋于凝固，随着社会的发展变化，其是否还能继续适应当前社会发展需要是值得考量的。法律的稳定性与滞后性之间的冲突，使得在立法后评估中必须对地方性法规规章是否应形利势进行充分的衡量。对于情势合理性标准，一般可以从社会情势是否发生变更，特别是本地实际情况以及中央的路线方针政策等是否发生变化，法律法规规章等法律文件是否适应社会当前社会经济文化环境发展的需要等多重指标加以评估。

最后，制度合理性也是考量地方性法规规章合理性的重要维度。通常可以从制度指定的目标是否科学合理、制度配置的权利和义务是否合理、制度设计的程序是否合理、制度是否存在明显的规则盲区和内容缺漏、制度是否充分体现了绝大多数人的最大利益和人民群众的根本利益、制度是否公平处理了各种利益关系、制度是否注重了对弱势群体利益保障等多重指标加以评估。

经过评估小组全体成员多次商议，此次《条例》合理性一级评估指标（共25分）下设5个二级指标和21个三级指标，具体如表7-3所示。

表7-3 《条例》合理性评估指标

合理性评估指标				
一级指标	二级指标	三级指标	分值	评分
合理性（25分）	《条例》的制度目标规划是否具有良好的价值导向（5分）	《条例》是否符合社会主义核心价值观	2分	
		《条例》是否符合衡阳市南岳区"城景乡"综合管理的实际需要，体现地方特色	2分	
		《条例》具体制度是否全面，是否为制定其他地方规范性文件提供经验或依据	1分	
	《条例》的权责义务配置是否体现公平、正义原则（4分）	南岳区人民政府及其下辖行政主管部门审批、监督、处罚等职责划分是否公平、正义	2分	
		南岳区内行政管理相对人、市民和旅客的权益保护及义务承担设置是否公平、正义	2分	
	《条例》的管理措施设置是否必要、适当(6分)	"城景乡"建设规划制度是否必要、适当	1分	
		"城景乡"建设规划制度中对禁止建设范围、控制建设范围内设定的行政强制、行政许可和行政处罚等规定要求标准是否必要、适宜	1分	
		"城景乡"日常管理制度是否必要、适当	1分	
		"城景乡"日常管理制度对单位和个人的禁止性与强制性的规定是否必要、适宜	1分	
		"城景乡"环境保护制度是否必要、适当	1分	
		"城景乡"环境保护制度中设定的水源保护、森林防火、防毒害气防噪、城市绿化带维护等环保措施是否必要、适宜	1分	

表7-3（续）

合理性评估指标				
一级指标	二级指标	三级指标	分值	评分
合理性 （25分）	《条例》的行政程序设定是否公正、公开（5分）	南岳区及有关乡镇人民政府等行政主管部门实施编制土地规划、编制风貌控制规划、划定公墓区等行政事项时程序是否公正、公开	1分	
		相关行政主管部门对行政许可的申请审核批准程序是否公正、公开	1分	
		南岳区综合行政管理执法程序规章制度等是否公正、公开	1分	
		法律责任中罚款、责令改正、没收违法所得、强制拆除等行政强制措施行使是否公正	1分	
		法律责任中行政处罚的高额罚款（50元以上）是否公开透明	1分	
	《条例》的法律责任规制是否完备，是否与违法行为的事实、性质、情节以及社会危害程度相当（5分）	法律责任的规定是否完备、详细；既有行政相对人责任，又有行政主体责任	1分	
		法律责任的规定与违法行为的事实、性质、情节以及社会危害程度相当；且不与上位法相抵触	1分	
		综合执法部门是否制定了行政处罚的裁量基准	1分	
		行政处罚的裁量基准是否符合比例原则	1分	
		法律责任的设定是否符合南岳区民生实际	1分	

二、合理性评估指标评析

立法合理性是指《条例》立法必须符合社会主义核心价值观、体现地方特色、权责义务配置体现公平公正、各种具体制度设置必要适度、行政程序行使公开合理、法律责任规制完备适当等要求。《条例》合理性主要分析《条例》的制度目标规划是否具有良好的价值导向（5分），《条例》的权责义务配置是否体现公平、正义原则（4分），《条例》的管理措施设置是否必要、适当（6分），《条例》的行政程序设定是否公正、公开（5分），《条例》的法律责任规制是否完备且是否与违法行为的事实、性质、情节以及社会危害程度相当（5分）五个方面。《条例》合理性一级评估指标在评估内容上共列有5个二级指标和21个三级指标。根据评估小组对《条例》合理性指标评分统计，合理性评估的平均分值为21.35分，说明《条例》的合理性应当大力肯定。从图7-2中不难看出，5项二级指标的得分率都较高。

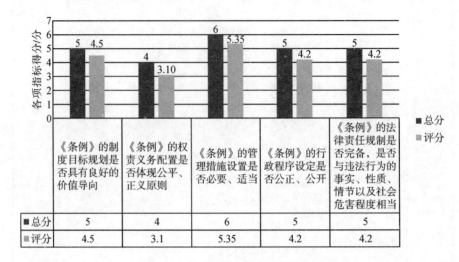

图7-2　合理性各项指标得分情况

（一）《条例》的立法价值合理，但需明确引导

《条例》的立法目的是加强和规范衡阳市南岳区的综合管理工作、提高管理水平。评估小组认为，地方性立法除了围绕实现立法目的基本要求之外，具体条款的规定还要符合社会主义核心价值观，符合地方立法实际，体现本地特色。通过对《条例》的条款逐一评估分析，从内容设置来看，《条例》不仅良好体现了国家价值目标、社会价值取向、公民价值准则，还在保障民生发展、弘扬传统美德、强化法治意识、促进公民公序良俗等方面发挥了积极的作用，符合衡阳地方立法实际，突出了依法治区、依法治旅的内在要求，对南岳的全域旅游发展和优化旅游环境有着良好的促进作用，体现了地方特色。

总体而言，《条例》良好体现了立法价值合理性的各项要求，但未能在立法目的及立法原则条款上突出社会主义核心价值观的价值导向，并且因制定年限较远也未能突出衡阳市当前"创文"的城市建设目标，可以考虑及时修订。

（二）《条例》的制度设置合理，但需细化加强

首先，《条例》的权责义务配置很好地体现了公平、正义的基本要求，

无论是南岳区人民政府及其下辖行政主管部门审批、监督、处罚等职责划分，还是南岳区内行政相对人、市民和旅客的权益保护和义务承担设置都做到了以人为本、公平公正。

其次，《条例》的管理措施设置结局有必要性、适当性。《条例》对南岳区"城景乡"建设规划制度、日常管理制度、环境保护制度的设置符合立法目的的需要，设定的行政强制、行政许可和行政处罚等标准，对单位和个人的禁止性义务和强制性义务以及相关环境保护措施都必要、恰当，符合上位法律规定，不存在对同类权利义务主体的区别对待，有良好的社会认同度。

最后，《条例》的行政程序行使和设定皆公开、公正、及时，同时对法律责任的规制科学完备，与违法行为的事实、性质、情节以及社会危害程度相当，符合比例原则。

总体而言，《条例》体现了良好的立法制度合理性。但是，在调研过程中，南岳区人大代表和一线基层工作者提出了一些进一步细化《条例》条款的建议。因此，评估小组可以考虑对《条例》中的某些制度规定在实际调研基础之上加以修订。

（三）《条例》的情势适应合理，但需与时俱进

立法情势合理性是指由于法律的稳定性与滞后性之间的冲突，随着社会的发展变化，对于《条例》是否还适应当前社会发展需要，是否存在阻碍改革的规定进行充分的衡量。

对《条例》立法情势合理性的判断，评估小组认为应该从两个层面予以理解：

一方面，是对标国家层面推进城市综合管理体制机制改革的政策精神，评估《条例》是否与国家层面方针导向相适应。城市综合管理体制机制创新是推动城区环境大改善、大提升的基础性改革，事关民生福祉和居民切身利益。《条例》在实施"三高四新"战略、推进"三强一化"、建设省域副中心城市和现代化新衡阳中贡献了巨大的南岳力量，但随着综合管理体制改革迈入"深水区"，相关制度改革亦难免有些力不从心，需要与时俱进。

另一方面，是综合考虑衡阳市整体发展状况以及南岳区旅游经济文化

环境的当前实际，评估《条例》是否与本市（区）的综合管理工作发展情况相适应。2019 年 3 月，南岳区人民政府按照中央和省委统一部署要求，着力改革机构设置，优化职能设置，对南岳区机构进行了改革，原"南岳区行政管理综合执法部门"变革为新的"城市管理和综合执法局"，其他机构也有重要优化变革，因此《条例》第五条的执法部门称谓也需要因时而变。

此外，随着南岳区旅游经济文化环境的智能化发展，当前《条例》中的某些内容需要进一步调整或补充以适应新的发展需要。比如，智慧城管平台建设、网格执法机制建设等内容都可以考虑在《条例》中加以调整或补充。

综上所述，在合理性方面，评估小组认为《条例》在立法价值、立法制度、立法情势等方面皆体现出良好的合理性，合理性应被肯定。但是，基于国家层面推进城市综合管理体制机制深化改革的政策精神，综合考虑衡阳市整体发展状况以及南岳区旅游经济文化环境的当前实际，《条例》未能与国家方针指向和衡阳城市改革同步，未能更好地发挥地方性法规对深化改革的引领指导作用，存在一定的缺陷，需要因势利导、因地制宜，根据实际需要及时做出修订。

第五节 《条例》的协调性量化评估

一、协调性评估指标设置

协调性标准主要评估地方法制统一性，通常具体考察的指标包括：法规规章内部总则与分则、原则之间、规则之间、原则与规则之间是否协调统一，以防止出现体系上的紊乱、重叠与漏洞；法规规章与本省（市）同位阶的其他立法是否存在冲突或不一致，规定的制度是否有效衔接，要求建立的配套制度是否已经建立完备；法规规章的结构与逻辑关系是否合理、清晰；是否体现了国家相关的政策导向；制度上相对于上位法有无补充或者创制性规定等。

经过评估小组全体成员多次商议，此次《条例》协调性一级评估指标

（共5分）下设4个二级指标和4个三级指标，具体如表7-4所示。

表7-4 《条例》协调性评估指标

协调性评估指标				
一级指标	二级指标	三级指标	分值	评分
协调性 （5分）	《条例》内部各种制度及相关程序是否相互衔接、协调、融贯（2分）	"城景乡"建设规划制度、日常管理制度和环境保护制度等各种制度及相关程序之间是否相互衔接、是否存在冲突	2分	
	《条例》内容与上位法是否协调衔接（1分）	《条例》相对于上位法有无补充或者创制性规定	1分	
	《条例》内容是否与衡阳市其他同位阶相关地方性法规规章相抵触（1分）	《条例》是否与《衡阳市农村村民住房建设管理条例》《衡阳市城市市容和环境卫生管理条例》《衡阳市文明行为促进条例》等同位或相邻位阶地方性法规规章存在冲突、不一致或重复等不协调规定	1分	
	《条例》相关配套制度是否搭配完备（1分）	《条例》第四、第五、第六、第八、第十、第十一、第十二等条款要求制定的规划、标准、细则、制度等是否建立健全，并得到良好落实	1分	

二、协调性评估指标评析

立法协调性是指《条例》在符合立法合法性的前提下，内部制度程序的设置是否协调一致，与其他法律规范在规定上是否存在内容交叉重叠、相互抵触等问题。《条例》协调性主要分析《条例》内部各种制度及相关程序是否相互衔接、协调、融贯（2分），《条例》内容与上位法是否协调衔接（1分），《条例》内容是否与衡阳市其他同位阶相关地方性法规规章相抵触（1分），《条例》相关配套制度是否搭配完备（1分）四个方面。《条例》协调性一级评估指标在评估内容上共列有4个二级指标和4个三级指标。根据评估小组对《条例》协调性指标评分统计，协调性评估的平均分值为4.15分，说明《条例》的协调性得到广泛肯定。从图7-3不难看出，前三项指标的得分率较高，仅相关制度配套上需要进一步加强。

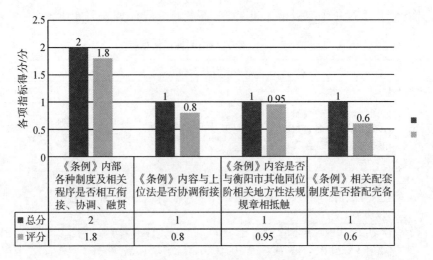

图 7-3　协调性各项指标得分情况

（一）《条例》的内部协调衔接得当

从《条例》内容体系来看，其规定的各个部门之间的统筹规划管理制度相互协调、衔接得当。衡阳市南岳区"城景乡"建设规划制度、日常管理制度和环境保护制度等各种制度及相关程序之间相互衔接，协调规范了农民住宅建设、饮用水源保护、环境污染防治、车辆通行管理、经营活动管理、宗教场所管理等事务，有助于形成南岳区综合管理体制机制的合力，有助于提升南岳依法治区能力，有助于提升南岳依法行政效率。

（二）《条例》的上位协调有所滞后

由于《条例》立法时间较早，虽然在制定时合法合理，但随着上位新旧法律法规规章的不断颁布、施行、修订、废除，《条例》内容难免出现滞后性特征，与上位法的相关内容指示之间未能良好协调。例如，在《条例》施行后颁布的《湖南省城市综合管理条例》对城市园林绿化管理和市政公共设施管理等方面提出了新的要求，《条例》对此相关内容则出现了立法空白现象，需要进一步修订。

（三）《条例》的同位协调略微重复

《条例》属于衡阳市级地方性法规，与同位阶的《衡阳市农村村民住房建设管理条例》《衡阳市城市市容和环境卫生管理条例》《衡阳市文明行为促进条例》等法规并无冲突矛盾之处，但有些条文属于立法重复，可以删除。自 2015 年获得地方立法权至今，衡阳市人大常委会共制定了 11 部地方性法规，为"依法创文"提供了充分的法治保障。

（四）《条例》的配套协调视时而定

由于《条例》的适用范围为南岳区行政区域，因此衡阳市政府并没有制定以《条例》为依据的配套性规范性文件，相关配套制度建设大部分由南岳区政府及其下属行政部门规定，如《衡阳市城市管理行政执法办法》《衡阳市城市管理行政执法公示实施细则》等规范性文件是由南岳区城市管理和综合执法局制定并执行的。评估小组通过实地调研认为，在衡阳市政府的统筹领导、南岳区政府的协调督促以及各职能部门的通力合作之下，目前《条例》取得了良好的实施效果，是否需要制定相配套的衡阳市政府规章，可以视未来的发展情况而定。

（五）《条例》的政策协调立场一致

公共政策具有适时性和创造性，能够及时地适应变化的社会环境，反映社会利益的合理诉求。因此，评估小组需要评估立法与公共政策之间的协调性，保障和调整合理的社会利益。衡阳市一直以来严格贯彻党和国家的政策，自《条例》实施以来，致力于实现党中央和国务院关于进一步深化"放管服"改革的战略部署，致力于实现贯彻落实《湖南省法治政府建设实施纲要（2015—2020 年）》及《湖南省法治政府建设实施方案（2021—2025 年）》的政策要求，致力于加强和规范南岳区综合治理能力和综合治理体系的提升，在新发展阶段持续深入推进依法治区、依法行政，全面推进法治政府建设，在实施"三高四新"战略、推进"三强一化"、建设省域副中心城市和现代化新衡阳中贡献了南岳力量。由此可见，《条例》与党中央、国务院、湖南省、衡阳市其他公共政策并无不协调之处，能够保障和调整合理的社会利益。

综上所述，在协调性方面，评估小组认为《条例》具有良好的内部协调性和外部协调性：一方面，《条例》内部的各种制度及相关程序相互衔接、协调、融贯；另一方面，《条例》与外部的上位法、同位法、配套规范性文件以及其他公共政策之间在制定时并无重大交叉重叠、相互抵触的问题，仅有几条出现立法重复的问题，如私占、私划公共停车位就在《条例》和《衡阳市城市市容和环境卫生管理条例》出现，可以删除《条例》中旧的规定或者拟定专门适用于南岳地区的特殊规定。此外，随着新旧相关法律法规规章的不断颁布、施行、修订、废除，《条例》内容难免出现滞后性特征，部分条款需要修订以与新的法律体系形成协调，从而为衡阳市"依法创文"提供更充分、更及时、更协调的法治保障。

第六节 《条例》的规范性量化评估

一、规范性评估指标设置

一般而言，规范性标准可以从以下四个方面设定具体的评估指标：

第一，立法名称使用情况。地方性立法名称应当简洁准确，尽量避免出现地方性法规规章与规范性法律文件名称混用的情况，使公众能够从名称上判断它们的法律效力。

第二，立法语言使用情况。地方性立法必须能够为社会普通民众所理解，这是其得以实施的前提要素。地方性法律文本的可读性直接影响着社会公众的理解程度和接受程度。因此，地方性立法的语言应当简洁、清晰、准确、易懂；在地方性法规规章内部，法律概念的内涵与外延应当前后一致，所使用的简称应当规范，符合立法的品格，尤其要注意避免概念的模糊化或口语化表达；标准符号的运用要规范，符号、数字等特殊表达形式亦要符合立法要求，这些都是立法语言规范化的基本要求。

第三，立法文本架构完整度。一部地方性法规规章的完整结构通常应该包含制定依据、适用范围、管理程序、法律责任等内容；同时，还应当包含解释权归属、实施细则的制定权归属、实施时间等法律要素。以上内容若有缺失，皆应当重点关注。

第四，立法的逻辑严密性。地方性法规规章在制定时应尽量做到定义准确，前后用语连贯，符合演绎推理、归纳推理的一般逻辑准则，符合法律推理、法律论证的法律逻辑机制，文本内部避免存在语义冲突，逻辑结构具有内在融贯性等标准。因此，评估小组可以重点考察《条例》地方性法规规章项目设置是否合乎规范，逻辑结构编排是否严谨，法律规范构成要素是否完备，义务性规范与责任规范是否合理对应，语言表述是否精当、规范，概念界定是否准确、周延等具体指标。

经过评估小组全体成员多次商议，此次《条例》规范性一级评估指标（共5分）下设4个二级指标和5个三级指标，具体如表7-5所示。

表7-5　《条例》规范性评估指标

规范性评估指标				
一级指标	二级指标	三级指标	分值	评分
规范性（5分）	立法名称规范（1分）	《条例》名称是否科学，是否符合《湖南省地方立法条例》的相关规定	1分	
	立法体系完整（1分）	《条例》体系结构是否完备、合理	1分	
	立法逻辑严谨（2分）	禁止建设范围、控制建设范围、非运营车辆、一级保护区、二级保护区等重要法律概念是否界定准确、周延	1分	
		设定的法律规范构成要件是否完备、明确	1分	
	立法表述规范（1分）	语言表述是否准确、规范，对不同类型的法律规范的表述是否符合相关立法技术要求，便于理解和执行	1分	

二、规范性评估指标评析

立法规范性是指地方立法应依照一定的体例，遵循一定的格式，运用恰当的法律语言，以彰显立法的原则，并使立法原则或国家政策转换为具体法律条文的特征。《条例》规范性主要分析立法名称规范（1分）、立法体系完整（1分）、立法逻辑严谨（2分）、立法表述规范（1分）4个方面。《条例》规范性一级评估指标在评估内容上共列有4个二级指标和5个三级指标。根据评估小组对《条例》规范性指标评分统计，规范性评估的平均分值为4.5分，说明《条例》的规范性得到大力肯定。从图7-4不难看出，四项指标的得分率都非常高。

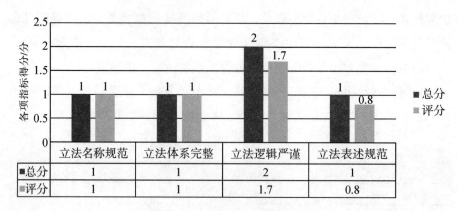

图 7-4　规范性各项指标得分情况

（一）《条例》的形式结构完整，有鲜明地方特色

从名称来看，《条例》全称为《衡阳市南岳区综合管理条例》，该名称设置符合《湖南省地方立法条例》第五十条第二款"属于对国家某项法律的部分内容做具体实施规范，或者在国家没有专项规定的情况下，根据本地实际对某一方面社会关系做比较全面、系统规范的，称条例"之规定。从《条例》的体系结构来看，总共 6 章（第一章为总则，第二章至第五章为分则，第六章为附则），分为 34 条，涉及南岳区行政区域内的行政执法体制、村（居）民建房、集中供水饮用水水源保护、葬坟、防火安全、车辆管理、市场秩序、环境卫生、绿植保护 9 个方面，针对该区现行管理工作中的突出问题，规定了相应的解决措施，具有鲜明的地方特色，实用性较强。整体而言，《条例》体系结构完整、合理。

（二）《条例》的实质结构严密，但义务色彩过重

法的实质结构包括立法目的、适用范围、法律原则、法律规则、法律定义、执行机关、施行日期和废止条款等内容。评估小组认为，《条例》缺少对"禁止建设范围""控制建设范围""非运营车辆""一级保护区""二级保护区"等重要法律概念的定义，对法律受众的理解和遵行造成了一定困难。此外，《条例》第二章至第四章关于行政相对人的禁止性和强制性规定，在第五章"法律责任"中大部分都有明确的法律责任追究条款与之相对应，但是对行政相对人的权利则较少明确规定，这点与我国"权利本位"的立法精神有所偏差。还需要指出的是，虽然《条例》第三十二

条对行政人员的依法履职行为进行了规定，但针对行为有限，未囊括懒政、庸政、怠政等行政不作为行为。

（三）《条例》的立法用语精确，不存在逻辑冲突

通过对《条例》法律文本用语的分析，评估小组认为，《条例》的立法语言准确规范，在语言逻辑和内容结构方面不存在相互矛盾和冲突的问题。

综上所述，在规范性方面，评估小组认为《条例》作为衡阳市第一部自主性立法，立法技术较为成熟，体系结构完备合理，逻辑关系严谨明确，语言表述精确恰当，可作为衡阳市地方立法的典例。从形式结构上看，《条例》结构完备，相互呼应，立法思路清晰。从实质结构上看，《条例》内在逻辑严密，条款设置融贯，不存在概念定义矛盾或权利义务冲突等问题，仅存在一些瑕疵，需要补充某些禁止性规定相对应的法律责任条款。从语言表述来看，《条例》语言表达准确，没有非法律性语言表述，标点符号、数字的使用符合立法要求。值得注意的是，从具体内容上看，《条例》还有以下两点需要在修订时进行强化：一是修正相关过时内容，如"控制建设范围"概念应修订为"限制建设范围"一词。二是规范新生事物，如网约车、共享单车、垃圾分类等新时代产物，懒政、庸政、怠政等新时代行政不作为现象，都可以考虑纳入《条例》修订的范围之内。

第七节 《条例》的操作性量化评估

一、操作性评估指标设置

立法操作性标准具体考察的内容一般包括：法规规章规定的制度是否有针对性地解决行政管理存在的问题，法规规章规定的措施是否高效、便民，法规规章中自由裁量权范围规定的适切度，法规规章规定程序完善、易于运行。特别要重点考察法规规章中涉及行政许可、行政处罚、行政强制、职能分工等重点制度的针对性、可操作性等。此外，管理体制是否顺畅有效，部门之间的职责、职权是否清晰明确，具体措施是否具有针对性、可行性，义务性规范的设定是否符合监管要求，对上位法的原则性规定是否进行了具体细化，倡导性规范的比例等，也是考核可操作性标准的

具体指标。

经过评估小组全体成员多次商议，此次《条例》操作性一级评估指标（共25分）下设4个二级指标和17个三级指标，具体如表7-6所示。

表7-6 《条例》操作性评估指标

操作性评估指标				
一级指标	二级指标	三级指标	分值	评分
操作性（25分）	《条例》规定的管理体制是否适应客观实际需要、是否具有现实针对性（6分）	《条例》内容是否是南岳区综合管理过程中的关键和难点，是否与南岳区社会发展实际情况相符	2分	
		城乡规划、城乡管理、环境保护等管理制度是否重点突出、符合人民群众的重点关切	2分	
		对行政主体和行政相对人的法律责任是否具有针对性，能够解决南岳区内社会发展的现实主要矛盾和突出问题	2分	
	《条例》规定的管理制度、措施是否明确、完备、可行（7分）	禁止破坏旅游秩序、损害游客合法权益的行为是否得到有关部门的积极配合和处理	1分	
		阻挠、妨碍他人正常使用公共泊车位以及在道路或者其他公共场所私划泊车位的行为是否得到有效、及时地处理	1分	
		南岳区人民政府是否对殡葬活动管理予以具体指导	1分	
		南岳区人民政府对特定区域内的禁犬制度和其他宠物制度是否有明确的规定	1分	
		环境保护内容是否明确、完备	1分	
		南岳区行政管理综合执法部门的相对集中行政处罚综合执法是否有量化指标并存在可供查阅的执法检查记录	1分	
		法律责任的设定是否具有可操作性，在南岳区是否具备落实的条件	1分	
	《条例》设定的行政程序是否易于操作且畅顺、快捷（6分）	禁止建设范围和控制建设范围内的建（构）筑物迁出或拆除程序是否合法、规范、流畅	2分	
		控制建设范围内的建设项目审批、景区车辆通行证核发、宗教场所保护、旅游经营许可等行政程序是否便捷利民	2分	
		行政处罚程序是否规范、易于操作	2分	
	《条例》对上位法的补充规定是否细化、具体、可行（6分）	是否对《湖南省城市综合管理条例》《湖南省南岳衡山风景名胜区保护条例》等上位法的规定予以补充和细化	2分	
		对上位法的处罚金额是否制定了裁量标准，体现了法律的制定符合经济发展水平的要求	2分	
		是否为上位法的完善创造了条件、积累了经验	1分	
		是否为衡阳市和南岳区的综合执法管理立法提供了新的发展契机	1分	

二、操作性评估指标评析

立法操作性是指立法既要充分考虑行政相对人自觉守法的可能性和可行性，又要充分考虑行政执法机关及执法人员执行法律的可能性和可行性，以保证立法规定的实际操作和实施。《条例》操作性主要分析《条例》规定的管理体制是否适应客观实际需要且是否具有现实针对性（6分），《条例》规定的管理制度、措施是否明确、完备、可行（7分），《条例》设定的行政程序是否易于操作且畅顺、快捷（6分），《条例》对上位法的补充规定是否细化、具体、可行（6分）四个方面。《条例》操作性一级评估指标在评估内容上共列有4个二级指标和17个三级指标。根据评估小组对《条例》操作性指标评分统计，操作性评估的平均分值为20.1分，说明《条例》的操作性受到有力的肯定。从图7-5不难看出，四项指标的得分率均较高，但也存在一定的提高空间。

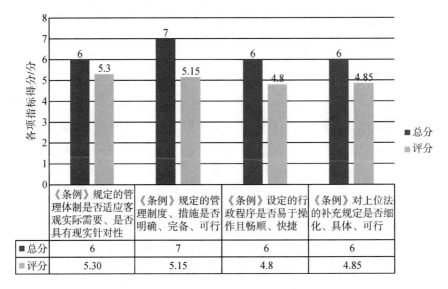

	《条例》规定的管理体制是否适应客观实际需要、是否具有现实针对性	《条例》规定的管理制度、措施是否明确、完备、可行	《条例》设定的行政程序是否易于操作且畅顺、快捷	《条例》对上位法的补充规定是否细化、具体、可行
总分	6	7	6	6
评分	5.30	5.15	4.8	4.85

图7-5　操作性各项指标得分情况

（一）《条例》的立法针对性强，符合当地群众重点关切

在《条例》制定时，许多南岳风景区内村民从事住宿、餐饮行业，并超面积、超高度违规建房，破坏了景区整体风貌和地表植被。在水库上游开办的30余家"农家乐"所直排的餐厨垃圾、污水等严重影响了兴隆水

库的水质，威胁着南岳区全体居民的用水安全和身体健康。此外，还有诸如建房私搭乱建、车辆违章通行、商家违规经营、损害游客权益、随意污染环境等治理问题亦层出不穷。《条例》所建立的城乡规划制度、日常管理制度以及环境保护制度正是针对之前的南岳治理弊病而细心雕琢构成，符合当地人民群众的关切重点，与南岳区社会发展实际情况相符。

（二）《条例》的立法可行性足，符合南岳综合管理实际

评估小组认为，《条例》总体上的立法思路明晰，在制定时除了符合南岳区社会发展实际情况外，相关规定亦没有过于超前，从而避免了规定无法执行的情况，没有造成不必要的社会资源浪费或者因政府强行推进而得不偿失。《条例》规定的管理制度和措施明确、完备，能有效规制和引导公民的日常行为。同时，南岳区行政管理综合执法部门对综合执法流程有着具体的量化指标和执法细则，通常的执法检查记录可供公民查阅监督。然而，随着科学技术、社会经济的发展以及陆续出台和修订的法规规章所提出的新要求，《条例》也开始存在一些滞后内容，在公民参与、社会监督、综合执法职责划分等方面需要增加或修订某些内容。

（三）《条例》的立法便民性好，符合操作顺畅快捷要求

从评估小组调研情况来看，《条例》设定的行政程序易于操作、畅顺、快捷、便民。自《条例》实施以来，建房私搭乱建、车辆违章通行、商家违规经营、损害游客权益、随意污染环境等治理乱象得到了极大遏制。此外，《衡阳市行政执法公示办法》和《衡阳市城市管理行政执法公示实施细则》等相关配套规范性文件的制定实施为《条例》的可操作性进一步规范升级。

（四）《条例》的立法发展性高，符合地方立法创新格局

立法发展性是指地方立法不能简单地照抄照搬上位法的立法文件，而是应该在上位法规定较为笼统抽象时，对上位法规定进行补充细化，从而避免立法资源的浪费，为整个法律体系的进化提供新的经验和契机。评估小组认为，《条例》对《湖南省城市综合管理条例》《湖南省南岳衡山风景名胜区保护条例》等上位法的规定予以补充和细化，尤其是在法律责任部分，能够依据上位法的处罚裁量范围制定了符合本地经济发展水平的行政

处罚裁量标准，为上位法的完善创造了条件、积累了经验。同时，《条例》作为衡阳市建市以来制定的第一部地方性法规，为衡阳市地方立法积累了宝贵的经验，为衡阳市南岳区的综合执法管理立法提供了新的发展契机。

综上所述，在操作性方面，评估小组认为《条例》具有较强的可操作性。《条例》所构建的城乡规划、日常管理及环境保护制度符合当地人民群众的关切重点，与南岳区社会发展实际情况相符。《条例》规定的管理制度和措施明确、完备，没有过于超前，能够有效规制和引导公民的日常行为，避免了造成不必要的社会资源浪费。随着配套规范性文件的不断制定实施，《条例》的可操作性日益增强，所设定的行政程序畅顺、快捷、便民。同时，《条例》并不是照抄照搬上位法的立法规定，而是对上位法较为笼统抽象的规定进行补充、细化，为法律体系的进化完善填补了基层细节。此外，作为衡阳市建市以来制定的第一部地方性法规，《条例》为衡阳市地方立法积累了宝贵的经验，为衡阳市和南岳区的综合执法管理立法提供了新的发展契机。评估小组认为，应抓住和把握好此发展契机，及时修订《条例》因时代发展而出现的滞后内容，打通地方立法与当地群众的"最后一公里"。

第八节 《条例》的实效性量化评估

一、实效性评估指标设置

实效性指标的具体设置既要判断法规规章实施是否符合法规规章的立法目的、目标及其符合程度（有效性标准），亦要判断法规规章实施所带来的社会经济文化等效益（均衡性标准）。

经过评估小组全体成员多次商议，此次《条例》实效性一级评估指标（共 25 分）下设 5 个二级指标和 12 个三级指标，具体如表 7-7 所示。

表 7-7　《条例》实效性评估指标

实效性评估指标				
一级指标	二级指标	三级指标	分值	评分
实效性 （25分）	《条例》实施后的宣传效果（4分）	行政管理部门对《条例》的宣传工作是否充足	2分	
		民众对《条例》的知晓程度	2分	
	《条例》实施后的立法目的实现程度（6分）	《条例》实施后是否弘扬与践行了社会主义核心价值观	2分	
		《条例》实施后是否切实提高了南岳区的城乡综合治理能力水平	2分	
		《条例》实施后是否切实规范了南岳区的城乡综合治理体制机制	2分	
	《条例》实施后对南岳区城乡综合管理的影响（4分）	《条例》实施后是否对南岳区城乡综合管理工作带来了正面、积极的影响	2分	
		《条例》实施后是否有效改善了南岳区乡综合管理的效果	2分	
	《条例》实施中的成本—效益均衡（8分）	执行力度是否足够	2分	
		人力资源是否充足	2分	
		人员培训是否常态	2分	
		经费保障是否及时	2分	
	《条例》的社会认同度（3分）	民众对《条例》的认可、满意度	3分	

二、实效性评估指标评析

立法实效性是指立法在具体实施过程中所带来的社会效果，即立法规定在实施中的实现程度。《条例》实效性主要分析《条例》实施后的宣传效果（4分）、《条例》实施后的立法目的实现程度（6分）、《条例》实施后对南岳区城乡综合管理的影响（4分）、《条例》实施中的成本—效益均衡（8分）、《条例》的社会认同度（3分）五个方面。《条例》实效性一级评估指标在评估内容上共列有5个二级指标和12个三级指标。根据评估小组对《条例》实效性指标评分统计，实效性评估的平均分值为21.63分，说明《条例》立法后取得了显著的实效性。从图7-6不难看出，各项指标的得分率都非常高，尤其是在评价"《条例》实施后对南岳城乡综合管理的影响"方面，专家组全体成员一致肯定了《条例》立法后对南岳综合管理的重要影响，基本实现了其立法目的，得到了广大南岳人民和来衡游客的认同与赞扬。

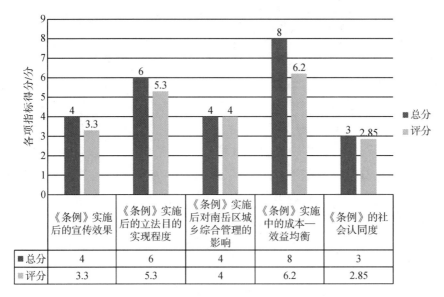

图7-6 实效性各项指标得分情况

	《条例》实施后的宣传效果	《条例》实施后的立法目的实现程度	《条例》实施后对南岳区城乡综合管理的影响	《条例》实施中的成本—效益均衡	《条例》的社会认同度
■总分	4	6	4	8	3
▨评分	3.3	5.3	4	6.2	2.85

（一）《条例》的宣传深入有效，但还有进步空间

《条例》作为衡阳建市以来的第一部地方性法规，衡阳市人大和相关行政主管部门在《条例》颁布后投入了足够的人力物力来开展宣传工作，所以民众知晓程度很高。从调研情况来看，立法部门和执法部门的调查人员对《条例》的认知度最高，绝大部分行政相对人知晓《条例》的部分或全部内容，大部分普通民众也知晓《条例》这部地方性法规的存在，但《条例》在南岳旅客中的知晓度还需要提高。《条例》民众了解程度调查反馈情况见图7-7。

您对《衡阳市南岳区综合管理条例》的了解程度如何？

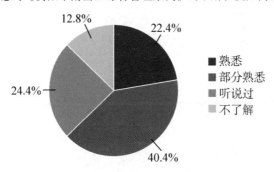

图7-7 《条例》民众了解程度调查反馈情况

（二）《条例》的制度建设显著，但需要与时俱进

从调研情况来看，绝大部分调查对象认为《条例》实施后对南岳区"城景乡"综合管理工作带来了正面、积极的影响。大部分调查对象认为《条例》对南岳区弘扬和践行社会主义核心价值观有所助益，但还需要进一步加强。少部分调查对象认为，《条例》未能与国家方针指向和衡阳城市改革同步，未能更好地发挥地方性法规对深化改革的引领指导作用，需要与时俱进。综合而言，《条例》实施后基本实现了其立法目的，提升了衡阳市南岳区的综合管理能力，对南岳区弘扬和践行社会主义核心价值观方面有所助益；《条例》内容基本符合南岳区经济社会发展情况，但需要根据南岳区社会经济文化环境的发展与时俱进，及时修订相关条例内容。《条例》实施后对衡阳市南岳区"城景乡"综合管理工作带来何种影响的调查反馈情况见图 7-8。

您认为《衡阳市南岳区综合管理条例》实施后，对衡阳市
南岳区的"城景乡"综合管理工作带来了何种影响？

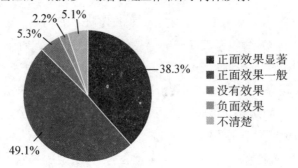

图 7-8 《条例》实施后对衡阳市南岳区"城景乡"综合管理工作
带来何种影响的调查反馈情况

（三）《条例》的执法严格妥当，但存在适用缝隙

从调研情况来看，大部分调查对象认为《条例》颁布和实施之后，南岳区人民政府及下辖行政主管部门有法必依、违法必究、执法必严，管理意识和能力不断增强，对衡阳市南岳区规划建设有良好的改善效果。其中，《条例》实施后对衡阳市南岳区环境保护的改善效果最为显著，对日常管理和规划建设的制度落实情况则还有进一步增强空间。这可能是由近年来出现的一些新问题新形势所带来的，《条例》内容不能与最新的社会发展相协调，出现了滞后性特征，需要修订或者补充相关内容。《条例》

存在的主要问题调查反馈情况见图7-9。

您认为《衡阳市南岳区综合管理条例》存在的主要问题是?
（可多选）

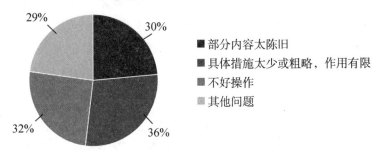

图7-9 《条例》存在的主要问题调查反馈情况

（四）《条例》的守法态势良好，旅游形象换新颜

从调研情况来看，绝大部分调查对象认为《条例》实施后有效减少了衡阳市南岳区内的违法行为，同时增强了衡阳市南岳区内居民或旅客的守法意识。2017年以前，带香拉客、欺客宰客、驱车赶客等行为，村民在控建区内建设住宅，古镇居民在特定范围内新建、扩建建筑物等现象时有发生，严重破坏了南岳区旅游环境，损害了旅游形象。自《条例》实施后，依法办理行政处罚案件150余件，处理违法人员200余人，极大地震慑了不法分子，形成自觉依《条例》办事的良好态势，有力保护了旅游资源、净化了旅游环境，南岳衡山风景区也接连获得了"国家级旅游业改革创新先行区""湖南省平安景区"等荣誉称号。《条例》实施后衡阳市南岳区的违法行为有无减少调查反馈情况见图7-10。

您认为《衡阳市南岳区综合管理条例》实施
后，衡阳市南岳区的违法行为有无减少?

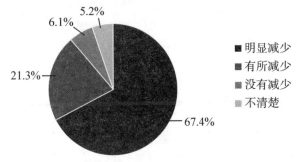

图7-10 《条例》实施后衡阳市南岳区的违法行为有无减少调查反馈情况

综上所述，在实效性方面，评估小组认为《条例》具有良好的实效性。在《条例》的宣传有效性方面，作为衡阳建市以来的第一部地方性法规，《条例》的知晓度非常高。在《条例》的制度有效性方面，《条例》实施后基本实现了其立法目的，提高了衡阳市南岳区的综合管理水平，对南岳区弘扬和践行社会主义核心价值观方面有所助益，《条例》内容亦符合南岳区经济社会发展情况。在《条例》的执法有效性方面，《条例》实施后南岳区人民政府及下辖行政主管部门有法必依、违法必究、执法必严，管理意识不断增强，对衡阳市南岳区规划建设有良好改善效果。在《条例》的守法有效性方面，《条例》实施后有效减少了衡阳市南岳区内的违法行为，增强了南岳区内居民或旅客的守法意识，提升了南岳乃至于整个衡阳的旅游形象。当然，《条例》实施后所取得的实效与制定时的期望难免还有一些龃龉之处，如《条例》的旅客宣传力度还可以进一步加大，相关制度建设还可以进一步细化规范，更进一步突出了"法治南岳""美丽南岳"的地方鲜明特色，为助力南岳"四全"发展新模式、打造全域旅游新样本提供了新的完善点和助推力。

第九节 《条例》的总体量化评估

在《条例》立法后具体量化评估分析的基础之上，经过评估组全体成员多次商议，确定从立法目的的实现程度、主要规定的落实情况、对社会管理的促进作用、社会的认可度四个方面进行总体评价，以期对《条例》做一个整体的、全面的总体量化评估。

一、《条例》的立法目的基本实现

地方性法规一般会在第一条内容中说明法规的立法目的。立法目的实现程度评估主要考察立法实施后，权利人的权利是否得到了更好的保障，义务人是否依照规定履行义务，相关工作质量与工作效率是否有所提升，相关管理规范是否得到严格落实。

《条例》第一条为立法目的条款，指明其立法目的是加强和规范衡阳市南岳区的综合管理工作、提高管理水平。为了有效评估《条例》的立法目的实现程度，评估组通过设计三个问题进行了针对性调查。

首先，就《条例》实施后对南岳区"城景乡"综合管理工作带来了何种影响的调查情况而言（见图7-8），38.3%的调查对象认为效果显著，49.1%的调查对象认为正面效果一般，只有5.3%的调查对象认为没有效果。此即是说，87.4%的调查对象认为《条例》实施后对南岳区"城景乡"综合管理工作带来了正面影响，《条例》基本实现了加强和规范衡阳市南岳区的综合管理能力、提高管理水平的目的。

其次，"您认为《衡阳市南岳区综合管理条例》实施后，是否有利于衡阳市南岳区弘扬和践行社会主义核心价值观？"这一问题的调查结果显示（见图7-11），38.9%的调查对象认为《条例》在南岳区弘扬和践行社会主义核心价值观方面效果显著，34.5%的对象则认为有所帮助。因此，大部分调查对象（73.4%）认为《条例》对南岳区弘扬和践行社会主义核心价值观有所助益，但还需要进一步加强。

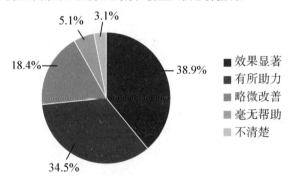

您认为《衡阳市南岳区综合管理条例》实施后，是否有利于衡阳市南岳区弘扬和践行社会主义核心价值观？

- ■ 效果显著
- ■ 有所助力
- ▨ 略微改善
- ▨ 毫无帮助
- ▨ 不清楚

图7-11 《条例》实施后，是否有利于衡阳市南岳区弘扬和践行社会主义核心价值观的调查反馈情况

最后，"请问您认为从整体上看，《衡阳市南岳区综合管理条例》与衡阳市南岳区经济社会发展匹配程度如何？"这一问题的调查结果显示（见图7-12），31.7%的调查对象认为《条例》与衡阳市南岳区经济社会发展匹配程度非常一致，31.6%的调查对象则认为比较一致。值得注意的是，有9.4%的调查对象认为不一致。评估小组认为，出现这种情况的主要原因在于，《条例》在制定时符合南岳区"依法治区、依法治旅"的实际需求，施行后对南岳区的全域旅游发展和优化旅游环境有着良好的促进作用。然而，随着社会经济文化环境的发展，《条例》未能与国家方针指向和衡阳城市改革同步，未能更好地发挥地方性法规对深化改革的引领指导作用，需要与时俱进，及时修订相关条例内容。

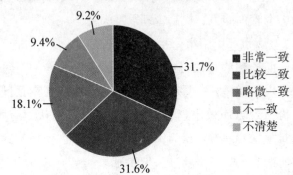

图 7-12　《条例》与衡阳市南岳区经济社会发展匹配程度调查反馈情况

综上所述，评估小组认为，《条例》实施后基本实现了其立法目的，提升了衡阳市南岳区的综合管理能力，在南岳区弘扬和践行社会主义核心价值观方面有所助益；《条例》内容基本符合南岳区经济社会发展情况，但需要根据南岳区社会经济文化环境的发展与时俱进，及时修订相关内容。

二、《条例》的主要规定多数落实

《条例》内容涉及南岳区行政区域内的行政执法体制、村（居）民建房、集中供水饮用水水源保护、葬坟、防火安全、车辆管理、市场秩序、环境卫生、绿植保护等内容，针对该区现行管理工作中的突出问题，规定了相应的解决措施，具有鲜明的地方特色，实用性较强。评估小组从三个方面对《条例》主要规定落实情况进行了调查。

首先，"您认为《衡阳市南岳区综合管理条例》实施后，对衡阳市南岳区'城乡乡'规划建设的效果有无改善？"这一问题的调查显示（见图7-13），53%的调查对象认为《条例》实施后南岳区"城景乡"规划建设明显改善，另有25.6%的调查对象认为有所改善，即大部分调查对象（77.6%）

认为，《条例》实施后，对衡阳市南岳区"城景乡"规划建设有改善效果。

您认为《衡阳市南岳区综合管理条例》实施后，对衡阳
市南岳区"城景乡"规划建设的效果有无改善？

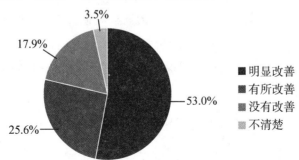

图7-13 《条例》实施后，对衡阳市南岳区"城景乡"规划建设的

效果改善调查反馈情况

其次，"您认为《衡阳市南岳区综合管理条例》实施后，对衡阳市南岳区'城景乡'日常管理的效果有无改善？"这一问题的调查显示（见图7-14），43.5%的调查对象认为《条例》实施后南岳区"城景乡"日常管理的效果明显改善，另有21%的调查对象认为有所改善，即较大部分调查对象（64.5%）认为，《条例》实施后，对南岳区"城景乡"日常管理有改善效果。相比规划建设制度的77.6%落实效果，"城景乡"日常管理制度的落实有进一步提升的空间。

您认为《衡阳市南岳区综合管理条例》实施后，对衡阳
市南岳区"城景乡"日常管理的效果有无改善？

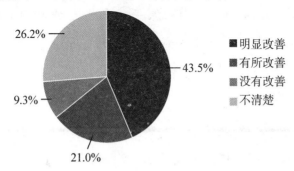

图7-14 《条例》实施后，对衡阳市南岳区"城景乡"日常管理的

效果改善调查反馈情况

最后，"您认为《衡阳市南岳区综合管理条例》实施后，对衡阳市南岳区'城景乡'环境保护的效果有无改善?"这一问题的调查显示（见图7-15），41.7%的调查对象认为《条例》实施后南岳区"城景乡"环境保护的效果明显改善，另有19.6%的调查对象认为有所改善，即较大部分调查对象（61.3%）认为，《条例》实施后，对南岳区"城景乡"环境保护有改善效果。但相比规划建设制度和日常管理制度的落实效果，环境保护制度需要进一步加强落实。

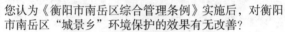

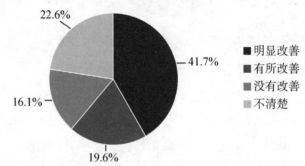

图7-15 《条例》实施后，对衡阳市南岳区"城景乡"环境保护的效果改善调查反馈情况

综上所述，评估小组认为，关于《条例》主要规定的落实情况的评估等级为"多数落实"。其中，《条例》实施后对衡阳市南岳区"城景乡"环境保护的改善效果最为显著，对日常管理和规划建设的制度落实情况则还有进一步增强的空间。这可能是由近年来出现的一些新问题新形势所带来的，《条例》内容不能与最新的社会发展相协调，出现了滞后性特征，需要修订或者补充相关内容。

三、《条例》的社会管理积极促进

实效是法律的生命力所在，没有实效的法律往往被束之高阁，丧失活力。因此，评估小组对《条例》的社会管理促进作用进行了调查评估。

首先，"您认为《衡阳市南岳区综合管理条例》实施后，衡阳市南岳区的违法行为有无减少?"这一问题的调查显示（见图7-16），67.4%的调查对象认为《条例》实施后南岳区的违法行为明显减少，另有 21.3% 的调查对象认为有所减少，即绝大部分调查对象（88.7%）认为，《条例》实施后，减少了南岳区内的违法行为。

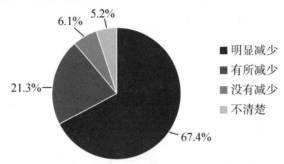

您认为《衡阳市南岳区综合管理条例》实施后，衡阳市南岳区的违法行为有无减少？

- 明显减少
- 有所减少
- 没有减少
- 不清楚

图7-16 《条例》实施后，衡阳市南岳区的违法行为减少调查反馈情况

其次，"您认为《衡阳市南岳区综合管理条例》实施后，衡阳市南岳区居民或游客的守法意识是否增强？"这一问题的调查显示（见图7-17），66.6% 的调查对象认为《条例》实施后南岳区内居民或旅客的守法意识明显增强，另有 18.6% 的调查对象认为有所增强，即绝大部分调查对象（85.2%）认为，《条例》实施后，增强了南岳区内居民或旅客的守法意识。

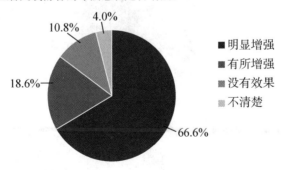

您认为《衡阳市南岳区综合管理条例》实施后，衡阳市南岳区居民或游客的守法意识是否增强？

- 明显增强
- 有所增强
- 没有效果
- 不清楚

图7-17 《条例》实施后，衡阳市南岳区居民或游客的守法意识增强调查反馈情况

此外，根据评估小组问卷调查及实地调研的情况显示，《条例》颁布和实施之后，南岳区人民政府及下辖行政主管部门有法必依、违法必究、执法必严，管理意识不断增强，管理能力不断提升。

综上所述，评估小组认为，关于《条例》对社会管理的促进作用评估等级为"积极的规范促进作用"。在《条例》实施后，南岳区人民政府及下辖行政主管部门有法必依、违法必究、执法必严，极大地减少了南岳区内的违法行为，增强了南岳区居民或旅客的守法意识。

四、《条例》的社会认可满意度高

民众认可是法律颁布后取得实效的关键因素，只有得到民众真心认可和拥护的法律才能让民众尊重、遵守和维护。评估小组认为，民众对《条例》的评价和满意度是评估《条例》社会认可度的重要指标。

首先，"请您对目前衡阳市南岳区的'城景乡'综合治理做一个总体评价"这一问题的调查显示（见图7-18），39.6%的调查对象认为《条例》实施后南岳区综合治理情况非常好，另有22.8%的调查对象认为比较好，即较大部分调查对象（62.4%）认为，《条例》实施后，南岳区综合治理整体情况不错，但还需要进一步加强。

请您对目前衡阳市南岳区的"城景乡"综合治理做一个总体评价

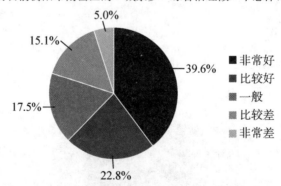

图7-18　民众对目前衡阳市南岳区的"城景乡"综合治理总体评价调查反馈情况

其次，"您对衡阳市南岳区的'城景乡'综合治理满意程度？"这一问题的调查显示（见图7-19），40.7%的调查对象对《条例》实施后南岳区综合治理情况非常满意，另有17.6%的调查对象比较满意，即较大部分调查对象（58.3%）对《条例》实施后南岳区综合治理整体情况的满意度不错，但还需要采取一些有力措施来提升民众满意度。

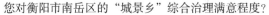

您对衡阳市南岳区的"城景乡"综合治理满意程度？

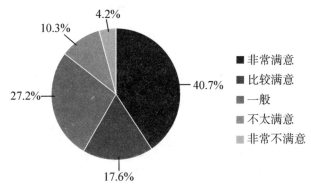

图7-19　民众对衡阳市南岳区的"城景乡"综合治理满意程度
调查反馈情况

综上所述，评估小组认为，关于《条例》的社会认可度评估等级为"较高"。较大部分调查对象对《条例》实施后南岳区综合治理整体评价较高，并且满意度较高，但是也必须采取相应措施来及时提升民众的认同度和满意度，民众满意才是对《条例》的最高认可。

五、《条例》的总体评估等级良好

通过对《条例》立法后总体情况进行量化评估，评估小组在采取实地调研、深度访谈等评估方法的基础之上，对《条例》总体实施情况有了深入细致的了解。具体如下：

关于《条例》立法目的的实现程度为"基本实现"，《条例》实施后提升了衡阳市南岳区的综合管理能力，对南岳区弘扬和践行社会主义核心价值观方面有所助益，条例内容基本符合南岳区经济社会发展情况，但需要根据南岳区社会经济文化环境的发展与时俱进，及时修订相关内容。

关于《条例》主要规定落实情况的评估等级为"多数落实"。其中，《条例》实施后对衡阳市南岳区环境保护的改善效果最为显著，对日常管理和规划建设的制度落实情况则还有进一步增强空间。这可能是由近年来出现的一些新问题新形势所带来的，《条例》内容不能与最新的社会发展相协调，出现了滞后性特征，需要修订或者补充相关内容。

关于《条例》对社会管理的促进作用评估等级为"积极的规范促进作用"。在《条例》实施后，南岳区人民政府及下辖主管部门有法必依、违法必究、执法必严，极大地减少了南岳区内的违法行为，增强了南岳区居民或旅客的守法意识。

关于《条例》的社会认可度评估等级为"较高"。较大部分调查对象不仅对《条例》实施后南岳区综合治理整体评价较高，还对《条例》实施后南岳区综合治理满意度较高，但是也必须采取相应措施来及时地提升民众的认同度和满意度，民众满意才是对《条例》的最高认可。

将《条例》的立法目的的实现程度、主要规定的落实情况、对社会管理的促进作用以及社会的认可度四个方面的评估结论进行综合，可以得出此次《条例》立法后总体实施量化评估结论（见表7-8）。

表7-8　《条例》立法后总体实施量化评估结论

评估项目	总体评价				
立法目的的实现程度	已经实现 □	基本实现 ☑	实现度不高 □	基本没有实现 □	没有实现 □
主要规定的落实情况	全部落实 □	多数落实 ☑	少数落实 □	少数基本落实 □	没有落实 □
对社会管理的促进作用	积极的规范促进作用 ☑	一定的规范促进作用 □	较少的规范促进作用 □	基本没有规范促进作用 □	没有规范促进作用 □
社会的认可度	高 □	较高 ☑	不高 □	较低 □	很低 □
评估结论	优秀 □	良好 ☑	一般 □	较差 □	差 □
处理建议	无须修订 □	适时修订 ☑	尽快修订 □	废止 □	制定新法 □

备注：若《条例》评估过程中的立法目的的实现程度、主要规定的落实情况、对社会管理的促进作用、社会的认可度四项中存在一项或多项的具体评价较差，则评估结论为较差或差。造成此种情况之原因主要是当前相关上位法的制定、修改或废止，社会发展情况变化，机构职能划转等客观因素。这并不意味着法案起草者需要承担责任，仅是法案现已难以适应现实社会发展实际需要，特此说明。

总体而言，评估小组认为，《条例》总体实施评估结论为"良好"，但需要"适时修订"，对于《条例》与上位法、同位法和党与国家政策精神不协调之处，评估小组建议及时修订，以提升人民群众对《条例》的认同感、满足感。

第十节 本章小结

地方立法评估是提高地方立法质量与效率的制度与机制保障。如何开展地方立法后评估工作，主要是明确立法后评估的目的、指导思想、原则、标准等内容，重点在于建立完善的立法后评估量化指标体系。

立法后评估量化指标体系一般可分为立法后分项具体量化评估和立法后总体情况量化评估两部分。立法后分项具体量化评估主要是对合法性、合理性、协调性、规范性、操作性、实效性等指标进行评估。在评估中，还应把这些一级指标细化为二级指标及对应的三级指标。在立法后分项具体量化评估分析的基础之上，要继续进行立法后总体情况量化评估，以立法目的的实现程度、主要规定的落实情况、对社会管理的促进作用、社会的认可度作为总体评价标准，并最终得出立法后评估的总体评估等级。

立法后评估实践中的难点是划分好立法后分项具体量化的具体指标以及其二级、三级指标，这个工作必须结合地方立法实际制定，实事求是，方能真实有效地反映立法的总体质量，并根据评估结果给出相应的立法建议。

第八章 结语与展望

本书共八章内容，主要探讨的是立法法理学的学术脉络及其新的研究视角——方法论进路。

第一章主要讨论了立法法理学概述，包括其由来、经典进路及局限、具体类型等内容。"立法法理学"针对的是传统立法学研究中的法制主义倾向，其研究至少蕴含了两层含义：一是从法理学的角度来研究立法问题，即立法的法理化；二是从立法的视角来研究法理学问题，即法理学的立法视角。这里所共同体现的一种精神是——必须认真对待立法问题。立法法理学研究发展出实践型和理论型两种形态。其中，实践型立法法理学采用社会科学进路，旨在寻求规范立法政治属性的最佳原则和价值，并以此指导良法的制定；理论型立法法理学则从法律哲学进路，探索出了与司法法理学合作与互补的新的法理学范式。只是无论是实践型还是理论型都没有发展出独属于立法法理学的方法论，因而仍然无法跨越事实与价值之间的鸿沟。

第二章主要讨论了立法法理学的方法论进路。当前立法法理学研究在方法论上展现了三重自觉：一是从法理学的司法视角转向立法视角；二是追求立法知识体系的理性化建构；三是增加了立法者的规范性义务。从研究现状来看，一部分学者试图以类型思维为基础，探索出一条与司法三段论相对应的立法三段论之路；还有一部分学者则试图从"事实查明—问题形成—手段权衡—前瞻—回顾或反思—修改"这种立法模型的整体性视野来讨论立法的具体方法。无论是基于类型思维还是基于立法模型的立法方法论讨论，都体现了当前立法法理学者建构独属的有辨识性的立法方法论的理论决心。本书则希望讨论的是立法方法论的第三条进路——理由进路。

第三章讨论了立法方法论理由进路的核心范畴——立法理由。立法理由是指在一定事实背景条件下，能够指引、说明和评价立法结论，行为因果关系符合立法者价值评价的差异制造事实。立法理由不仅是立法者制定法律规范的依据，也是进行立法推理和立法论证的核心要素之一。通过立法理由，我们可以理解和把握立法者为何如此立法以及如此立法的科学基础、正当依据从何而来。

第四章主要讨论了立法定义的方法论建构。立法说理在现代法治建设中亦必不可少，而立法说理是从明晰定义开始的。立法定义有其独特的规范性表达，并根据不同的立法目的可以采取不同的定义性规范类型（包括三种主要定义类型和三种准定义类型）来加以规定。在创设立法定义时，立法者应注意其具体的形式规则、实质规则和操作规则。

第五章主要讨论了立法分类的方法论构建。立法者建构法律体系的过程，实质上就是立法者依据其心中理想的法律秩序，对现实生活中的各类人、事物、现象、意义进行甄别、比较、描述、衡量、命名、归类或排除的立法分类过程。任何立法类型都蕴含着立法者的立法目的，具有其独特的逻辑结构，并在法律体系中承担着概念建构、价值传递、思想交流等规范功能。在立法分类时，立法者应注意其具体的形式规则和实质规则。

第六章主要讨论了立法论证的方法论构建。从法律规则的逻辑结构可以看出，法律规范判断包含了双重因果关系判断和双重价值判断。行为人行为事实与行为结果之间的属于作用因果关系判断，这也是第一次事实判断。法律应当规制何种行为事实则是第一次价值判断。行为事实与法律效果之间属于目的因果关系判断，这也是第二次事实判断。对行为事实应当赋予何种法律效果则是第二次价值判断。在把握此双重事实判断和双重价值判断的基础之上，可以初步构建一个立法理由推导公理系统。

第七章主要以笔者主持的一项立法后评估项目为实例，展示立法后评估方法在具体立法实践中是如何运用的。地方立法评估是提高地方立法质量与效率的制度与机制保障。如何开展地方立法后评估工作，主要是明确立法后评估的目的、指导思想、原则、标准等内容，重点在于建立完善的立法后评估量化指标体系，难点则是划分好立法后分项具体量化的具体指标以及其二级、三级指标，这个工作必须结合立法实际制定，实事求是。

第八章是对本书整体研究内容的总结，并对未来研究方向进行展望。

总体而言，本书讨论仅可视为关于立法法理学或立法方法论讨论的阶段性成果，还有大量内容需要进一步思考、总结并提炼出逻辑脉络。例如，立法事实论证、立法价值论证、权利论证、义务论证、责任论证的理由形式还需要一个一个加以展开研究；再比如，立法前评估、立法中评估也是立法评估研究的重要类型。但限于本书主题及篇幅，相关内容只能有待笔者再行探索。

参考文献

阿列克西, 2003. 法律论证理论 [M]. 舒国滢, 译. 北京: 中国法制出版社.

阿列克谢耶夫, 1991. 法的一般理论: 下 [M]. 黄良平, 丁文琪, 译. 北京: 法律出版社.

奥斯丁, 2013. 法理学的范围 [M]. 刘星, 译. 北京: 北京大学出版社.

边沁, 1997. 政府片论 [M]. 沈叔平, 译. 北京: 商务印书馆.

边沁, 2000. 道德与立法原理导论 [M]. 时殷弘, 译. 北京: 商务印书馆.

博登海默, 1999. 法理学: 法律哲学与法律方法 [M]. 邓正来, 译. 北京: 中国政法大学出版社.

蔡定剑, 刘丹, 1999. 从政策社会到法治社会: 兼论政策对法制建设的消极影响 [J]. 中外法学 (2): 7-12.

曹海晶, 2004. 中外立法制度比较 [M]. 北京: 商务印书馆.

陈波, 2013. 逻辑哲学研究 [M]. 北京: 中国人民大学出版社.

陈嘉明, 2016. "理解"的知识论 [J]. 哲学动态 (11): 69-75.

陈金钊, 谢晖, 2005. 法律方法: 第 4 卷 [M]. 济南: 山东人民出版社.

陈金钊, 谢晖, 2020. 法律方法: 第 31 卷 [M]. 北京: 研究出版社.

陈景辉, 2012. 实践理由与法律推理 [M]. 北京: 北京大学出版社.

陈景辉, 2014. 法理论为什么是重要的: 法学的知识框架及法理学在其中的位置 [J]. 法学 (3): 50-67.

陈林林，严葳，2020. 立法意图解释的逻辑结构及其正当化：基于语义学理论的论辩与反思 [J]. 吉林大学社会科学学报（6）：47-57.

陈伟，2020. 刑法立法方法研究 [M]. 上海：上海三联书店.

陈兴良，2009. 立法论的思考与司法论的思考：刑法方法论之一 [J]. 人民检察（21）：6-9.

褚宸舸，2009. 论立法语言的语体特点 [J]. 云南大学学报（法学版），22（2）：18-24.

丛杭青，戚陈炯，2007. 集体意向性：个体主义与整体主义之争 [J]. 哲学研究（6）：49-56.

戴维森，2012. 真理、意义与方法 [M]. 北京：商务印书馆.

德沃金，2008. 原则问题 [M]. 张国清，译. 南京：江苏人民出版社.

蒂利，2014. 为什么？[M]. 李钧鹏，译. 北京：北京时代华文书局.

杜宇，2021. 类型思维与刑法方法 [M]. 北京：北京大学出版社.

菲特丽丝，2005. 法律论证原理：司法裁决之证立理论概览 [M]. 张其山，等译. 北京：商务印书馆.

冯玉军，王柏荣，2014. 科学立法的科学性标准探析 [J]. 中国人民大学学报（1）：92-98.

付子堂，2016. 法理学进阶 [M]. 北京：法律出版社.

傅爱竹，2018. 什么是立法意图：德沃金意图主义法律解释 [J]. 交大法学（1）：45-59.

富勒，2005. 法律的道德性 [M]. 郑戈，译. 北京：商务印书馆.

高鹏程，2010. 试论结构的概念 [J]. 学术交流（2）：35-38.

高其才，2006. 现代立法理念论 [J]. 法学研究（1）：85-90.

高清海，1997. 高清海哲学文存：第2卷 [M]. 长春：吉林人民出版社.

高中，廖卓，2017. 立法原则体系的反思与重构 [J]. 北京行政学院学报（5）：73-82.

格雷西亚，2009. 文本性理论：逻辑与认识论 [M]. 汪信砚，李志，译.

北京：人民出版社.

葛恒云，1999. 结构主义人类学的哲学倾向［J］. 国外社会科学（4）：4.

郭道晖，1998. 当代中国立法［M］. 北京：中国民主法制出版社.

哈贝马斯，2011. 在事实与规范之间［M］. 童世俊，译. 北京：生活·读

书·新知三联书店.

哈克，2006. 逻辑哲学［M］. 罗毅，译. 北京：商务印书馆.

哈特，2011. 法律的概念［M］. 许家馨，李冠宜，译. 北京：法律出版社.

韩立收，2003. 对法律规范结构的再认识［J］. 辽宁公安司法管理干部学

院学报（1）：5-8.

韩彧博，2018. 类型思维在我国民法典立法中的运用问题研究［J］. 北方

论丛（4）：141-146.

何中华，2002. 哲学：走向本体澄明之境［M］. 济南：山东人民出版社.

胡可，2008. 法律的沟通之维［M］. 孙国东，译. 北京：法律出版社.

黄建武，2020. 科学立法与民主立法的潜在张力及化解［J］. 地方立法研

究（2）：1-13.

黄茂荣，2001. 法学方法与现代民法［M］. 北京：中国政法大学出版社.

黄茂荣，2007. 法学方法与现代民法［M］. 北京：法律出版社.

黄薇，2020. 中华人民共和国民法典释义及适用指南：下［M］. 北京：中

国民主法制出版社.

黄源浩，1999. 税法上的类型化方法：以合宪性为中心［D］. 吴从周，译.

台北：台湾大学法律研究所.

霍布斯，2020. 利维坦［M］. 黎思复，黎廷弼，译. 北京：商务印书馆.

霍克斯，1997. 结构主义和符号学［M］. 瞿铁鹏，译. 上海：上海译文出

版社.

基尔希曼，2004. 作为科学的法学的无价值性：在柏林法学会的演讲［J］.

赵阳，译. 比较法研究（1）：138-155.

吉奥加卡波罗斯，2014. 法律经济学的原理与方法：规范推理的基础工具

［M］. 许峰, 翟新辉, 译. 上海: 复旦大学出版社.

加达默尔, 1994. 哲学解释学［M］. 黄镇平, 译. 上海: 上海译文出版社.

姜孝贤, 宋方青, 2016. 立法方法论探析［J］. 厦门大学学报 (哲学社会科学版) (3): 38-45.

蒋贞, 2019.《民法总则》概念条款立法技术研究［D］. 郑州: 郑州大学.

凯尔森, 2014. 法与国家的一般理论［M］. 沈宗灵, 译. 北京: 商务印书馆.

康德, 2002. 判断力批判［M］. 邓晓芒, 译. 北京: 人民出版社.

考夫曼, 1999. 类推与事物本质: 兼论类型思维［M］. 吴从周, 译. 台北: 台湾学林文化事业有限公司.

考夫曼, 2004. 法律哲学［M］. 刘幸义, 等译. 北京: 法律出版社.

考夫曼, 2011. 法哲学［M］. 2 版. 刘幸义, 等译. 北京: 法律出版社.

考夫曼, 哈斯默尔, 2013. 当代法哲学和法律理论导论［M］. 郑永流, 译. 北京: 法律出版社.

柯匹, 科恩, 2018. 逻辑学导论［M］. 13 版. 张建军, 等译. 北京: 中国人民大学出版社.

科恩, 2014. 立法学: 难题及日程［J］. 孙竞超, 译. 中山大学法律评论 (4): 149-166.

科尔斯戈德, 2010. 规范性的来源［M］. 杨顺利, 译. 上海: 上海译文出版社.

科丝嘉, 2011. 出于理由而行动［J］. 葛四友, 译. 世界哲学 (4): 34-53.

克鲁格, 2016. 法律逻辑［M］. 雷磊, 译. 北京: 法律出版社.

拉德布鲁赫, 2016. 法教义学的逻辑［J］. 白斌, 译. 清华法学 (4): 197-207.

拉伦茨, 2004. 法学方法论［M］. 陈爱娥, 译. 北京: 商务印书馆.

拉伦茨, 2020. 法学方法论［M］. 6 版. 黄家镇, 译. 北京: 商务印书馆.

拉兹，2005. 法律的权威：法律与道德论文集 ［M］. 朱峰，译. 北京：法律出版社.

雷磊，2013. 法律规则的逻辑结构 ［J］. 法学研究（1）：66-86.

雷磊，2018. 法教义学能为立法贡献什么？［J］. 现代法学（2）：25-40.

雷磊，2019. 定义论及其在法典编纂中的应用 ［J］. 财经法学（1）：15-32.

李贝，2021.《民法典》夫妻债务认定规则中的"合意型共债"：兼论《民法典》第 1064 条的体系解读 ［J］. 交大法学（1）：30-45.

李林，2005. 立法理论与制度 ［M］. 北京：中国法制出版社.

李培传，2013. 论立法 ［M］. 北京：中国法制出版社.

李文倩，2015. 公共说理为什么重要？［J］. 政治思想史（4）：161-170.

李友根，2015. 论法治国家建设中的科学立法 ［J］. 江苏社会科学（1）：9-15.

李珍，2015. 意向解释中的因果观 ［J］. 自然辩证法研究（1）：9-15.

梁慧星，1995. 民法解释学 ［M］. 北京：中国政法大学出版社.

梁迎修，2008. 类型思维及其在法学中的应用：法学方法论的视角 ［J］. 学习与探索（1）：105-109.

林立，2002. 法学方法论与德沃金 ［M］. 北京：中国政法大学出版社.

刘风景，2010."视为"的法理与创制 ［J］. 中外法学（2）：198-213.

刘风景，2016. 立法释义学的旨趣与构建 ［J］. 法学（2）：64-75.

刘巧琳，2011. 法律定义条款研究 ［D］. 北京：中国政法大学.

刘杨，2007. 法律规范的逻辑结构新论 ［J］. 法制与社会发展（1）：152-160.

龙卫球，2002. 民法总论 ［M］. 北京：中国法制出版社.

陆丁，2013. 行动的理由与行动的原因 ［J］. 同济大学学报（社会科学版）（5）：80-84.

吕冀平，2002. 吕冀平汉语论集 ［M］. 北京：社会科学文献出版社.

吕正春，1995. 自然语言定义的种类和规则 [J]. 齐齐哈尔师范学院学报（2）：68-71.

马保恩，2010. 法律定义及其逻辑特征 [J]. 学术探讨（4）：48-49.

马新福，朱振，汤善鹏，2005. 立法论：一种法社会学视角 [M]. 长春：吉林人民出版社.

麦考密克，2014. 修辞与法治：一种法律推理理论 [M]. 程朝阳，孙光宁，译. 北京：北京大学出版社.

麦考密克，魏因贝格尔，2004. 制度法论 [M]. 周叶谦，译. 北京：中国政法大学出版社.

梅林科夫，2014. 法律的语言 [M]. 廖美珍，译. 北京：法律出版社.

孟德斯鸠，1963. 论法的精神：下 [M]. 许明龙，译. 北京：商务印书馆.

明辉，2012. 通往司法的法理学：中国法理学的现实主义路向 [J]. 北方法学（5）：15-25.

缪四平，2003. 法律定义研究 [J]. 华东政法学院学报（3）：11-18.

牛军，卢刚，魏涛，2009. 立法理由刍议 [J]. 社科纵横（5）：100-102.

欧阳锋，文慧云，2018. 人类行为的解释：基于理由、原因和规律的概念 [J]. 厦门大学学报（哲学社会科学版）（3）：100-105.

裴洪辉，2022. 规范性立法法理学：理论空间与基本结构 [J]. 环球法律评论（4）：82-97.

裴桦，2021.《民法典》夫妻债务条款的不足与应对 [J]. 交大法学（1）：5-18.

皮亚杰，1984. 结构主义 [M]. 倪连生，王琳，译. 北京：商务印书馆.

齐佩利乌斯，2009. 法学方法论 [M]. 金振豹，译. 北京：法律出版社.

强世功，2005. 迈向立法者的法理学：法律移植背景下对当代中国法理学的反思 [J]. 中国社会科学（1）：109-122.

强世功，2007. 立法者的法理学 [M]. 北京：三联书店.

秦洁，陈晓平，2012. 集体意向辨析 [J]. 学术研究（6）：10-16.

全国人大法工委, 2009. 中华人民共和国刑法条文说明立法理由及相关规定 [M]. 北京: 北京大学出版社.

全国人大法工委, 2010. 中华人民共和国侵权责任法条文说明、立法理由及相关规定 [M]. 北京: 法律出版社.

全国人大法工委, 2012. 中华人民共和国民事诉讼条文说明、立法理由及相关规定 [M]. 北京: 北京大学出版社.

全国人大法工委, 2016. 刑法修正案（九）立法理由书 [M]. 北京: 北京大学出版社.

赛德曼, 等, 2008. 立法学: 理论与实践 [M]. 刘国福, 等译. 北京: 中国经济出版社.

沈宗灵, 1990. 法理学研究 [M]. 上海: 上海人民出版社.

沈宗灵, 2009. 法理学 [M]. 3 版. 北京: 北京大学出版社.

沈宗灵, 2014. 法理学 [M]. 4 版. 北京: 北京大学出版社.

施克莱, 2006. 守法主义: 法、道德和政治审判 [M]. 彭亚楠, 译. 北京: 中国政法大学出版社.

舒国滢, 2006. 并非有一种值得期待的宣言: 我们时代的法学为什么需要重视方法 [J]. 现代法学 (5): 3-12.

舒国滢, 2012. 法理学导论 [M]. 北京: 北京大学出版社.

舒国滢, 2014. 法哲学沉思录 [M]. 北京: 北京大学出版社.

舒国滢, 王夏昊, 雷磊, 2020. 法学方法论前沿问题研究 [M]. 北京: 中国政法大学出版社.

宋方青, 2013a. 立法质量的判断标准 [J]. 法制与社会发展 (5): 43-44.

宋方青, 姜孝贤, 2013b. 立法法理学探析 [J]. 法律科学（西北政法大学学报）(6): 49-58.

孙国华, 1995. 法理学 [M]. 北京: 法律出版社.

孙国华, 1997. 中华法学大辞典: 法理学卷 [M]. 北京: 中国检察出版社.

孙国华, 朱景文, 1999. 法理学 [M]. 北京: 中国人民大学出版社.

孙伟平, 2000. 事实与价值 [M]. 北京: 中国社会科学出版社.

孙笑侠, 2010. 程序的法理 [M]. 北京: 商务印书馆.

索绪尔, 1999. 普通语言学教程 [M]. 高明凯, 译. 北京: 商务印书馆.

塔麦洛, 2012. 现代逻辑在法律中的应用 [M]. 李振江, 等译. 北京: 中国法制出版社.

滕超, 2008. 英美规定性法律文件定义条款的汉译研究 [J]. 新余高专学报 (5): 86-89.

田君, 康巧茹, 1997. 从语言逻辑角度对法律规范词"必须"与"应当"的界定 [J]. 自然辩证法研究 (增刊): 128-131.

汪全胜, 2015. 科学立法的判断标准和体制机制 [J]. 江汉学术 (8): 5-9.

汪全胜, 张鹏, 2013. 法律文本中"定义条款"的设置论析 [J]. 东方法学 (2): 13-21.

王锋, 2019. 立法论证研究 [M]. 北京: 商务印书馆.

王海明, 2008. 新伦理学 (修订版): 上 [M]. 北京: 商务印书馆.

王利明, 2014. 民法典的时代特征和编纂步骤 [J]. 清华法学 (6): 6-16.

王利明, 2022. 论《民法典》实施中的思维转化: 从单行法思维到法典化思维 [J]. 中国社会科学 (3): 4-22.

王启梁, 2004. 法律是什么?: 一个安排秩序的分类体系 [J]. 现代法学 (4): 8.

王天思, 2016. 大数据中的因果关系及其哲学内涵 [J]. 中国社会科学 (5): 22-42.

王云清, 2020. 制定法解释中的立法意图: 以英美国家为中心的考察 [J]. 比较法学 (6): 1659-1676.

王子正, 1988. 关于法律规范的结构和分类 [J]. 当代法学 (3): 40-43.

维诺格拉多夫, 2012. 历史法学导论 [M]. 徐震宇, 译. 北京: 中国政法大学出版社.

魏德士，2007. 法理学［M］. 丁晓春，吴越，译. 北京：法律出版社.

魏志勋，2014. 文义解释的司法操作技术规则［J］. 政法论丛（10）：58-65.

魏治勋，2008. 法律规范结构理论的批判与重构［J］. 法律科学（5）：37-44.

温惊雷，2020. 立法说理的法治意义［J］. 法治社会（1）：39-50.

沃尔德伦，2009. 法律与分歧［M］. 王柱国，译. 北京：法律出版社.

沃尔德伦，2019. 立法的尊严［M］. 徐向东，译. 上海：华东师范大学出版社.

沃克，2003. 牛津法律大辞典［M］. 李双元，等译. 北京：法律出版社.

吴大英，1986. 加强立法学研究是发展我国政治学的重要内容［J］. 政治学研究（2）：3-5.

吴大英，任允正，1981. 立法制度比较研究［M］. 北京：法律出版社.

吴义龙，2022. 社科法学如何处理规范性问题？兼与雷磊教授商榷［J］. 中外法学（6）：1579-1598.

夏皮罗，2016. 合法性［M］. 郑玉双，刘叶深，译. 北京：中国法制出版社.

谢世民，2015. 理由转向：规范性之哲学研究［M］. 台北：台湾大学出版中心.

休谟，1980. 人性论：下［M］. 关文运，译. 北京：商务印书馆.

徐实，2019. 我国网络专利侵权纠纷中电商平台责任认定中的困境与解决：以美国相关发展为鉴［J］. 电子知识产权（4）：14-27.

徐显明，2009. 法理学原理［M］. 北京：中国政法大学出版社.

许章润，2014. 论立法者［J］. 苏州大学学报（法学版）（3）：1-20.

亚里士多德，1983. 政治学［M］. 吴寿彭，译. 北京：商务印书馆.

颜阙安，2004. 规范、论证、行动：法认识论论文集［M］. 台北：元照出版有限公司.

杨建，2013. 实践理性转向中的法律规范性研究 [D]. 南京：南京师范大学.

杨建军，2005. 事实的类型化与法律推理 [J]. 法律方法 (1)：387-414.

杨立新，李怡雯，2019. 中国当代民事立法70年之发展与经验. 新疆师范大学学报（哲学社会科学版）(5)：32-44.

杨子潇，2020. 经验研究可能提炼法理吗？ [J]. 法制与社会发展 (3)：207-224.

叶会成，2017. 实践哲学视域下的法哲学研究：一个反思性述评 [J]. 浙江大学学报（人文社会科学版）(4)：48-64.

叶会成，2021. 立法法理学的类型与意义：立法学学科性质的反省 [J]. 法制与社会发展 (6)：32-50.

叶金强，2004. 论善意取得构成中的善意且无重大过失要件 [J]. 法律科学 (5)：81-84.

叶竹盛，2012. 面向立法的法理学：缘起、理论空间和研究问题 [J]. 杭州师范大学学报（社会科学版）(9)：113-120.

于兆波，2006. 立法决策论 [M]. 北京：北京大学出版社.

于兆波，2014. 立法必要性可行性的理论基础与我国立法完善：以英国立法为视角 [J]. 法学杂志 (11)：55-63.

袁勇，2008. 法律规范的权威定义及结构理论之质疑 [J]. 黑龙江省政法管理干部学院学报 (6)：10-13.

赞塔基，2022. 立法起草：规制规则的艺术与技术 [M]. 姜孝贤，译. 北京：法律出版社.

张海燕，2012. "推定"和"视为"之语词解读？：以我国现行民事法律规范为样本 [J]. 法制与社会发展 (3)：104-116.

张恒山，2015. 法理要论 [M]. 3版. 北京：北京大学出版社.

张洪涛，2007. 法律规范逻辑结构的法社会学思考：以我国刑法和民法规范为主 [J]. 东南学术 (1)：113-119.

张继成，1999. 推定适用的逻辑基础及其条件 [J]. 华中理工大学学报（社会科学版）(4): 54-58.

张继成，2003. 从案件事实之"是"到当事人之"应当"：法律推理机制及其正当理由的逻辑研究 [J]. 法学研究 (1): 64-82.

张继成，2005. 法律价值推理的方法及其公理 [J]. 东岳论丛 (1): 93-100.

张继成，2008. 可能生活的证成与接受：司法判决可接受性的规范研究 [J]. 法学研究 (5): 3-22.

张继成，2012. 实用法律逻辑教程 [M]. 北京：中国政法大学出版社.

张继成，2019a. 创设可能生活的法律逻辑 [M]. 武汉：湖北人民出版社.

张继成，2019b. 对"作品"一词内涵外延及其适用方法的法逻辑诠释 [J]. 求是学刊 (6): 85-91.

张继成，2019c. 对增设"终身监禁"条款的法逻辑解读 [J]. 政法论坛 (5): 111-124.

张继成，2020. 逻辑规则何以能够作为立法质量的评价标准：法律与逻辑的内在关系 [J]. 社会科学论坛 (6): 117-128.

张继成，2021.《民法典》总则编部分条款的逻辑瑕疵及其修订建议：上 [J]. 湘南学院学报, 42 (6): 31-39.

张继成，2022a. 知道规则的内在逻辑与科学分类 [J]. 中国法学 (3): 205-225.

张继成，2022b.《民法典》总则编部分条款的逻辑瑕疵及其修订建议：下 [J]. 湘南学院学报, 43 (1): 25-31, 42.

张金兴，1993. 试论法律定义的基本特征 [J]. 法学探索 (1): 22-25.

张鸣起，2020. 民法典分篇的编纂 [J]. 中国法学 (3): 5-28.

张婷婷，2023. 立法方法论的理论反思与实践性重构 [J]. 四川大学学报（哲学社会科学版）(1): 138-146.

张文显，2001. 法哲学范畴研究：修订版 [M]. 北京：中国政法大学出版社.

张文显, 2007. 法理学 [M]. 3 版. 北京: 高等教育出版社.

张文显, 2018. 法理学 [M]. 5 版. 北京: 高等教育出版社.

张文显, 于宁, 2001. 当代中国法哲学研究范式的转换: 从阶级斗争范式
到权利本位范式 [J]. 中国法学 (1): 17.

赵汀阳, 2010. 论可能生活 [M]. 2 版. 北京: 中国人民大学出版社.

赵雪纲, 2014. 立法者的身份与立法学的品质 [J]. 新疆财经大学学报
(2): 45-51.

赵一单, 2020. 依法立法原则的法理阐释: 基于法教义学的立场 [J]. 法
制与社会发展 (5): 38-50.

周旺生, 2009. 立法学 [M]. 2 版. 北京: 法律出版社.

周旺生, 张建华, 2000. 立法技术手册 [M]. 北京: 中国法制出版社.

周旺生, 朱苏力, 2010. 北京大学法学百科全书: 法理学·立法学·法律
社会学卷 [M]. 北京: 北京大学出版社.

周占生, 2004. 关于法律规范结构: 对一种传统陈述方式的检视 [J]. 浙
江社会科学 (3): 6.

周子伦, 2013. 法律语言的严谨本质: 论准确性与模糊性之归宿 [M]. 成
都: 四川大学出版社.

朱景文, 2001. 比较法社会学的框架和方法: 法制化、本土化和全球化
[M]. 北京: 中国人民大学出版社.

朱力宇, 张曙光, 2009. 立法学 [M]. 3 版. 北京: 中国人民大学出版社.

朱振, 2008. 法律权威与行动理由: 基于拉兹实践哲学进路的考察 [J].
法治与社会发展 (6): 100-108.

朱振, 2021. 立法的法理学: 一种社会理论的进路 [M]. 上海: 三联书店.

朱志昊, 2011. 从价值预设到法律形式: 立法方法论基础初探 [J]. 河南
大学学报 (4): 60-66.

朱志昊, 2014. 实践商谈与理性参与: 立法科学化问题研究新视角 [M].

北京：法律出版社.

卓泽源，1999. 法的价值论 [M]. 北京：法律出版社.

资琳，2017. 概念思维与类型思维：刑法立法形式的抉择 [J]. 暨南学报（哲学社会科学版）（1）：72-75.

邹爱华，2004. 法律规范的逻辑结构新论 [J]. 湖北大学学报（哲学社会科学版）（6）：715-721.

ARASZKIEWICZ, PLESZKA, 2015. Logic in the theory and practice of lawmaking [M]. Switzerland：Springer.

AULIS AARNIO, 1986. The rational as reasonable：a treatise on legal justification [M]. Dordrecht：Reiedal Publishing Company.

BRYAN GARNER, 2011. Garner's dictionary of legal usage [M]. 3rd. Oxford：Oxford University Press.

CESARE BECCARIA, 1995. On crimes and punishments and other writings [M]. Cambridge：Cambridge University Press.

DANIEL ORAN J D, 2000. Oran's dictionary of the law [M]. 3rd. Delmar：West Legal Studies.

DEREK PARFIT, 2011. On what matters [M]. Oxford：Oxford University Press.

FERRARO, ZORZETTO, 2022. Exploring the province of legislation：theoretical and practical perspectives in legisprudence [C]. Cham：Springer Publishing.

GARY WATSON, 2004. Agency and answerability [M]. Oxford：Oxford University Press.

GEORG HENRIK VON WRIGHT, 1963. Norm and action：a logic enquiry [M]. London：Routledge and Kegan Paul Ltd.

GOLDING, 1984. Legal reasoning [M]. New York：Alfred A. Knopf.

JAAP HAGE, 2005. Studies in legal logic [M]. Dordrecht：Springer.

JEREMY WALDRON, 1999. Law and disagreement [M]. Oxford: Oxford University Press.

JOHN RAWLS, 1999. A theory of justice [M]. Harvard: Harvard University Press.

JOHN SKORUPSKI, 2010. The domain of reasons [M]. Oxford: Oxford University Press.

JOSEPH RAZ, 1994. Ethics in the public domain: essays in the morality of law and politics [M]. Oxford: Oxford University Press.

JOSEPH RAZ, 1999. Practical reason and norms [M]. Oxford: Oxford University Press.

JOSEPH RAZ, 2011. From normativity to responsibility [M]. Oxford: Oxford University Press.

KLAPPSTEIN, DYBOWSKI, 2018. Ratio legis: philosophical and theoretical perspectives [C]. Switzerland: Springer.

LALANA, 2019. Conceptions and misconceptions of legislation [M]. Cham: Springer Publishing.

LUC WINTGENS, 2012. Legisprudence: practical reason in legislation [M]. Farnham: Ashgate Publishing Limited.

ONORA O'NEILL, 1996. Towards justice and virtue: a constructive account of practical reasoning [M]. Cambridge: Cambridge University Press.

PAUER – STUDER, 2003. Constructions of practical reason: interviews on moral and political philosophy [M]. Stanford: Stanford University Press.

ROBERT ALEXY, 2002. A theory of constitutional rights [M]. Oxford: Oxford University Press.

SCANLON, 2014. Being realistic about reasons [M]. New York: Oxford University Press.

SCHATZKI, CETINA, SAVIGNY, 2001. The practice turn in contemporary theory [M]. London: Routledge.

THOMAS NAGEL, 1989. The view from nowhere [M]. New York: Oxford University Press.

WALLACE, 2004. Reason and value: themes from the moral philosophy of joseph raz [M]. New York: Oxford University Press.

WILLIAM DRAY, 1957. Laws and explanation in history [M]. Oxford: Oxford University Press.

WINTGENS, 2002. Legisprudence: a new theoretical approach to legislation [M]. North America: Hart Publishing.

WINTGENS, 2005. The theory and practice of legislation: essays in legisprudence [M]. Aldershot: Ashgate Publishing Limited.

WINTGENS, 2016. The theory and practice of legislation [M]. New York: Routledge.

WINTGENS, LALANA, 2013. The rationality and justification of legislation: essays in legisprudence [M]. Switzerland: Springer Publishing.